公平视阈下社会保障制度的分层化问题研究

付舒 著

中国社会科学出版社

图书在版编目（CIP）数据

公平视阈下社会保障制度的分层化问题研究/付舒著. —北京：中国社会科学出版社，2019.8
ISBN 978-7-5203-4999-4

Ⅰ.①公… Ⅱ.①付… Ⅲ.①社会保障制度—研究—中国 Ⅳ.①D632.1

中国版本图书馆 CIP 数据核字（2019）第 190370 号

出 版 人	赵剑英
责任编辑	王莎莎
责任校对	张爱华
责任印制	张雪娇

出　　版	中国社会科学出版社
社　　址	北京鼓楼西大街甲 158 号
邮　　编	100720
网　　址	http://www.csspw.cn
发 行 部	010-84083685
门 市 部	010-84029450
经　　销	新华书店及其他书店
印　　刷	北京君升印刷有限公司
装　　订	廊坊市广阳区广增装订厂
版　　次	2019 年 8 月第 1 版
印　　次	2019 年 8 月第 1 次印刷
开　　本	710×1000　1/16
印　　张	16
插　　页	2
字　　数	227 千字
定　　价	88.00 元

凡购买中国社会科学出版社图书，如有质量问题请与本社营销中心联系调换
电话：010-84083683
版权所有　侵权必究

谨以此书献给我的家人

序

　　社会保障制度的适度性和成熟程度是一个社会文明程度的重要衡量标准。我国已建立起覆盖世界上人口最多的、体制机制愈发健全的社会保障制度体系。回顾我国社会保障制度发展历程，从1978年建立起"国家保障型"模式到20世纪90年代初期开始建立与市场经济体制相适应的现代社会保障制度，以养老保险的社会统筹改革为起点，拉开社会保障制度社会化改革的序幕。经过40年的不断改革与创新，基本实现了从"国家保障型"模式向社会化保障模式的艰难转型。近年来，我国社会保障制度发展着力于制度的优化和结构调整，2007年起开始建立覆盖城乡居民的社会保障制度；2010年出台《社会保险法》标志着我国社会保障体系建设全面进入法制化轨道；2015年起城乡养老保险制度并轨、城乡居民医疗保险并轨、公务员养老制度并轨等制度建设取得实质性进展。可以说，随着社会保障制度的不断完善，覆盖面逐步扩大，制度结构持续优化，待遇水平逐渐提升，社会保障在保障人民群众基本生活、促进社会和谐稳定、增强人们生活幸福感等方面发挥着越来越重要的作用。

　　但是我们仍应看到，目前社会主要矛盾已转变为人民日益增长的美好生活需要和不平衡、不充分发展之间的矛盾，社会主要矛盾的变化将对社会保障制度未来的发展提出更高的要求。这意味着，社会保障制度不仅应该通过进一步提高制度的覆盖面和总体水平，在满足人民美好生活目标中发挥更大的作用，而且应该正确认识和处理社会保障制度中存在的发展不平衡、不充分问题，正确处理社会保障制度体系仍存在的城乡、人群、区域间分割和失衡状态。站在新时代的历史新起点，提高我国社会保障制度公平性，增强人们在社会保障制度中的获得感，从理论和实践层面解释不平衡补充的表现、影响因素及相互作用机制，这将成为社会保障制度进一步改革中需要处理的重大问题。

付舒博士的研究成果着力探讨社会保障制度的公平性问题，既体现了她对当前现实问题的关切，同时也体现出她对社会保障未来发展所面临的重要议题的洞察。特别是将社会保障制度公平性放置于经济社会结构中考察，将社会分层作为切入视角，认为当前我国的社会保障制度分层存在四个表征：一是社会保障制度在覆盖公民社会风险的范围中存在差异而形成风险分散分层化；二是社会保障制度在化解公民社会风险的能力中存在差异所形成的待遇水平分层化；三是社会保障制度在化解公民社会风险中政府责任存在差异所形成的责任分担分层化；四是社会保障服务在公民享受过程中存在分配差异所形成的服务获取分层化。在分析社会保障制度分层化的基础上，基于社会权利公平性审视，考察社会保障制度分层化的生成机制；基于机会公平性审视，考察社会保障制度分层化的"固化—流动"机制；基于规则公平性审视，考察社会保障制度分层化的操作化机制。最后提出在"基础—补充"结构的社会保障制度架构内整合现有制度安排，将基础部分法制化以凸显公民社会权利公平，将补充部分资产化以凸显公民社会机会公平，将制度运作精细化凸显规则公平，从而达到整合"碎片化"制度框架的方式来实现社会保障"去分层化"的目的，实现社会各阶层均能公平地享受社会保障制度所带来的福利保障。

《公平视阈下社会保障制度的分层化问题研究》一书因其阐释了社会保障制度分层化的基本表征和形成机制，将为提升我国社会保障制度公平性提供一些较为有意义的研究成果。党的十九大报告提出，加强社会保障体系建设，按照兜底线、织密网、建机制的要求，全面建成覆盖全民、城乡统筹、权责清晰、保障适度、可持续的多层次社会保障体系。健全和完善社会保障制度是一个长期而艰巨的任务。提高制度公平性来满足市场化条件下家庭和个人的需要将成为社会保障制度发展中越来越绕不开的问题。当然，本书所涉及的有些问题还需要在今后深入探讨，期望作者可以在此成果基础上，继续以民生发展作为自己学术研究的价值追求，做好在社会保障学术领域长期深耕的准备，取得更好的学术成果。

宋宝安

2018 年 10 月 29 日　于珠海

目 录

序 ……………………………………………………………… (1)

第一章 绪论 ……………………………………………………… (1)
第一节 研究的现实背景与重要意义 ………………………… (1)
一 研究的现实背景 ……………………………………… (1)
二 研究的重要意义 ……………………………………… (5)
第二节 相关文献研究 …………………………………………… (7)
一 社会分层相关研究述评 ……………………………… (7)
二 社会保障制度公平性相关研究述评 ………………… (15)
三 相关文献研究简评 …………………………………… (24)
第三节 相关概念的界定 ………………………………………… (26)
一 社会保障制度概念界定 ……………………………… (26)
二 社会分层与社会保障分层 …………………………… (27)
三 平等、公平及正义 …………………………………… (29)
第四节 研究目标与研究方法 …………………………………… (30)
一 研究目标 ……………………………………………… (30)
二 研究方法 ……………………………………………… (31)
第五节 研究内容及研究框架 …………………………………… (32)
一 研究内容 ……………………………………………… (33)

二　研究框架 …………………………………………………（35）
　第六节　研究的创新与不足 …………………………………………（36）
　　一　研究的创新之处 …………………………………………（36）
　　二　研究的不足之处 …………………………………………（36）

第二章　公平相关理论解析与建构 ………………………………（38）
　第一节　当代西方社会公平理论基础分析 …………………………（39）
　　一　分配正义公平观：罗尔斯 ………………………………（39）
　　二　持有正义观：诺奇克 ……………………………………（42）
　　三　资源平等正义观：德沃金 ………………………………（44）
　　四　能力平等正义观：阿马蒂亚·森 ………………………（47）
　第二节　对公平理论的简要解析与分析框架建构 …………………（49）
　　一　社会公平理论评析 ………………………………………（49）
　　二　社会制度分析中的公平理论分析框架 …………………（52）

第三章　我国社会保障制度分层化属性及表征 …………………（54）
　第一节　社会保障制度的分层化属性 ………………………………（55）
　　一　逆社会分层：社会保障制度再分配
　　　　属性的体现 ………………………………………………（55）
　　二　双重固化：社会分层与社会保障制度
　　　　分层的耦合 ………………………………………………（57）
　第二节　我国社会保障制度的分层化表征 …………………………（60）
　　一　覆盖范围：风险分散分层化 ……………………………（61）
　　二　待遇水平：去商品化能力分层化 ………………………（66）
　　三　政府责任：责任分担分层化 ……………………………（71）
　　四　社保服务：服务获得分层化 ……………………………（76）
　第三节　对我国社会保障制度的分层化后果评价 …………………（79）

第四节 本章小结 …………………………………………（83）

第四章 社会权利公平性考察：社会保障制度分层化的生成机制 ……………………………………………（88）
　第一节 社会权利公平在社会保障制度中的正当性基础 ……………………………………（89）
　　一 基于对人道主义消极权利局限性的扩展 ………（89）
　　二 基于对劳动力去商品化需要的回应 ……………（91）
　　三 基于公民权利内容扩展的现实要求 ……………（93）
　第二节 社会权利下社会保障制度分层化的生成机制分析 ……………………………………（94）
　　一 社会保障制度发展初期：弱势群体社会权利"贫困化" ……………………………………（95）
　　二 社会保障制度发展期：各阶层社会权利"差序化" ……………………………………（99）
　　三 社会保障制度成熟期：各阶层社会权利"平等化" ……………………………………（102）
　第三节 我国社会保障制度分层化中的社会权利因素分析 ……………………………………（104）
　　一 户籍与职业身份：农民及城市新贫困群体的社会保障权利"贫困化" ……………………（105）
　　二 单位身份：城镇居民的社会保障权利"差序化" ……………………………………（110）
　　三 行政身份：公务人员的社会保障"特权化" ……………………………………（115）
　第四节 实证分析：身份权利对社会保障分层化的影响 ……………………………………（116）

一　样本及数据说明 …………………………………（116）
　　二　社会保险参保影响因素的回归分析 ……………（117）
　　三　实证分析结果阐释 ………………………………（122）
第五节　本章小结 …………………………………………（125）

第五章　机会公平性考察：社会保障制度分层化的"固化—流动"机制 ……………………………（130）

第一节　机会公平在社会保障制度中的正当性基础 ………（131）
　　一　个体差异引致的分配差异缺乏公平性 …………（131）
　　二　基于消极社会权利引发福利国家危机的历史审查 ………………………………………（132）
　　三　基于机会平等的积极福利观念兴起的现实需要 ………………………………………（134）
第二节　机会公平下社会保障制度分层化的"固化—流动"机制分析 …………………………………（136）
　　一　机会空间中的社会保障分层化图景 ……………（137）
　　二　中层机会公平：底层群体可行能力提升 ………（139）
　　三　高层机会公平：各社会阶层间合理社会流动 …（143）
第三节　我国社会保障制度分层化中的机会公平因素分析 ……………………………………………（146）
　　一　中层机会不平等：城乡间公共资源分配失衡 …（146）
　　二　高层机会不平等：个体间能力建设失衡 ………（152）
第四节　实证分析：社会保障制度对我国社会阶层流动的影响 …………………………………………（155）
　　一　样本及数据说明 …………………………………（155）
　　二　社会保险对社会阶层流动影响的非参数卡方检验 ……………………………………………（155）

第五节 本章小结 …………………………………………（158）

第六章 规则公平性考察：社会保障制度分层化的操作机制 …………………………………………（162）

第一节 外在福利规则对社会保障制度分层化的操作化机制分析 …………………………………（163）
  一 资格准入机制分析 ……………………………（163）
  二 资金筹集机制分析 ……………………………（166）
  三 投资运营机制分析 ……………………………（169）
  四 待遇给付机制分析 ……………………………（171）
  五 统筹管理机制分析 ……………………………（172）

第二节 内在福利规则对社会保障制度分层化的操作化机制分析 …………………………………（174）
  一 共同体意识：内在福利规则发挥作用的基石……（175）
  二 内在福利规则对社会保障制度分层化的作用分析 ……………………………………（177）
  三 个体化：内在福利规则面临的挑战 …………（183）

第三节 本章小结 …………………………………………（187）

第七章 社会保障制度"去分层化"的路径选择 …………（190）

第一节 社会保障制度"去分层化"的目标设定及基本原则 …………………………………………（191）
  一 目标设定 ………………………………………（191）
  二 基本原则 ………………………………………（195）

第二节 社会保障制度"去分层化"的制度整合路径 …………………………………………（198）
  一 社会保障制度"去分层化"的整合思路 ………（198）

二　社会保险"去分层化"的制度整合路径 ………（202）

三　社会救助"去分层化"的制度整合路径 ………（208）

四　社会福利"去分层化"的制度整合路径 ………（211）

五　社会保障制度"去分层化"的配套措施 ………（212）

第三节　本章小结 ……………………………………（220）

参考文献 ………………………………………………（223）

后　记 …………………………………………………（237）

第一章 绪论

第一节 研究的现实背景与重要意义

一 研究的现实背景

社会保障制度是社会制度体系重要的组成部分,社会保障制度建设的适度程度、成熟程度既是一个社会文明程度的重要衡量标准也是社会公平关系的现实表达。景天魁认为"是否建立完善的社会保障体系,是好的市场经济与坏的市场经济的分水岭;是否促进实现社会公平,是强的社会保障制度与弱的社会保障制度的分水岭"[①]。经过40年的社会经济发展,人民对公共服务均等化的诉求越来越强烈,这使党和政府深刻地认识到健全和发展民生事业的重要性。党在十八大报告中指出,"要坚持全覆盖、保基本、多层次、可持续方针,以增强公平性、适应流动性、保证可持续性为重点,全面建成覆盖城乡居民的社会保障体系",在党的十八届五中全会中更是明确地提出"建立更加公平更可持续的社会保障制度"。可见,在市场经济条件下,以公平为价值取向的社会保障制度建设是党和人民共同追求的目标。这不仅要求社会保障制度应在其制度理念、制度结构、制度运行中保证制度公平性,还应通过制度公平进一步推动和实现社会公平,"社会保障制度俨然已成为促进并实现社会公平正义的不

---

① 景天魁:《社会保障:公平社会的基础》,《中国社会科学院研究生院学报》2006年第6期。

可替代的制度安排"①。

　　社会保障制度以市场化进程中出现的老年风险、疾病风险、工伤风险、失业风险、贫困风险为对象，将国家作为责任主体，通过税收筹资并按照待遇确定或缴费确定的方式将个体面临的社会风险内化于制度之内。社会保障制度对公平性目标的达成有赖于其具有的三方面属性：首先，社会保障制度具有准公共物品属性。准公共物品具有消费上的非竞争性和非排他性的特点，社会保障制度作为本国公民获取生存保障的公民权利，其准入资格依赖于公民身份，凡本国公民均可一视同仁地纳入到社会保障体系中；其次，社会保障制度具有再分配属性。市场在初次分配中，按照资本、知识、技能等要素投入量进行初次分配，但由于个体参与市场竞争的起点存在差异，必然导致在资源分配、机会分享等领域拉大差距。因此单靠市场机制进行的分配往往会加大贫富差距。而社会保障所进行的二次分配正是对国民收入初次分配不平等的调整手段，通过国家层面的转移支付机制，以修正劳动者在市场中的收入差距。对富人来说要保持其生活质量不受影响，对底层社会群体而言则可以维持最基本的生活需要。再次，社会保障制度具有社会效益属性。社会保障制度建设除在全社会范围内实现广泛的社会调剂，来实现强者对弱者、富有者对贫困者的帮助外，更为重要的是它可以通过再分配手段来实现社会公平的目标。社会公平的实现不仅利于社会的稳定，而且由于它能够为市场提供良好的社会秩序、为社会创造有利的经济环境，从而使社会有条件创造更多的社会财富来为社会保障制度的再分配提供物质基础。正是出于社会保障制度建设对公平性追求的本质属性，我国社会保障制度经过40年的改革与发展，在历经近现代城乡"二元分立"的社会结构下所采取的"国家—单位"保障制以及"国家—社会"保障制后，正逐渐形成内容包括养老保险制度、医疗保险制度、失业保险制度、工伤保险制度、生育保险制度、社会救助制度和社会福利制度的社会保障体系。

---

① 郑功成：《社会保障学》，中国劳动社会保障出版社2005年版，第15—16页。

可以说，当前的社会保障制度体系较好地与特定时期、特定的社会结构相适应，并在一定程度上化解了城市及农村居民在城镇化进程中所遭遇的社会风险。

虽然我国社会保障制度已逐渐从选择性向普惠性、改革试验向成熟定型转型，但社会保障制度在建设中的矛盾仍较为突出：一方面，社会保障范围持续扩大，保障水平不断提高，保障体系日臻完善；另一方面，社会保障制度体系仍存在分割状态，呈现碎片化、内卷化发展趋势，制度的公平性备受质疑。这种矛盾化的发展趋势具体地表现为"中国社会保障制度从内容上来说发展不均衡，从结构上来说是分裂的，从水平上来说存在极大差别"①。从制度内容上看，虽然针对主要社会问题的社会保障制度已基本建立，但其对于全球性社会问题、变迁性社会问题和转轨性社会问题等一些新兴问题的应对方式还较为陈旧，应变能力较差，制度化解风险的能力还较为有限；从制度结构上看，城乡间社会保障制度的分裂、城镇职工和机关事业单位工作人员间社会保障制度的分裂、城镇职工与城乡居民社会保障制度间的分裂都成为阻碍制度整合的重要因素；从水平上看，城乡社会保障转移支付水平的差别、分项目社会保障给付水平的差异成为影响制度公平的重要表现。因此，当前的社会保障制度无论是内容的不均衡、结构体系的分裂，还是保障水平的巨大差别都有悖于社会保障制度公平要求的内在运行逻辑，均有碍于制度公平目标以及社会公平目标的达成。

从民众对社会保障制度公平性的主观评价来看，社会保障的再分配功能效果与民众对其的期望间存在偏差。虽然在经过40年的改革开放后，我国总体的经济格局打破了"平均主义"大锅饭，并且在"效率优先"理念的带动下积累了巨大的社会经济财富。但与此同时，社会的贫富差距分化程度也在不断加深，并且近十余年来仍继续呈扩大之势。根据统计年鉴数据显示，"2000年中国城乡人均收入差距为5227.2元，到2012年时，城乡收入差距扩大到17587.7元。

---

① 丁建定等：《中国社会保障制度体系完善研究》，人民出版社2013年版，导论。

2012年全国城镇非私营单位就业人员平均工资为46769元，私营单位就业人员年平均工资为28752元，两者相差18017元。另一项调查数据显示，2012年城乡居民高收入家庭人均年收入为43797.5元，而低收入家庭的人均年收入为1587.7元，两者相差20多倍。"① "收入差距的扩大主要表现在城乡之间、地区之间、部门之间、行业之间、不同要素之间，甚至不同群体内部的收入差距也越来越明显。"② 在此背景下，作为调节收入分配的重要制度安排之一，社会保障制度不仅在贫富之间、强弱之间、代际代内之间再分配的效果较弱，甚至还产生了逆向分配的效果。这是由于与计划经济体制相关联的传统社会保障制度的衰落，以及与市场经济体制相关联的以"效率为先"的建设理念使社会保障制度对收入分配的调节功能弱化，使其促进社会公平的目标也出现了偏离。因此，笔者认为有必要对社会保障制度公平性进行系统性考量，这种系统性考量除了从社会保障制度的自身结构体系出发的研究外，更需要从其与经济社会结构的互动关系出发来研究制度的公平问题。

在将社会保障制度公平性放置于经济社会结构中审视时，社会分层是一个具有启发性的切入视角。由于社会分层隐含的是社会地位差距——一种现实的不平等，理论上讲，社会保障制度的再分配机制有助于缩小社会差距并弱化初次分配产生的社会不平等程度。也就是说，社会保障制度的公平属性要求其作为一种逆社会分层的力量，去修正社会分层中出现的以权力、声望、资产等要素在不同人群间形成的分配不平等问题。因此，社会保障制度与社会分层结构呈现这样一种关系：合理的社会分层结构是以公平地分配稀缺社会资源为基础而形成的"等级差序"，社会保障制度的收入分配调节功能通过差别化待遇保障机制维护这种合理适度的"等级差序"；不合理的社会分层

---

① 汪华、汪润泉：《社会分层、制度分割与社会不平等——一项关于中国养老金制度的福利社会学研究》，《学术界》2015年第1期。
② 龙玉其：《中国收入分配制度的演变、收入差距与改革思考》，《东南学术》2011年第1期。

结构意味着社会资源不公平的分配，社会保障制度需要发挥收入分配的调节功能，防止社会阶层结构进一步复制和扩大"等级差序"。也就是说，如果一个社会形成了较为合理的社会分层结构，那么通过社会保障制度的福利资源分配机制来保持各阶层间适度差距是合理且公正的；但如果一个社会的社会分层结构本身并不合理，而附着其上的福利资源分配机制非但没有调节各阶层之间因初次分配所造成的收入差距，反而进一步扩大和固化了这种各阶层间的不平等，没有达到纠偏的效果，那么这种福利资源分配机制必然是不合理的。当前，我国的社会阶层结构还远未达到合理的橄榄型结构，而且社会保障制度设计及其运转效果在一定程度上延续了基于市场规则形成的社会分层结构，纵向制度结构上的"断裂"以及横向制度结构上的"碎片"使社会保障制度公平属性在实现过程中大打折扣，并且还使社会保障制度的实施效果与不合理的社会分层结构表现出高度的"耦合性"，即产生了社会保障制度的纵向分层化体系。

正是在经济社会结构的公平性需求、社会保障制度自身公平性需求、政府及民众对社会公平诉求日益强烈的现实背景下，本书开始了对社会保障制度公平性问题的理论探索。在本书的分析过程中，将以公平理论为分析基础，着力阐释社会保障制度的不公平外化形式——社会保障制度分层化问题。

二 研究的重要意义

本书的理论意义在于：第一，以社会保障制度分层化问题为研究对象，丰富社会保障领域中制度主义理论研究内容。彭华民、齐麟强烈呼吁重视社会福利领域的制度研究课题。具体而言，福利制度的研究包括社会福利制度演进研究、社会福利制度结构研究、社会福利制度转型研究三方面。[①] 本书将社会保障制度分层化问题的研究放置于

---

① 彭华民、齐麟：《中国社会福利制度发展与转型——一个制度主义分析》，《福建论坛》（人文社会科学版）2011年第10期。

社会保障制度变迁的背景之下，将制度变迁中社会保障制度静态分层化表现与动态分层化表现相结合，一方面有利于清晰勾勒出社会保障制度在不同发展阶段中的各自静态的制度分层化表现；另一方面可以探求社会保障制度不同阶段的制度变迁及转型过程中的动态制度分层化表现，这对于丰富社会保障领域中的制度主义研究内容具有理论意义。第二，以公平理论为研究视角，为制度研究提供理论框架。通过对中西方社会公正理论的梳理和分析，演绎出社会保障制度建设中应该遵循的公平要素：社会权利公平、社会机会公平和规则公平。从此三个维度出发，进一步对社会保障制度分层化的作用机制进行理论阐释。从这个意义上来说，将国外社会公正理论进行本土化后能够更好地指导社会保障制度建设，这既填补了学界对该问题的研究仅仅停留在现象描述、影响因素分析而缺乏理论分析的现状，同时又丰富了社会保障制度公平性的理论意涵。

　　本书的现实意义在于：第一，本书的研究符合党和政府对民生事业的关注。从党的十六大起，中央政府已不断加大在社会保障领域方面的民生投入。党在十八大报告中指出："社会保障是保障人民生活、调节社会分配的一项基本制度。要坚持全覆盖、保基本、多层次、可持续方针，以增强公平性、适应流动性、保证可持续性为重点，全面建成覆盖城乡居民的社会保障体系。"因此，在现阶段探讨如何促进社会保障制度公平运行并达到社会公平目标无疑是党和政府关注的一项十分具有现实意义的课题。第二，本书的研究顺应了统筹城乡发展和城市化进程的大格局。在统筹城乡发展与推进城镇化建设的背景下，统筹城乡社会保障制度发展，深化社会保障体制改革，是当前我国社会保障事业发展中面临的一项重大课题。本书的研究一方面满足了统筹城乡发展中民众对于社会公平价值目标的强烈诉求；另一方面以社会保障制度的公平性建设为切入点也为统筹城乡发展与城镇化发展过程中社会结构的迅速转型、社会阶层结构的利益调整、权利关系的深层次变动做出制度探索，以此来进一步缩小不同社会阶层群体在社会保障制度中的待遇差距，促进城乡社会统筹发展。第三，本书的研究结论有助于为国家社会保障制度改革提供经验性分析。本书的研究有助于优化社会保障制度顶层设计，实现"碎片化"制度的有效整合，对国家进一步优化和提升社会保障制度公平性建言献策。

第二节 相关文献研究

一 社会分层相关研究述评

（一）社会分层的划分标准研究

在社会分层的划分标准方面，经典社会分层理论研究中存在两种代表性观点：阶级理论和多元社会分层理论。作为阶级分析的创始人，马克思强调以经济因素作为社会分层的决定因素，按照是否拥有生产资料将人们分为资产阶级和无产阶级两类，阶级分析方法是马克思主义的基本方法。马克思认为社会分工是阶级起源和存在的基础，由于存在着劳动分工，私有制便产生和发展起来，阶级现象的产生是与生产力发展的一定阶段相联系的。马克思也指出阶级的形成需要经历自在阶级到自为阶级的过程。"当一个阶级的分子只是处在同样的经济地位上，有相似的生活方式，但自身并没有意识到他的存在时，这只是一个自在的阶级；当他们通过阶级斗争，形成了组织，意识到自身的利益时，这才是一个自为的阶级。"[①] 多元社会分层理论代表人物马克斯·韦伯采用"三位一体"的社会分层标准：财富、声望、权力进行社会阶层的划分。其中，财富对应经济秩序中的"市场"、声望对应社会秩序中的"地位"、权力对应政治秩序中的"党派"。可见，韦伯采用多元要素作为社会分层的标准丰富了马克思以单一的经济因素作为分层标准的做法。可以说，韦伯引领了对多元社会分层依据的开端，后续学者相继提出了不同的社会分层依据。如法国社会学家皮埃尔·布迪厄（Pierre Bourdieu，1986）提出了以人的消费划

---

① 李宝梁：《社会分层研究中的基本理论范式与最新进展评述》，《贵州师范大学学报》（社会科学版）2007年第4期。

分阶层的理论。他认为归属于哪个阶级不在于拥有多少财富，而在于消费的东西以及消费了哪个阶层的东西，以人的消费嗜好来划分阶层，尤其在新富人阶层出现后表现更为明显。

我国学者李强以政治分层和经济分层作为划分改革开放前后我国社会分层划分的依据，认为中国改革开放以前是以政治分层为主的社会，那一时期经济不平等程度较低、政治不平等程度较高；改革开放以后是以经济分层为主的社会，这一时期政治不平等性大大下降，经济不平等程度大大上升。① 刘祖云、戴洁认为社会分层的依据是社会资源，正是由于社会成员对社会资源的占有情况不同而形成了不同的阶层。由于社会资源具有有用性和稀缺性的双重特征，这就使得能够获得或较多获得资源者成为富有阶层，不能获得或较少获得资源者成为贫困阶层。将社会资源按照不同标准进行分类：（1）个人的个人性资源与社会性资源；（2）工具性资源与目的性资源；（3）经济性资源、政治性资源与社会性资源；（4）生产性资源、交换性资源、分配性资源与消费性资源，并根据人类社会主要发展阶段认为原始社会属于功能主导型分层模式、前工业社会属于冲突主导型分层模式、工业社会属于功能主导型分层模式。②

（二）社会分层的功能研究

在西方现代社会分层理论研究中，关于社会分层的作用研究存在着功能论和冲突论两种理论。功能主义分层理论认为，"阶层是满足社会需要的必然存在，每一个社会都会因需要整合、协调和团结而产生社会阶层；阶层反映了社会的共享价值观，提高了社会与个人的功能；经济结构不是社会中的主要结构，权力在社会中是合法分配的，工作与报酬是合理分配的；社会的阶层结构经由社会变迁而改变"③。迪尔凯姆在《社会分工论》中指出一个社会的所有功能——法律、宗

---

① 李强：《政治分层与经济分层》，《社会学研究》1997年第4期。
② 刘祖云、戴洁：《再论社会分层的依据》，《中南民族大学学报》2006年第6期。
③ 侯钧生、韩克庆：《西方社会分层研究中的两种理论范式》，《江海学刊》2005年第4期。

教、家庭、工作等——都根据它们被重视程度的高低安排成层级。如果一个社会要兴旺发达，那么最有才能的人必须担当最有价值的功能。为了吸引最好的和最聪明的人，社会必须完善他们获取社会报酬的途径。戴维斯（Kingsley Davis）和莫尔（Wilbert Moore）在功能论的分析框架下，指出"社会分层是一种普遍现象，同时也是一种不可避免的现象；社会分层因社会整合、社会协调和社会团结而产生，因此社会分层既能满足社会整体的需要，也能满足社会个体的需要，同时还能提高社会和个人的功能；社会分层是因社会进化而产生，因此，社会分层经由社会进步而改变"。① 在结构功能主义代表人物帕森斯看来，"全部社会学理论的核心就是回答社会秩序如何可能这一问题"②。帕森斯把一般行动系统区分为四个附属系统并确定了它们之间的等级层次。各个附属系统按其所在的等级层次同其他附属系统进行信息和能量的交换，从而发生控制和制约的关系。任何行动系统都必须满足四个最基本的功能要求，即功能模式，这四个功能是：适应（Adoption）、目标达成（Goal attainment）、整合（Integration）、潜在模式维持（Latency pattern maintenance）。

冲突主义的分层理论认为"社会分层是一种普遍现象，但并不是不可避免的必然现象；社会分层因人们的相互竞争、相互冲突和相互征服而产生，因此，社会分层只能满足社会强势或权势群体和个人的需要，同时会影响或阻碍社会和个人的功能；社会分层是靠强力或武力来维持的。因此，社会分层须由社会革命来改变"③。"社会是争夺稀缺的社会资源的斗争舞台，社会不平等是人们斗争的结果，他们往往关注统治和剥削，关注权力的强制基础，关注不平等的分配制度"④。

---

① 刘祖云、戴洁：《再论社会分层的功能》，《学术论坛》2003年第2期。
② 侯钧生、韩克庆：《西方社会分层研究中的两种理论范式》，《江海学刊》2005年第8期。
③ 刘祖云、戴洁：《再论社会分层的功能》，《学术论坛》2003年第2期。
④ 林克雷、陈建利：《当代中国分层研究中的制度主义范式》，《社会科学研究》2005年第1期。

马克思认为阶级冲突即资产阶级和无产阶级的冲突的根源是生产关系；达伦多夫认为"社会冲突的根源是特定的社会结构，即阶级结构，这种阶级结构不是根据是否占有生产资料来划分的，而是根据统治与服从之间的权威关系来划分的"①。

刘祖云、戴洁认为社会分层既有正功能又有负功能。② 正功能表现为：一是就社会整体层面而言，它肯定了人们在经济地位、政治地位和声望地位等方面的差别，使个体承担与自身能力相匹配的工作的同时达到社会整体高效运行的目的，同时也形成一种社会竞争机制，促进社会进步；二是就社会个体层面而言，人们在社会地位方面的高低差别体现了个体之间能力和素质差异具有合理性，这既是对社会精英能力的肯定，同时也激励人们为增强自身能力而努力。负功能表现为：其一，就社会整体层面而言，社会分层是权力和特权的结果；其二，社会分层与个人能力之间发生一定程度的脱节；其三，社会分层所依据的社会成员获得社会资源的机会差异，在很大程度上取决于社会地位的不同，由此可能引发"马太效应"。由此可见，刘祖云综合了功能论和冲突论的相互对立的状态，将两者的作用结合起来，其中正功能具有功能论特征，负功能具有冲突论特征。

（三）市场转型中的社会分层研究

除上述对社会分层含义、分层依据和分层作用的研究外，由于20世纪70年代末80年代初的社会改革引起了社会学者们的关注，社会主义国家在社会转型中的社会分层关系研究逐渐成为社会分层研究的中心领域。其中，倪志伟（Victor Nee）提出的"市场转型理论"在20世纪90年代引起了最为广泛的讨论。倪志伟在1989年《市场转型理论：国家社会主义从再分配向市场的过渡》一文中提出了市场转型理论，市场转型理论的核心观点是：在市场机制逐步取代再分配机

---

① 侯钧生、韩克庆：《西方社会分层研究中的两种理论范式》，《江海学刊》2005年第8期。

② 刘祖云、戴洁：《再论社会分层的功能》，《学术论坛》2003年第2期。

制过程中，社会权力结构将发生变革，进而导致社会阶层结构的重组。也就是说在市场化过程中再分配阶层的权利与特权开始向市场让渡，市场改革创造了以市场为中心的新的机会结构，削弱了再分配部门的垄断地位，市场为再分配以外的经济部门获取经济利益提供了越来越多的机会，在分配权力衰落的同时，市场带来了更多的平等化效应。① 从再分配向市场的过渡使权力和特权支配资源移向直接生产者，而不是再分配者。② 也就是说，倪志伟认为在向市场经济转型的过程中原有社会分层中的利益关系被颠覆：即政治精英的权利衰减，市场化改革将创造出更多的社会精英。

在市场转型理论中，受到较大争议的一个观点是从再分配到市场的过渡中是否真的会出现权力的让渡？对此直接提出质疑的是罗纳—塔斯，他提出了市场转换理论。通过对匈牙利社会转型的实证调查得出干部阶层在私有化过程中大获其利，再分配权力依然保持优势。③ 边艳杰和约翰·罗根（John Logan）提出权力维续论观点。强调再分配制度的惯性作用以及制度变迁的路径依赖特性。白威廉（William L. Parish）和麦宜生（Ethan Michelson）认为，以市场为主导的改革可能为那些在国家再分配下获得好处的人提供进一步获利的机遇。这种获利机会是通过政治资本与经济资本的合作而形成的。这种政治资本与经济资本的结合恰恰是社会主义转型不完全，并非从一个理想类型到另一个理想类型的飞跃，由再分配到市场的转型过程中是一个具有延续性和连贯性的过程。当社会主义转型并未彻底之时，再分配的权力就有可能与市场机制结合起来，为特权阶层谋取更多的社会资源。持这种观点的学者还包括李路路和边燕杰提出的"阶层再生

---

① Victor Nee, "A Theory of Market Transition: From Redistribution to Market", *American Sociological Review*, Vol. 54, 1989；转引自方长春《从"再分配"到"市场"——市场转型与社会分层研究综述》，《社会学研究》2006 年第 1 期。
② [美] 阎云翔：《中国社会的个体化》，上海译文出版社 2012 年版，第 55—57 页。
③ [美] 罗纳—塔斯：《昔日风云人物还是今日弄潮儿吗》，《国外社会学》1996 年第 6 期。

产"、刘欣提出的"权力衍生论"等观点。具体表现为,政治精英(干部)利用政治权利介入到市场分配环节进而延续其阶层地位。

在我国学术界内,从中华人民共和国成立到1956年主要是按照马克思主义的经典理论,采用"阶级"分析进行阶级划分。在经历了土地改革运动和"工商业社会主义改造"后,城市和农村实现了打破阶级体系的尝试。阶级分层衰落,身份分层占据了主导地位。在改革开放以后,又经历了由身份分层向经济分层的转换,李强①将之称为从政治分层转向经济分层。自改革开放以来,在社会结构转型和变迁的背景下,社会利益结构越来越多地为社会学者们所关注。

(四) 社会保障制度与社会分层的关系研究

在社会政策的相关研究中,福利制度能否缩小社会阶层间的不平等以及在多大程度上改善这种不平等一直是中外社会政策领域研究的热点问题。持两极观点的学者中,一类学者认为社会福利有助于促进社会平等,代表人物为马歇尔和蒂特马斯;另一类学者则认为社会福利非但没有消解社会不平等,反而会人为地制造阶层的分裂,如新马克思主义以及埃斯平·安德森等。支持福利体制可以促进社会公平的学者认为,社会政策的价值在于:第一,其宗旨皆为行善——政策指向为市民提供福利;第二,兼有经济及非经济的目标,例如最低工资、最低收入保障标准等;第三,涉及某些进步的资源再分配手段,劫富济贫。② T. H. 马歇尔认为,解决资本主义发展和社会阶级之间的矛盾的途径就是将社会权利纳入公民身份的地位当中,他相信国家主导的福利体制有助于缩小社会成员间的收入差距,并进而有助于改善资本主义社会的阶级差异和社会冲突状况。③

---

① 李强:《政治分层与经济分层》,《社会学研究》1997年第4期。
② [英] 蒂特马斯:《社会政策十讲》,江少康译,吉林出版集团有限责任公司2011年版,第13页。
③ [英] T. H. 马歇尔:《公民资格与社会阶级》,江苏人民出版社2007年版,第152页。

相反，认为福利体制不能消解社会不平等的学者认为，关于福利国家起源的研究中一直存在着阶层分析的传统。埃斯平·安德森在其代表作《福利资本主义的三个世界》中就是以阶级动员理论作为分析的理论基础，将资本主义福利国家划分为社会民主主义、保守主义及自由主义三种福利体制类型。在资本主义世界中之所以产生不同的福利体制类型，取决于国家干预社会福利领域的广度和深度的差别。从制度建设层面来讲，政府无疑是制定和执行各类社会保障相关法律法规和相关政策的最重要主体。由政府来干预公共领域的社会福利供给是在市场经济条件下，解决由市场所带来的贫富两极分化及社会不平等等一系列社会问题的主要手段。即使是在不同的福利体制类型的国家中，政府的干预作用是不言而喻的。然而，政府虽为制定社会政策的主体，但其决策还必然要受到社会环境的影响。在分析社会政策制定时，不能忽视其中较为重要的一个分析层面即阶层间关系。福利国家是塑造阶级与社会秩序的重要制度安排，其组织特征在一定程度上决定了阶层分化、社会团结以及阶级划分。三种福利体制类型的国家一个可能会助长层级与地位；另一个可能助长二分倾向；再一个则是普遍主义。不同福利体制下的社会公民权结构存在着差异。因此，不同福利体制下对社会成员的阶级分化和身份地位的影响也是不同的。正是由于政府介入社会福利领域的广度和深度的差异及受不同阶层关系对政策制定的影响才形成了如此多样化的社会福利体制类型。

另外，受新马克思主义思潮的影响，一些研究表明，工业化国家福利体制不但没有消解既有的阶级社会，相反，人为地制造了社会分裂和人群对立。高夫指出，福利国家的矛盾主要体现在资本主义不断自我积累和生产的属性与劳工阶级间的利益冲突，而福利国家的产生正是在劳工阶层的不断斗争中实现的。为了消除资本家与劳工间的冲突，福利国家通常进行利益的再分配。[①] 因此，高夫认为福利国家本身是一个矛盾的结合体。一方面，福利国家要加强社会福利发展个人

[①] 彭华民：《西方社会福利理论前沿》，中国社会出版社2009年版，第88页。

力量，对市场力量的盲目运作施加社会控制；另一方面，福利国家又要压制与控制人民，使大众服从于资本主义经济发展与获得利益的要求，福利国家的本质是阶级的冲突。① 格兰德通过对英国的研究发现，从医疗、教育、住房等社会福利中获益最多的是中产阶级而不是穷人，据此他认为，某些社会政策的提供可能没有缓解社会差距，反而加剧了社会不平等。②

在国内，一些学者也已认识到社会保障制度对于不同收入群体及不同社会阶层可能产生的排斥作用。其中，养老保障制度的分层化作用尤为引起学者关注。楼苏萍从纵向分析了改革开放以来我国社会政策两个阶段的分层效应，一个是以城市正规就业为基础的福利资格，分层效应表现为对权力分层结构的强化且对市场分层几乎没有作用；另一个是缴费关联的福利资格，分层效应表现为对收入分层结构的强化以及权力分层和市场分层的同时加强。③ 李芬认为社会养老保险制度成为社会分层的机制之一。"一方面，城市养老保险制度由于引入效率机制，使得其阶层间再分配的功能减弱，城镇养老保险改革加剧了城市阶层间差距；另一方面，农村养老保险改革在借鉴城镇养老保险统账结合模式中，明确了政府在农村养老保险中的责任，在与旧农保的对比中农村新农保在一定程度上缩小了农村阶层间差距。"④ 安华认为社会分层福利的差异，"在养老保险方面体现得最为明显。一方面，由于社会分层的存在导致不同社会层次的养老保险待遇存在差异；另一方面，养老保险的待遇差异又会进一步强化已有的社会分层，甚至促成新的社会分层的产生，造成收入分配差距和贫富差距，引发社会矛盾"⑤。汪华、汪润泉提出养老金制度是延续社会分层的

---

① 彭华民：《西方社会福利理论前沿》，中国社会出版社2009年版，第89页。
② Skocpol Theda and Amenta, "States and Social Policies", *Annual Review of Sociology*, No. 12, 1986.
③ 楼苏萍：《改革开放以来中国社会政策的发展及其逻辑》，博士学位论文，浙江大学，2009年。
④ 李芬：《我国当代养老保险制度与收入分层》，《湖北社会科学》2010年第1期。
⑤ 安华：《社会分层与养老保险制度整合研究》，《保险研究》2012年第3期。

制度安排，客观上存在一个制度公平性问题。①

对于社会保障制度是如何形成分层化的原因分析中，王雄、郭忠华以公民身份为视角，认为是制度因素造成的公民身份排斥是我国底层阶级形成原因之一。具体的制度因素包括市场公民身份的排斥、政治公民身份的排斥、社会公民身份的排斥。而此三种身份排斥的背后正是国家维稳的控制逻辑、经济发展中的控制逻辑以及社会管理中的控制逻辑所致。国家控制逻辑造就了公民身份制度的排斥性，使部分社会弱势群体逐渐被边缘化，进而使他们成为底层阶级的一部分。② 汪华、汪润泉从制度参与状况与待遇水平两个维度论证当前的社会保障存在分层化现象。杨伟民利用2003年全国综合社会调查进行实证分析，指出社会保险制度与多样化的所有制共同对职业位置的层级分化产生影响，"社会保险制度没有能发挥对市场竞争中的最差结果予以修正的作用，只有高素质的、市场竞争能力强的劳动力能够或者进入有社会保险的工作单位，或者进入的单位虽然没有社会保险，却能在收入上给予其一定的补偿。但是对于那些失业下岗人员以及低收入且没有社会保险的有工作的穷人，却没有提供充分的抵御风险的保障"③。

二 社会保障制度公平性相关研究述评

（一）社会保障制度公平性现状研究述评

社会保障制度具有公平指向性特征。所谓公平，郭殿生认为公平的含义包括以下四个层面："（1）从公平的本原上说，公平是指人际利益交换中的等利害交换行为，一视同仁、不偏不倚。（2）从人们的贡献与获益的过程上说，公平又可分为起点公平、机会公平和结果公平。（3）从公平的规则体系上说，又可分为分配规则和评价或裁

---

① 汪华、汪润泉：《社会分层、制度分割与社会不平等》，《学术界》2015年第1期。
② 王雄、郭忠华：《公民身份视野下中国底层阶级的形成》，《浙江学刊》2013年第3期。
③ 杨伟民：《当前中国的社会保险在社会分层中的作用》，《社会学研究》2005年第5期。

判规则。(4) 从公平的适用领域上说，公平不只是表现在物质财富的初次分配和再分配过程中，在其他各种社会资源中，如政治权利的享受、社会声望的获得、司法权力的保护、教育机会的获取、职业的选择乃至人本身的生存方式等，其配置过程都存在着是否公平的问题。"① 关信平（2013）认为公平是指在特定的社会价值观下对各种公共事务运行和处置的合理性所做出的价值判断。社会保障公平性的含义，是指社会保障制度设计和运行是否符合社会中主流的公平观，也就是说社会保障的运行是否满足公众对公平分配公共资源的要求。② 换而言之，在社会保障制度践行公平性时，必须要满足公平性原则，包括平等性原则、社会公平原则以及代际公平原则。平等原则体现了社会保障的普遍性；社会公平原则内含实质公平、过程公平、结果公平等多个层面；代际公平包括代内公平和代际公平，代内公平强调当代人在满足其社会保障利益方面的机会均等、社会保障权和实现方面的平等。③ 在基于达成对社会保障制度公平性共识的基础上，我们才能够形成一定的标准对社会保障制度的公平性进行评价。

具体而言，对于社会保障制度能否实现其公平性的目标，相关研究表明我国的社会保障制度公平性现状不甚理想，并长期处于公平性缺失的状态。部分学者通过时序性考察，对我国社会保障制度的发展进行纵向研究，认为虽然我国社会保障领域建设不断完善，已经从计划经济时期的"单位保障制"到市场经济时期的"社会保障制"，完成了从"低水平、广覆盖"到"适度普惠、全覆盖"的政策指导思想转变，但社会保障制度建设中的公平性问题仍然在各个不同时期有着不同的表现。李玲、李迎生梳理了我国社会保障制度六十年发展中不同阶段社会保障制度的公平性问题，认为初创阶段的社会保障制度公平性问题表现在：一是不同人群的保障待遇相差悬殊；二是同类人

---

① 郭殿生：《公平、效率与社会保障》，《福建论坛》2006 年第 10 期。
② 关信平：《当前我国社会保障制度公平性分析》，《苏州大学学报》2013 年第 3 期。
③ 杨思斌：《我国社会保障制度的公平原则及其实现途径》，《当代世界与社会主义》2007 年第 5 期。

群的保障待遇基本相同，但部分成员的待遇差距较大。改革发展时期的社会保障公平性问题表现在：城乡之间不公平、群体之间不公平、地区之间不公平。① 关信平指出计划经济时代的不平等现象主要体现在两个方面，一方面，体制内与体制外的人员的社会保障方面的差别很大，尤其是城乡之间的社会保障差距很大，并且这种差别是按先赋性的身份来决定的，缺乏合理性的基础；另一方面，体制内各类人员在社会保障待遇水平上存在着较大的差距，其原因是混杂着贡献因素和权力因素。当前社会保障领域的公平性缺失问题，主要体现在：一是社会保障的城乡差异；二是地区之间社会保障水平的差距；三是城市内部各个群体之间养老和医疗保险待遇的差距；四是城市社会福利与社会救助的公平性问题。②

还有相当一部分学者较为关注当前在社会保障制度中存在的公平性缺失问题。这其中，有研究者认为当前存在的社会保障制度公平性缺失问题归因于制度体系不健全、不规范所造成的。赵福昌将其分为最低保障层次的不公平和社会保险层次的不公平。最低保障层次的不公平具体表现在，"一是城市最低生活保障的'劳动收入判断标准'没有全面体现个人的经济能力，只包括劳动收入，没有考虑资产或财产收入；二是最低生活保障等福利项目城乡间不公平；三是管理不规范，造成同种状况的人因财产结构不同而适合不同标准；社会保险层次的不公平表现在：一方面，社会保险对象的对待不公平，包括社会保险制度内、外对象间不公平，当前与未来对象间不公平，以及不同制度对象间不公平；另一方面，统筹层次较低，难以发挥地区间社会保险的互济功能，造成对地区经济发展影响的结果不公平"③。

另一部分学者认为，从社会保障制度实施的效果来看，其逆向再

---

① 李玲、李迎生：《公平视野下的中国社会保障制度60年》，《黄河科技大学学报》2009年第11期。
② 关信平：《当前我国社会保障制度公平性分析》，《苏州大学学报》2013年第3期。
③ 赵福昌：《我国社会保障制度及运行中的不公平问题分析》，《财经问题研究》2005年第6期。

分配效果明显,严重违背了社会保障制度公平性目标。在养老保险领域,彭浩然、申曙光从量化研究角度对我国改革前后城镇养老保险制度的收入再分配效应进行了比较研究。通过对改革前后我国养老保险制度代内再分配和代际再分配的精算研究发现,与原养老保险制度相比,新养老保险制度明显减弱了代内再分配效应,并且可能会引起严重的代际不公平。① 现行的养老保险制度采用的是累退的缴费机制,即越是低收入行业的职工,其真实缴费率越高,养老保险缴费负担越重;越是高收入行业的职工,其真实缴费率越低,养老保险缴费负担越轻。制度公平性削弱的因素来自于现行的缴费机制对低收入者极为不利,并可能进一步导致低收入者对养老保险体系的逃离。② 肖金萍就我国农村社会养老保险制度公平缺失的表现进行分析,认为当前各地新农保具体实施办法差异大,如各地新农保的缴费主体、待遇构成、缴费标准及缴费基数皆存在较大差异。③ 此外,新农保难以实现"保基本"的目标,这是由于新农保对个人账户积累过于依赖,基础养老金待遇享受捆绑范围过大以及对过渡期的老年人的养老保障没有安排。同时,新农保缺乏社会供给,存在逆向收入再分配以及基金保值增值难等问题也在一定程度上导致了当前制度公平缺失的问题。④

可见,社会保障制度公平性缺失问题从制度建设至今是一直存在的,而且当前的部分公平性缺失问题延续了计划经济时期已经存在的一些问题,相关制度改革非但没有对相应的问题做出改进,反而由于制度变迁的路径依赖进一步延续了既存的社会保障制度公平性问题,并且在此基础上演化出一些新的公平性问题。一方面,旧有的社会不

---

① 彭浩然、申曙光:《改革前后我国养老保险制度的收入再分配效应比较研究》,《统计研究》2007年第2期。
② 呙玉红、申曙光、彭浩然:《城镇职工基本养老保险制度的公平性研究》,《学术研究》2010年第10期。
③ 肖金萍:《公平视域下农村社会养老保险制度构想》,《社会科学战线》2010年第8期。
④ 郭林、杨斌、丁建定:《政府职能与社会保障制度体系发展目标嬗变研究》,《浙江社会科学》2013年第9期。

公问题的延续包括了计划经济时期向市场经济时期转型过程中，城市下岗、失业和并轨等社会弱势群体的养老保障问题至今尚未解决；农村的失地农民、农民工等社会弱势群体的养老保障制度安排至今不畅；另一方面，学界对当前社会保障制度公平性的现状有较为一致的共识，即社会保障制度总体公平性缺失，具体表现在：城乡之间、地区之间、人群之间、单位之间存在制度建设有无、待遇水平高低、再分配能力强弱等方面的不公平表现。

（二）社会保障制度公平性缺失的原因研究述评

在对社会保障制度公平性缺失的原因分析中，当前学界达成较为一致的共识是城乡间二元分割的经济社会结构是致使社会保障制度公平性缺失的重要原因。郑功成认为，当前社会保障制度的转型尚未彻底，新制度的建设滞后于经济社会发展的需要，主要表现在：城乡分割与地区分割的推进方式，损害了社会保障制度的统一性及特定功能的全面发挥。同时，城乡分割经办也是普遍现象。社会保障城乡分割的原因一方面是由于传统户籍制度的藩篱不易突破；另一方面是体制性障碍影响巨大，既包括职能部门的相互分割，也包括职能部门职责紊乱、责任不清的局面尚未得到扭转。① 鲁全、武文莉认为我国城乡二元化的社会保障体系在一定程度上扩大了不公平性的程度，一是部分社会保障制度在农村地区是缺失的；二是同一社会保障项目在城市与农村是分割的。② 丁建定也指出，中国不仅城乡基本社会保障制度是分裂的和有严重差别的，城乡基本社会保障服务也是割裂的和有严重差别的，更重要的是，城乡基本社会保障制度与基本社会保障服务也是脱节的。③ 张文等利用中国统计年鉴数据，对我国城乡间社会保障水平在社会保险、社会救助、社会福利、社会优抚方面的差距进行

---

① 郑功成：《中国社会保障制度变革挑战》，《决策观察》2014 年第 1 期。
② 鲁全、武文莉：《公平、平等与共享：城乡统筹社会保障制度建设的基本理念》，《长白学刊》2008 年第 4 期。
③ 丁建定：《中国社会保障制度整合与体系完善纵论》，《学习与实践》2012 年第 8 期。

了量化分析，并认为导致城乡差异现状的原因主要在于城乡社会保障体系建立的基础、管理体制的差异、城乡二元经济结构格局以及财政投入不足等造成的。①

另一部分学者认为制度体系不完善也是导致社会保障制度公平性缺失的重要原因。其一，社会保障制度变迁中缺乏顶层规划的宏观视野。从体系建设方面讲，郑功成认为新型社会保障体系建设缺乏统筹规划与顶层设计。从局部地区、局部领域、个别项目推而广之的渐进式方式就缺乏对整个社会保障体系的目标设定与发展战略思路，更缺乏应有的整体设计与统筹安排。关信平认为造成当前社会保障公平性问题源于20世纪90年代以来社会保障改革的目标不明确、缺乏前瞻性和改革的不彻底。② 计划经济时代的"国家—企业"型社会保障包含了对社会公平和人道主义的诉求，但由于对公平的理解过于狭隘，最终导致平均主义的泛滥。在改革开放之初，提倡效率优先，让一部分人先富起来则没有发挥社会保障维护社会公平的功能。在由计划经济向市场经济转型的过程中，始终缺乏对社会保障制度的合理定位，以至于从平等的极端走向了效率的极端③。其二，制度体系在制度建设推进的过程中采用了一种打补丁的方式，以问题为导向的制度建设方式并不利于制度体系的完整性，造成了制度的"碎片化"。针对不同人群分别出台政策、各养老保险制度退休年龄不统一、不同养老保险缴费标准不统一、不同养老保险待遇水平不统一，此种社会养老保险制度碎片化的后果直接导致制度错综复杂，管理难度大；制度标准不统一，引发社会矛盾；不同养老保险制度转移接续困难等一系列问题。

从制度建设的覆盖面上看，我国还没有建立覆盖全体公民的社会保障制度，社会保障仅仅是一部分社会群体的"特权"。尽管近年来社会保障开始打破长期以来只覆盖城镇职工的格局，以不同的方式向农

---

① 张文等：《我国社会保障水平的城乡差异分析》，《求实》2013年第5期。
② 关信平：《当前我国社会保障制度公平性分析》，《苏州大学学报》2013年第3期。
③ 李玲、李迎生：《公平视野下的中国社会保障制度60年》，《黄河科技大学学报》2009年第11期。

民工延伸。但总体上看，城镇社会保障体系基本上没有覆盖农民工。即使在城镇，大量非正规就业的职工不能享受到正规就业的其他城镇职工的社会保险待遇，不同所有制企业的社会保障也存在很大差异，社会保障向全民所有制企业倾斜。① 大量民营企业、自由职业者还没有被企业职工社会保障制度所覆盖，这些未被覆盖的社会成员势必缺乏抗风险能力，当面临疾病、工伤、失业等意外时缺少社会制度的保障。另外，农民工和失地农民社会保障严重缺失。② 从绝对数上看，农村养老保险覆盖人数呈现逐年下降的趋势。1998年农村享有养老保险的人数是8025万人，2004年享有的人数下降至5378万人。③

从政府在社会保障制度中承担的责任角度看，主要体现为财政责任和管理责任存在不同程度的缺位及不到位现象。从改革开放初期由计划经济向市场经济转型的过程中，中国社会保障制度尽管在城市获得了较快发展，但在农村发展缓慢。财政用于城镇社会保障制度支出的规模和比重高于其投入农村社会保障制度的水平。④ 我国社会保障财政支出中对城镇投入多，农村投入少，呈现出明显的社会保障转移支付二元形态。政府财政责任不明确，可能导致出现两种情况：一是条件好的省市会超标准实施农村养老保险制度，引起省与省之间不良的养老金待遇攀比效应，增加纳税人的负担；二是出现各级政府相互推卸责任的现象，尤其是省级政府会借助自己的行政权威，将责任推给下级政府，使财政责任主要由县（市、区）财政承担。⑤ 由于政府财政责任缺位，使社会保障制度建设中存在代际公平问题，集体企业

---

① 杨思斌：《我国社会保障制度的公平原则及其实现途径》，《当代世界与社会主义》2007年第5期。

② 苗艳梅、杨斌、丁建定：《我国社会保障发展水平指标体系与实证分析》，《社会保障研究》2013年第3期。

③ 王文涛、肖国安：《建立公平的城乡社会保障制度的实证分析》，《晋阳学刊》2007年第4期。

④ 郭林、杨斌、丁建定：《政府职能与社会保障制度体系发展目标嬗变研究》，《浙江社会科学》2013年第9期。

⑤ 肖金萍：《公平视域下农村社会养老保险制度构想》，《社会科学战线》2010年第8期。

退休老年人的退休金普遍偏低,农村老年人几乎没有养老金。① 肖金萍认为新农保公平缺失的原因是地方各级政府财政责任不明确、筹资机制蕴含着不公平、农村社会养老保险建设政策缺位。② 果佳、唐任伍以"福利地区"为切入点,认为社会保险和社会福利由于在一定程度上依赖于地方政府的财政投入,社会保障的受益者也主要局限在本地区内部,这使得不同地区在社会保障资金筹集、财政支出和福利提供上存在较大差异。这种差异主要体现为城乡差异与不同经济发展水平地区间差异。③

在微观层面,杨艳东基于劳动者就业所有制性质的差别认为不同所有制下劳动者的福利差距存在较大差距。不同保障体系的制度规则、福利标准和待遇水平都各不相同,社会保障资源分配带有典型的地区分割、城乡分割、群体分割特征。这种格局所造成的显性现象是,劳动者的福利保障待遇仍然因就业部门、就业性质、户籍身份的不同而存在差距。④ 在缴费义务上,除参加企业基本养老保险的机关与事业单位职工外,大部分机关事业单位及职工并不缴费。从待遇计发水平看,现行的机关事业单位职工养老金计发水平与调整办法均高于企业。而且企业养老保险在由"现收现付"向"部分积累"改革的过程中,转轨成本没有实际的承担者,造成了代际间及单位间的不均等。另外需要注意的是,一些不被公众所认可的原则渗透到社会保障领域,对社会保障社会再分配产生影响,使社会保障的公平性受到质疑。其中引发问题最多的是基于权力和特权的再分配因素,某些强势群体依其所拥有的权力和特权而在社会保障的资源分配中获得了较

---

① 杨思斌:《我国社会保障制度的公平原则及其实现途径》,《当代世界与社会主义》2007年第5期。

② 肖金萍:《公平视域下农村社会养老保险制度构想》,《社会科学战线》2010年第8期。

③ 果佳、唐任伍:《均等化、逆向分配与"福利地区"社会保障的省际差异》,《改革》2013年第1期。

④ 杨艳东:《我国劳动者的福利差距与社会保障制度的公平性——基于就业所有制性质的视角》,《学术界》2013年第3期。

多的利益,① 这也在一定程度上影响了社会保障制度的公平性。

（三）社会保障制度公平性实现路径研究述评

关于如何实现社会保障制度公平性的问题，学界较具代表性的观点大致可以分为以下几个方面。

首先，社会保障制度公平理论构建。景天魁提出的底线公平理论，其中"底线公平"和"社会保障的柔性调节机制"是该理论的主要内容。具体而言，"底线公平"与"社会保障的柔性调节机制"是辩证的互补关系。保障基础部分即底线公平，它要求满足社会成员基本的生存需求、健康需求和发展需求是没有差别的，是一种无差别的公平，即平等；非基础部分即柔性调节，它是指满足享受型需要和面向少数人的发展性需要的，应该有差别，但差别应保持在合理的范围内，也就是有差别的公平。在该理论指导之下所建立的底线公平是一种只认底线、不认差别、无歧视、普遍性的社会保障制度。② 制度整合必须有统有放，有同有异，统一的、共同的部分就是各项社会保障和社会福利制度中的基础部分；差异的、放开的部分，就是各项社会保障和社会福利制度中的非基础部分。

其次，关于制度体系的完善。郭林、丁建定以"四维体系"的分析框架，认为通过社会保障制度整合是实现社会保障体系完善的途径。提出我国社会保障制度在内容体系、结构体系、层次体系和服务体系亟须优化。③ 郭林、杨斌、丁建定认为应以解决现行社会保障制度对人群覆盖的不合理为目标，完善不同群体已有的不同社会保障制度；建立和完善中国社会保障制度各基本项目间的连接机制；推进不同群体同类制度之间的衔接或融合，并在条件具备时实现制度的一体化，改变制度"碎片化"状况，努力突破社会保障制度的城乡二元

---

① 关信平：《当前我国社会保障制度公平性分析》，《苏州大学学报》2013年第3期。
② 景天魁：《底线公平概念和指标体系——关于社会保障基础理论的探讨》，《哈尔滨工业大学学报》（社会科学版）2013年第1期。
③ 郭林、丁建定：《试论完善中国社会保障制度体系的基本原则——以"四维体系"为视角》，《华中师范大学学报》（人文社会科学版）2013年第1期。

结构；整合同一群体所使用的不同制度，消除制度重叠，实现该群体所现有的社会保障待遇水平适度化。①

再次，政府应加大财政投入力度。在具体的操作方式上，景天魁认为如何将社会收入分配从逆向调节转变为正向调节，让财富在各社会阶层间合理分配，基础条件是用财政力量确保中低收入者的基本需求，优先保证生存权利公平、健康权利公平、发展权利公平，这样底层群体才可能向上流动，中产阶级才能扩大，社会结构才可能趋于合理。② 肖金萍认为体现以公平为基础，进一步明确地方各级政府的财政投入责任及加快农村社会养老保险相关立法进程，建立农村老年人最低养老金制度，消除老年贫困，体现底线公平；建立资源储蓄性养老金计划，以平滑消费，体现机会的平等。③

最后，强调加快社会保障法制化进程，确保权利的绝对平等。制定社会保障法律，将社会保障权利法制化。完善制度建设，通过公平的程序将不同的利益主体吸纳进来并满足他们的参与要求，实现他们的利益表达。程序公平强调社会保障法律和政策的制定能够使不同社会群体特别是弱势群体的利益和意见通过一定的方式全面、准确地表达出来并使其更符合公平原则要求④，承认社会保障权利是全体国民平等享受的一种法定权利。⑤

三 相关文献研究简评

在上述的相关文献研究回顾中可以得到一个基本的共识，即学术

---

① 郭林、杨斌、丁建定：《政府职能与社会保障制度体系发展目标嬗变研究》，《浙江社会科学》2013 年第 9 期。

② 景天魁：《底线公平概念和指标体系——关于社会保障基础理论的探讨》，《哈尔滨工业大学学报》（社会科学版）2013 年第 1 期。

③ 肖金萍：《公平视域下农村社会养老保险制度构想》，《社会科学战线》2010 年第 8 期。

④ 杨思斌：《我国社会保障制度的公平原则及其实现途径》，《当代世界与社会主义》2007 年第 5 期。

⑤ 鲁全、武文莉：《公平、平等与共享：城乡统筹社会保障制度建设的基本理念》，《长白学刊》2008 年第 4 期。

界内普遍认同当前社会保障制度仍存在公平性缺失问题。大多数学者的研究内容主要是围绕社会保障公平性缺失的现状及原因展开。总体来说，当前学界在此方面问题的研究成果并不少。研究方式主要集中于两种途径：其一，从宏观层面入手，以经验事实为依据来说明社会保障不公平存在的现象及原因；其二，从微观层面入手，利用微观数据量化分析在城乡之间、地区之间、单位之间、人群之间的不公平现象。两种研究方式大体上把握了社会保障制度发展的历史脉络，抓住了社会保障公平性分析的主要矛盾。然而，上述分析在以下三个方面仍存在空间值得在本书中进一步深入研究。

首先，社会保障公平性分析重视经验现实，缺乏公平性分析的理论基础。从研究内容上看，重视经验现实分析，可以较为直观地展现社会保障公平性缺失的现状。但理论分析的不足使得在解释为何出现公平性缺失的原因上显得说服力不足。一方面，现有的原因分析侧重在制度框架内探寻原因，导致研究结论有大量的趋同性；另一方面，量化统计分析缺乏理论演绎的证明过程，导致定性分析与定量分析的脱节。因此现实关照有余，理论关照不足是当前社会保障制度公平性研究存在的一大缺陷。

其次，社会保障的公平性分析多从制度本身进行评价，缺少与经济社会结构互动关系相结合的分析。从研究的视角上看，宏观视角"环境—制度"的分析框架在当前的社会保障公平性研究中是缺乏的。当前的研究视角主要从制度自身的公平性出发，从制度内容、制度结构、制度效果等因素出发得出制度公平性缺乏的评价。然而，社会保障制度的收入再分配功能决定其公平性属性需要与一定经济社会环境的适配性结合在一起进行考察，仅从微观研究视角出发的研究必然会导致研究内容的狭隘。因此，加入"环境—制度"的分析框架有助于进一步深入挖掘社会保障不公平性的特征。

最后，在现有的文献中，虽然不少学者都关注到了福利资源不平等的问题，并提出了社会保障制度"碎片化"，但是很少有研究将社会保障分层化作为体察社会保障制度不公平的维度进行系统化的学术研究。实际上，社会保障分层化能够更深刻地反映福利资源不平等的本质。本书希望能够填补这一理论空缺，起到抛砖引玉的效果。

第三节 相关概念的界定

一 社会保障制度概念界定

社会保障是各种具有经济福利性的、社会化的国民生活保障系统的总称。[①] 我国社会保障制度体系主要包括三个下位概念：社会救助、社会保险和社会福利。其中，社会救助的目标是维持社会成员的最低生活水平；社会保险是维持社会成员的基本生活水准，社会福利是提高公民的生活水平和生活质量，处于社会保障体系的最高层次。[②] 在社会保障上述三个概念中，学界内较具有争议的是社会保障与社会福利概念内涵及外延的界定。从国际情况看，国外学者普遍使用社会福利概念，广义的社会福利包含了旨在增进收入安全的社会保障制度。[③] 从我国社会福利的实际执行情况看，社会福利主要是"小福利"，仅仅是具有选择性，面向部分特殊成员即社会弱势群体的福利，包括老年人福利、妇女儿童福利和残疾人福利。当前国内学界也不乏呼吁采用"大福利"概念的学术声音，"大福利"要求以全体社会成员为对象，以社会成员的基本需求为本，通过多元主体共同提供福利支持，包括社会救助、社会保险、公共福利和社会互助四种供给方式的社会福利。[④] 本书分析中对社会保障制度界定采用"大福利"概念，这种界定方式的合理性在于，对社会保障制度内涵的界定需要考虑社会经

[①] 郑功成：《社会保障学：理念、制度、实践与思辨》，商务印书馆2000年版，第11页。

[②] 孙光德、董克用：《社会保障概论》，中国人民大学出版社2000年版，第26—33页。

[③] 尚晓援：《"社会福利"与"社会保障"再认识》，《中国社会科学》2001年第5期。

[④] 景天魁、毕天云：《当代中国社会福利思想与制度——从小福利迈向大福利》，中国社会出版社2011年版，第3—6页。

济发展状况、生产方式等因素。从传统农业社会到现代后工业社会阶段，社会保障制度所面临的社会风险及民众需求的内容已不断发生着改变，我们对社会保障制度内容体系的界定从当前人们面对社会风险的类型出发分类更具合理性。社会保障制度包括老年保障、健康保障、就业保障、生活保障、住房保障以及教育保障，具体内容如下表1.1所示。

表1.1　　　　　　　　　社会保障制度的内容体系界定①

保障项目	保障内容
老年保障	城镇职工养老保险制度、城乡居民养老保险制度、老年福利津贴制度
健康保障	城镇职工医疗保险制度、城乡居民医疗保险制度、城乡医疗救助制度、城乡大病医疗救助制度、城乡公共卫生服务制度
就业保障	失业保险制度、工伤保险制度、再就业服务制度、大学生毕业就业促进制度
生活保障	城市居民最低生活保障制度、农村居民最低生活保障制度、农村五保户供养制度、流浪人群生活保障制度、灾民生活救助制度
住房保障	城镇廉租房制度、城镇经济适用房制度、住房公积金制度
教育保障	免费义务教育制度、职业教育补助制度、特殊教育制度

二　社会分层与社会保障分层

"分层"（Stratification）一词来源于地质学，原指地质构造的不同层面。社会学家借用这一概念来分析社会结构，并形成了"社会分层"这一重要的理论研究领域。所谓"社会分层"（Social Stratification），斯蒂芬·K. 桑德森（Stephen K. Sanderson）认为"社会分层是一个社会中存在着拥有不平等财富和权力的群体。"② 李强认为所谓社会分层，就是社会各个群体因占有社会资源不同而形成的地位高

---

① 景天魁、毕天云：《当代中国社会福利思想与制度——从小福利迈向大福利》，中国社会出版社2011年版，第7页。

② Stephen K. Sanderson, *Macrosociology: An Introduction to Human Society* (Second Edition), New York: Harper Collins Publishers Inc., 1991, p. 48.

低不同的关系体系①，是依据身份、职业、收入、社会地位等差异划分的社会等级。

"社会分层结构"是指因社会地位垂直分化而形成的不同社会地位群体之间模式化的社会关系。②与社会分层的含义是一致的，加上了"结构"两个字更强调它是一种比较成型的"关系体系"。它是组成社会的各个群体之间所形成的一种关系体系，尤其是从社会各群体政治、经济、社会地位差异的角度去观察，它们所形成的可以持续的社会关系体系。③

具体到社会保障领域中，社会保障分层是指"公民由于在享有国家福利保障的基本权益上受到一些资格条件与结构性因素的限制，导致了其所能占有的社会保障资源因多寡不同而出现层级化或差异化的现象。"④以社会分层角度来审视社会保障制度分层意味着"社会分层在福利体系中的映射和体现，它反映出福利资源分配的标准与划分社会分层的标准一致并发生同向的作用，即社会保障与收入、资产、权利、声望等因素叠加，一同析出和形塑着弱势群体，社会保障也成为描述阶层差距的一个内涵。社会保障并没有对已有的社会分层进行缓解与调节，而是继续加深和固化了已有的社会分层，社会保障可能发生'逆再分配效应'，导致福利领域也出现了诸如'马太效应'的现象，富者拥有的福利资源更多，贫者拥有的更少"⑤。

笔者认为，"社会分层"是社会资源在不同群体间进行不均等的分配，再按照一定的标准将拥有不同社会资源的社会成员进行社会地

---

① 李强：《改革开放30年来中国社会分层结构的变迁》，《北京社会科学》2008年第10期。

② 李路路：《当代中国社会分层的制度化结构》，《教学与研究》1996年第3期。

③ 李强：《改革开放30年来中国社会分层结构的变迁》，《北京社会科学》2008年第10期。

④ 董曼虹：《社会权利视阈下的社会保障分层化研究——以养老保险为例》，硕士学位论文，中山大学，2010年。

⑤ 宋娟：《社会分层视角下社会保障质量提升研究》，《社会保障研究》2012年第6期。

位高低不等的排序，进而使社会群体间形成一种高低有别的社会关系体系。"社会分层"概念较为强调按照一定标准所划分的客观"阶层"等级，具有事实属性。"社会保障制度分层"是福利资源在分配过程中在不同人群中依据身份、职业、权力的大小出现的层化现象。社会保障制度分层中的福利资源分配，既是指福利资源数量在不同阶层之间分配多寡，同时也包括福利资源获取过程中不同阶层在资源获取渠道以及能力上的差异，进而使社会群体间形成的一种高低有别的社会保障体系。

三 平等、公平及正义

平等，在《现代汉语词典》中是指："人们在社会、政治、经济、法律等方面享有相等待遇；泛指地位相等。"① 阿瑟·奥肯在《平等与效率》（*Equality & Efficiency*）一书中"平等"使用"Equality"，意指"the state of being equal"（相等的状态），而"Equal"指的又是"the same in size, amount, number, degree, value, etc."（大小，数量，数目，程度，价值等方面的相等、一致）②。由此可见，平等强调"相等，一致，无差别"的含义，同时，这些客观存在的相等、无差别是可以进行经验检验的，是一种客观实在而非主观价值判断。

与平等相对应，公平（Fairness）是要承认事实上的不平等，追求事实上的平等只能堕入平均主义的平等，使不同禀赋、资质的社会成员获得结果的平等。公平承认差异，关键是这个差异形成过程的合理性以及差异结果的可接受性。"正义（Justice）的双重含义来自正义与平等和公平之间的关系，因而有'平等的正义'与'公平的正义'。正义的不同含义表现出正义的两种价值观，'平等的正义'强调'同'，'公平的正义'强调'异'；按照平等的价值观，差别是不正义的，正义不

---

① 中国社会科学院语言所词典编辑室：《现代汉语词典》，商务印书馆1998年版，第977页。
② [美]阿瑟·奥肯：《平等与效率——重大的抉择》，王奔洲等译，华夏出版社1987年版，第390页。

应当有差别;按照公平的价值观,公平是一种合理的差异,在一定社会发展阶段上,正义往往是包含了差别的正义,这种历史性使得差别的正义具有了某种合理性。从理论上说,'平等的正义'与'公平的正义'分别表达了正义的两面。'平等的正义'强调正义的价值性和理想性,是人类对社会生活的美好追求;'公平的正义'重视正义的工具性和可兑现性,它使得这一追求成为可操作的、可实现的。从实际看,'公平的正义'更具有日常生活的现实性"[1]。

由此可见,在追求社会正义的过程中,正义是一种理想状态,而平等和公平是实现公正的两种途径。如果将达到社会正义看作是对经济利益和社会权利的双重追求的话,那么平等强调相同性概念,经济利益和社会权利都应该达到完全均等状态,或者说这是一种"价值性的平等"。"价值性的平等"体现的是一种社会理想,是人类的终极追求但却很难在现实中实现。与平等相比,公平更强调相异性概念,侧重于经济利益的差异和社会权利的均等,在现实中更具有操作性,也可将其称之为"工具性的公平"。因此,本文强调以社会公平作为研究视角,并非追求经济利益的绝对平等,而是将差异限定在合理的范围中,实现一种经济利益差距适度、社会权利平等的社会公平状态。

第四节 研究目标与研究方法

一 研究目标

本书研究的目的在于:其一,通过对社会保障制度变迁的梳理揭示不同时期社会保障制度分层化的表现;其二,通过构建制度公平的理论框架来从社会权利公平、社会机会公平以及规则公平三个维度,来研究社会保障制度分层化的形成机制;其三,提出社会保障"去分层化"的路径选择。

---

[1] 杨敏、郑杭生:《三元化利益格局下"身份—权利—待遇"体系重建》,《社会学评论》2013年第5期。

在此基础上,笔者关注以下五个问题:(1)当前我国社会保障制度是否与社会分层结构存在"耦合"关系;(2)这种"耦合"关系的具体表现是什么?是否是合理的?(3)如果社会保障制度与社会分层结构存在"耦合"关系并且不合理,那么影响社会保障分层化的因素是什么?(4)这些因素是通过何种作用机制形成与社会保障分层化的勾连?(5)我们应该如何修正当前存在的不利因素,以保证社会保障制度按照既有的公平属性持续运转?在这样几个问题的牵引下,笔者开始了本书的研究。

二 研究方法

根据研究需要,本书主要采用以下五种研究方法。

1. 制度主义研究方法:以道格拉斯·诺斯及科斯为代表新制度主义经济学研究者们将制度研究作为解释经济增长和发展的重要原因。社会政策的研究者们借鉴经济学家的研究成果将制度分析放置于公共福利的发展中,并认为政府机制和政府干预是增强人们福利的有效途径。[①] 梅志里指出,制度主义最基本的一点是社会福利通过政府机制可以最大限度地加强……相信社会需要应该通过一系列法定干预达到……制度主义的社会政策和项目有下列特性:法定权威、公共拨款、科层化指示和广覆盖性。制度演进是制度主义研究中的重要议题。在前工业社会、工业社会及社会转型过程中,社会保障制度体系也在满足不同成员需要、社会需要、政治需要、经济需要中有表现着不同的制度模式安排。不同的制度模式既表现不同时代赋予的合理性,同时在制度变迁的过程中也会存在某种制度变迁的路径依赖。因此,发现我国社会保障制度变迁的规律性具有较强的学理意义。

2. 时间序列分析方法:对于以制度为分析单位的研究来讲,往

---

① 彭华民等:《西方社会福利理论前沿——论国家、社会、体制与政策》,中国社会出版社2000年版,第259页。

往需要跨越较长的时间和空间维度进行研究。时间序列分析方法体现了纵向研究的时序性特点并侧重于过程分析，能够通过长期的纵向历史性考察为社会现象提供因果解释，这对于一项解释型研究来说是一个较好的分析方法。

3. 文献研究法：关于社会保障制度公平性与社会分层结构各自相关研究领域的学术论文成果十分丰富，但能够将两者结合起来分析的却寥寥无几。笔者将分别对这两个领域的学术成果汇总并进行跟踪研究，具体包括相关专著、期刊文献材料、统计年鉴数据资料、相关政策法规。试图在此基础上找寻两者间的关联机制，为进一步深化社会保障制度改革提供新的理论成果。

4. 定量研究方法：本书利用中国综合社会调查（CGSS）2013数据库资料，构建离散变量Probit回归模型对影响我国社会保险参与的影响因素进行回归分析。在分析社会阶层流动与社会保障参保间的关系时采用非参数卡方检验来验证两者的相关性。

5. 比较研究法：比较研究法是指按照一定的标准对某一具体事物对象的相似性或差异性进行分析的方法。本书在对社会保障制度的公平性状况进行评价时，一是以纵向时序角度出发，比较不同时期社会保障制度的公平性状况；二是以不同的人群角度出发，比较不同群体间享受社会保障的公平性状况；三是以不同国别角度出发，比较不同国家间社会保障制度的公平性状况。在上述三种比较基础上得出对我国社会保障制度公平性做出客观的评价。

第五节　研究内容及研究框架

社会保障制度的分层化问题的本质是制度性不公平，当这种制度不公平与不合理的社会分层结构相"耦合"时，将进一步降低制度公平性以及社会公平目标达成的效果。为分析社会保障制度分层化产生的原因，本书依托公平理论，将制度公平的要素分解为社会权利公平、机会公平以及规则公平三种因素，对当前社会保障制度分层化的形成进行理论阐释。

一 研究内容

本书分为四个部分,共七个章节,具体内容如下。

第一部分是对研究的现实背景、相关文献、相关概念与研究方法及研究框架等内容的阐释,包括两章。第一章是绪论,主要介绍问题提出的背景及选题的现实意义、理论意义,在分析与本选题有关的研究成果的基础上,提出本文的研究思路、研究方法、研究框架。第二章是关于公平相关理论解析与分析框架建构。回顾与梳理当代西方哲学领域中关于正义理论的研究成果,并对不同的公平理论进行比较分析。在此基础上,提出制度公平性分析的理论框架:即社会权利公平、机会公平以及规则公平三个基本要素。

第二部分从第三章开始,主要阐释我国社会保障制度分层化属性及表征。当前,我国的社会保障制度分层化趋势具体表现为四个方面,即风险分散分层化、去商品化能力分层化、责任分担分层化、服务获得分层化特征。具体而言,风险分散分层化是指不同阶层间依靠制度化途径化解风险的内容和能力上存在差异;待遇水平分层化是指不同阶层间去商品化程度存在差异;责任分担分层化是指在不同阶层间政府提供保障责任上存在差异;服务获得分层化是指不同阶层间在公共服务享受上存在差异。可以说,社会保障制度分层化的不公平性就在于制度本身是围绕"身份—地域—待遇—权利"所建立的,这种分层化体系亦是对当前以市场为核心的社会分层结构的进一步延续和复制,社会保障制度分层体系进一步加强和固化了既有的社会不平等关系。

第三部分包括第四章、第五章、第六章,主要是基于制度公平性分析框架来解释社会保障分层化形成的原因。其中,第四章主要是从社会权利角度对社会保障制度分层化的生成进行分析。社会权利的发展程度并非一蹴而就,而是在社会保障制度发展的不同阶段中,呈现出社会权利主体范围不断扩大、权利内容循序渐进增多、权利享有和实现的程度日益充分的发展特点。在社会权利的渐进化发展趋势的影响下，其对不同社会阶层享受社会保障的程度也形成不同的影响，具体表现为：社会保障制度发展初期，以弱势群体的社会权利"贫困化"为特征；社会保障制度发展中期，以各阶层社会权利"差序化"为特征；社会保障制度成熟期，各社会阶层社会权利"平等化"为特征。我国现行的社会保障制度安排仍然残留着不同时期公民社会权利差序化并存的现状，社会权利在各个阶层间不均衡的发展是建立在城乡身份、单位身份、职业身份、行政身份等外在条件基础之上的。

第五章主要从机会公平性角度对社会保障制度分层化的"固化—流动"机制进行分析。社会机会公平正是在社会权利公平基础上提出了对个体发展性的要求。如果说社会权利公平是从底线意义上保护每个社会成员公平的享有社会保障的基本权利，使普惠型福利成为消除社会保障分层前提的话，那么社会机会公平则是在社会权利公平基础上为社会成员提供平等的发展机会，使差异型福利具有存在合理性。在社会保障领域中，社会机会公平性缺失对于弱者意味着社会分层结构在社会保障领域中的进一步固化，弱者难以通过福利性制度安排对初次分配形成的社会结构进行扭正，难以实现向上层社会流动的可能性进而摆脱永久性社会排斥。而强者则可能利用福利资源进一步拉大既有的社会差距，固化其在社会分层中的优势地位。因此，需要培育社会保障制度受益人群的能动性和责任，以主张社会保障机会公平来实现其与社会发展和经济发展之间的良性互动作用。

第六章从规则公平角度对社会保障制度分层化的操作机制进行分析。在评价制度规则的公平性时，可以从外在福利规则公平性分析和内在规则公平性分析两个维度展开。其中，外在福利规则公平性的分析是指就整个福利系统而言，对于制度规则的公平性的评价需要从资格准入机制、资金筹集机制、投资运营机制、待遇给付机制、统筹管理机制五方面入手，全面的对当前外在规则如何使社会保障制度分层化现象操作化进行制度主义分析。所谓内在规则公平性分析是指社会保障制度模式必须与本土社会公平文化因素相结合，本土公平文化必须内化于社会保障制度模式的建设之中，避免出现对公平的价值评判"水土不服"的状况。内在规则公平性分析是强调血缘关系的家庭福利规则、强调地域关系的社区福利规则以及强调价值共识关系的慈善福利规则对分层化的缓冲作用。

第四部分是第七章。主要对如何修正当前的社会保障制度"分层化"问题提出建议。通过整合当前社会保障制度安排，在社会保险、社会救助与社会福利制度安排中体现"基础—补充"的双层结构，将基础部分法制化以凸显公民社会权利公平，将补充部分资产化以凸显公民社会机会制度公平，从而达到整合"碎片化"制度框架的方式来实现社会保障"去分层化"的目的，实现社会各阶层均能公平的享受社会保障制度所带来的福利保障。

二 研究框架

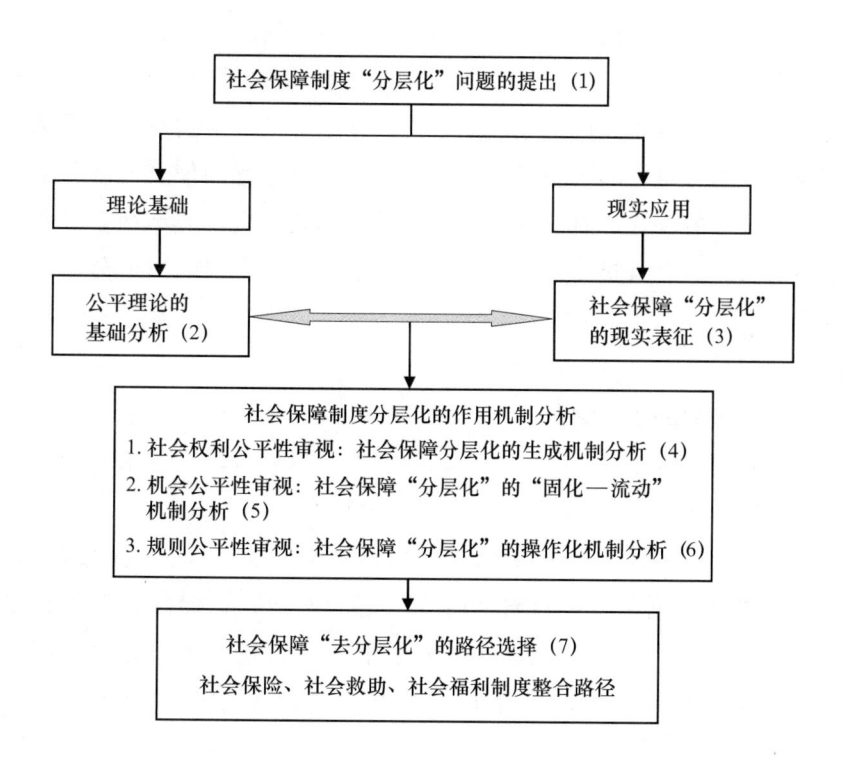

```
                社会保障制度"分层化"问题的提出（1）
                      ↓                    ↓
                  理论基础              现实应用
                      ↓                    ↓
               公平理论的           社会保障"分层化"
               基础分析（2）  ⇔      的现实表征（3）
                              ↓
                  社会保障制度分层化的作用机制分析
              1. 社会权利公平性审视：社会保障分层化的生成机制分析（4）
              2. 机会公平性审视：社会保障"分层化"的"固化—流动"
                 机制分析（5）
              3. 规则公平性审视：社会保障"分层化"的操作化机制分析（6）
                              ↓
                   社会保障"去分层化"的路径选择（7）
               社会保险、社会救助、社会福利制度整合路径
```

第六节 研究的创新与不足

一 研究的创新之处

第一,目前学术界对社会保障制度公平性问题的研究多停留在经验性与应用性研究,缺乏基础理论性研究。本书从公平理论出发,构建社会制度建设中的权利公平因素、机会公平因素以及规则公平因素,并以此作为理论分析框架论证当前我国社会保障制度分层化形成的原因,由此得出的政策改进结论更为客观、合理,具有理论依据。

第二,在研究对象上,本书采用社会保障制度的分层化作为研究对象,对社会保障制度的分层表征的特征进行归纳分析,实际上是对当前我国社会保障制度存在"碎片化"问题的进一步概括和抽象,更深刻地揭示了当前我国社会保障制度存在的深层次矛盾。

第三,在研究视角上,以往对社会保障制度公平性缺失原因的分析多集中于制度本身的分析,缺乏从社会结构角度出发对社会保障制度公平性的分析。本书揭示了社会保障制度分层化的生成机制源于社会权利公平的缺失,社会保障制度分层化的固化机制源于社会机会公平的缺失,两者又进一步通过制度规则加深了社会保障制度分层化的程度。

二 研究的不足之处

受到研究者个人能力、研究时间及数据材料所限,本书在以下两方面仍有待强化。

第一,本书主要使用中国社会综合调查(CGSS)2013数据库,该项目调查数据部分能够与本研究的目的相配合,但并没有解释本研究全部的研究假设。因此还需要未来开展实证调查研究进行相关假设检验。另外,宏观数据利用尚显薄弱,计量模型使用仍有待提升。

第二，研究内容上，本书着重关注社会保障制度延续了当前社会分层的结构，本书并没有更进一步考察社会保障制度将如何推动社会分层结构的优化以及相关社会制度的变革，这也是未来继续开展研究的方向。

第二章 公平相关理论解析与建构

"社会公正是一个规则体系"①，在一个社会中，能够起到维护社会公正的最重要的规则体系就是制度。没有稳定化的制度安排，就没有良序社会的正常运转；没有体系化的制度安排，就没有社会成员间互信的社会合作关系。就制度的设计和安排而言，如何实现其对社会公正目标的追求，需要有基本的价值理念作为依据。纵观古今中外关于正义、公正、公平的问题研究可谓源远流长，尽管各概念间含义有所差异，但本书中所指涉的公正和公平概念关系是：公正是理想的公平，公平则是现实化的公正。社会公正是现代社会制度设计与安排的基本依据，以公平作为制度公正问题分析的切入口更具有现实化的操作意义。

社会保障制度既是众多社会制度安排中的重要组成部分之一，同时其功能定位又一直被视作是实现社会公平的途径之一。这就要求社会保障制度在进行制度设计的过程中必须服从制度设计公平的一般要求，同时还要在其自身的制度框架内实现对社会不公平结果的调整。因此，社会保障制度在价值理念定位、运作体制机制等方面皆要遵循一般的公平性原则。本章将着重解决两个问题：（1）对当代西方社会公平理论进行梳理并得到相关理论启示；（2）建立社会制度建设与公平要素之间的理论联系。

---

① 吴忠民：《社会公正论》（上卷），山东人民出版社2012年版，第21页。

第一节　当代西方社会公平理论基础分析

罗尔斯、诺奇克、德沃金以及阿马蒂亚·森是当代西方社会研究社会公平理论的重要人物，他们既是自由主义的杰出代表，同时又均对社会公平问题深表关切。四位学者的公平理论一方面是在继承和批判前期社会公平理论研究成果的基础上形成；另一方面又在与彼此学术观点的论战和交锋中形成各自独树一帜的公平观点，极大地丰富了公平理论体系。因此，对西方主流的社会公平理论进行梳理，阐明各社会公平理论的启示并得出社会制度分析的理论框架是具有重要学理意义的。

一　分配正义公平观：罗尔斯

罗尔斯在 1971 年出版的《正义论》中，综合地运用了哲学、伦理学、政治学、法学、社会学和经济学等诸多学科领域内容来研究社会正义问题。其著作内容体系之丰富、分析逻辑之严谨、学术见地之深远，可以说对西方社会公平理论的发展以及对现实社会制度公正问题的思考都具有极其重要的理论价值。在对罗尔斯《正义论》内容进行分析时，主要着重分析其提出的两个基本问题：一是为什么要确立一种社会正义原则？二是符合社会正义原则的内容是什么？

首先，为什么要确立一种社会正义原则？罗尔斯给出的回答是社会合作的需要。他认为"社会合作永远是富有生产力的，没有合作，就没有任何东西被生产出来，也没有任何东西可供分配。"[①] 在社会中，原子化的个体有着迥异的追求目标，如果任由每一个个体各行其是的话，那么社会成员根据自己的利益和爱好所做出的行为并非使其

[①] ［美］约翰·罗尔斯：《作为公平的正义》，姚大志译，上海三联书店 2002 年版，第 99 页。

目的因此得到满足，反而可能在追求自身利益和爱好的同时损害了其他成员的利益。因此，只有通过互利的社会合作才能使所有人拥有一种比他们独自生存要更好的生活。作为这种社会合作关系长久维持的基础，罗尔斯认为只有建立一种为人们普遍接受的正义观，"才能在目标各异的社会成员之间形成一种友谊的纽带，才能以对正义的普遍欲望和共同遵循的基本规范限制他们对其他目标的追逐，社会才能成为一个组织良好的人类联合体"①，所以，罗尔斯认为正义的主要问题是社会的基本结构。

何为社会的基本结构？即是社会制度。罗尔斯认为"正义是社会制度的首要德行。一种理论无论它多么精致和简洁，只要它不真实，就必须加以拒绝或修正；同样，某些法律和制度，不管他们如何有效率和安排有序，只要它们不正义，就必须加以改造或废除。"② 一个良序社会的基本标志是，"（1）每个人都接受、也知道别人接受同样的正义原则；（2）基本的社会制度普遍地满足、也普遍为人所知地满足这些原则。"③ 罗尔斯指出，正义原则的实现是要依靠社会制度来分配基本权利和义务。"分配基本权利和义务、决定由社会合作所产生的利益如何分配的方式"④，只有在参与社会合作的社会成员之间形成合理的权利和义务的分配，全体社会成员才会形成和接受互惠互利的观念，进而按照公众所承认的规则各尽其职，并按照一直统一的原则分配所获得的收益。

其次，我们应该建立起何种符合社会正义的原则来指导权利与义务的分配？罗尔斯认为人的初始地位对最终结果的分配具有深刻的影响。"社会基本结构包含着不同的社会地位，出生于不同地位的人们

---

① 赵苑达：《西方主要公平与正义理论研究》，经济管理出版社2010年版，第90页。
② [美] 约翰·罗尔斯：《正义论》，何怀宏译，中国社会科学出版社2009年版，第4页。
③ 同上书，第5页。
④ [美] 约翰·罗尔斯：《作为公平的正义》，姚大志译，上海三联书店2002年版，第9页。

有着不同的生活前景，这些前景，部分是由政治体制和经济、社会条件决定的。这样，社会制度就使得某些起点比另一些起点更为有利。这类不平等是一种特别深刻的不平等。它们不仅涉及面广，而且影响到人们在生活中的最初机会，然而人们大概不能通过诉诸功绩或应得来为这类不平等辩护。"① 正是由于那些最初的不平等不具有合理性，才需要一种正义原则来调节不同社会成员之间权利与义务的关系，尽量缩小初始的不平等所带来的深刻影响。对此，罗尔斯提出了两个正义原则，第一原则是每个人对与所有人所拥有的最广泛平等的基本自由体系相容的类似自由体系，都应有一种平等的权利。第二原则是社会的经济的不平等应这样安排，其一，它们所从属的公职和职位应该在公平的平等机会下对所有人开放（机会平等原则）；其二，它们应该有利于社会之最不利成员的最大利益（差别原则）。② 两个正义原则并非并列关系，第一原则要优先于第二原则。第一原则强调自由的优先性，确定了保障公民平等的基本自由；第二原则中包含了两个原则，一是机会平等原则；二是差别原则，罗尔斯认为机会平等原则优先于差别原则。

在机会平等原则中，罗尔斯提出了"形式的机会平等"，即所有人都有同样的合法权利获得有利的社会地位。但个体能否取得这样的地位取决于是否具有相应的才能，社会成员在才能上的差异是具有必然性的，并不是所有人都真正具有获得社会有利地位的机会，因此要实现"实质的机会平等"意味着社会需要赋予所有社会成员都有平等的获得社会有利地位的能力条件。在差别原则中，罗尔斯将"实质的机会平等"描述的更具操作化，他要求社会对现实中具有不同社会地位的人区别对待，使现实中处于不利社会地位的人也能像处于有利地位的人那样具有获得社会有利地位的能力。"差别原则的核心，是

---

① [美] 约翰·罗尔斯：《正义论》，何怀宏译，中国社会科学出版社2009年版，第7页。
② [美] 约翰·罗尔斯：《作为公平的正义》，姚大志译，上海三联书店2002年版，第70页。

强调在社会利益的分配上要区别对待,即社会利益的分配应当有利于社会之最不利成员的最大利益。"①

上述罗尔斯提出确立社会正义原则的目的和作用以及社会正义的两个原则对我们审视和评价公平的社会制度无疑具有重要的启示意义。其一,罗尔斯的差别原则强调起点公平的重要性。罗尔斯的正义原则不是简单的对结果平等的追求,差别原则告诉我们,它承认公民在收入分配上存在一定合理差异的合理性,同时又主张对人们的收入差异程度进行必要的控制。政府应通过制度安排对人们不合理的初始地位进行矫正,对社会最弱势的成员从能力上、经济再分配上进行调节。其二,罗尔斯的机会平等原则阐述了人的能力与把握机会的关系,提出为社会成员提供接受教育的平等权利,以此来改善弱势群体的弱势地位。教育在社会成员中的普及和与此相适应的社会成员素质和能力的提高,在任何时代都是社会进步的发展的标志。而且罗尔斯进一步主张社会"必须为所有人建立平等的受教育机会",因为只有通过"越来越多得到更好教育和很好培训的人们之间的公开竞争"来缩小社会资源或财富"分享份额的比率差距,直到它停留在一个可以接受的范围内"②,这种差距才被认为是可以接受的。其三,罗尔斯的正义原则为政府的再分配提供了合理性基础。社会的进步需要社会合作,罗尔斯认为之所以要实行差别原则,使最有利者对最不利者境况的改善做出贡献,是因为前者利用了后者的合作。而且最有利者比最不利者更多的利用了社会合作,因此强者有理由对弱者进行补偿。

二 持有正义观:诺奇克

美国著名哲学家罗伯特·诺奇克在其1974年出版的《无政府、

---

① [美]约翰·罗尔斯:《正义论》,何怀宏译,中国社会科学出版社2009年版,第94页。

② 赵苑达:《西方主要公平与正义理论研究》,经济管理出版社2010年版,第144页。

国家和乌托邦》一书中，主要对罗尔斯的差别原则进行了批判。他认为每个人都有不可剥夺的权利，财产权就是其中之一。由于个人权利是第一位的，且是不可侵犯的，那么，国家不能出于对不利者的保护的角度来损伤和牺牲个人利益。只要这些个人的财产是通过合法的方式得到的，那么他们就有权利持有财产。因此，我们也将诺奇克的正义观称为持有正义观。具体而言，诺奇克的持有正义观包含以下两方面的内容。

首先，确立了个人权利的首要性。对于社会分配领域中的不平等，诺奇克不主张由国家通过再分配的方式来解决，因为这一方面会侵犯个人的权利；另一方面则会破坏市场的分配规则。对于个人权利来讲，任何财富的再分配都意味着财富由富人向穷人转移，然而，诺奇克认为所有者对其所有是拥有权利的，并且这种权利不容侵犯，国家不能通过强制性手段，在所有者非自愿的情况下对其财产进行分配。除非所有者对其所有自愿处置，如交换、馈赠等，除此之外，别人和国家都无权加以干涉。诺奇克认为市场可以按照劳资双方达成一致的结果进行交易，交易的结果是正义的，因此遵从市场规则产生的交易结果不需要矫正。

其次，提出了持有正义的三个原则：获取正义原则、转让正义原则和矫正正义原则。诺奇克并不认为"分配正义"是一个中性的词，使用"分配"意味着某种事物或机制使用某种原则或标准来分发一些东西。然而，任何人或任何群体既没有资格控制所有的资源，也没有决定如何把资源施舍出去的权利。因此，诺奇克选择了一个中性的术语来替代"分配正义"，即"持有正义"[①]。持有正义的三个原则包括：第一个原则是获取正义原则，即对无主物的占有，持有的最初获得如果完全是通过合法手段实现的，那么就是正义的；第二个原则是转让正义原则，即对有主物的转让，如果利益从一个人的持有到另一

---

① [美]罗伯特·诺奇克：《无政府、国家和乌托邦》，姚大志译，中国社会科学出版社2008年版，第180页。

个持有的转让是通过合法的自愿交换等方式完成的,那么,这种转让就是正义的;第三个原则是矫正正义原则,即通过非法或不正当手段而获取或转让的持有是非正义的,必须对这种非正义的持有进行矫正。矫正正义原则意味着从历史或源头上对现时持有是否正义的判断,并对现实持有中的不正义的矫正。

诺奇克的持有正义理论的启示意义在于:一是最大化个人权利,最弱化政府权力。诺奇克认为个人权利至上,反对任何以社会利益或集体利益最大化之名来对个人利益进行调整,新的持有除非来自人们的自愿交换和馈赠,否则通过国家强制的再分配手段而获得的所有物都是不正义的。"国家不可用它的强制手段来迫使一些公民帮助另一些公民;也不能用强制手段来禁止人们从事推进他们自己利益或自我保护的活动。"① 在确立个人权利最大化的同时,诺奇克提出了弱国家理论,认为"国家只有一种主要功能,这就是保护人们对符合正义原则的持有物的占有权。如果超出了这一主要功能,对于符合正义原则的持有实行再分配,那么就构成了对个人权利的侵犯"。② 国家仅仅是最弱意义上的国家,国家不可以用强制手段来实现公民之间的互助。二是提出了持有正义是历史过程,而非静态过程,着重要求过程公平。

三 资源平等正义观:德沃金

在自由主义的平等观中,如果将罗尔斯所执平等的自由主义观与诺奇克所持权利的自由主义观摆在天平两端的话,那么,德沃金的资源平等正义观则试图在两者之间以个人责任为突破口,寻求在两者之间的平衡。首先,德沃金对罗尔斯的平等原则和差别原则进行了发展,罗尔斯认为由于自然禀赋差异和社会因素影响而形成的不平等个体不应该承担责任,对于这一观点德沃金是保持赞同的。但德沃金进

---

① [美]罗伯特·诺奇克:《无政府、国家和乌托邦》,何怀宏译,中国社会科学出版社1991年版,第1页。
② 赵苑达:《西方主要公平与正义理论研究》,经济管理出版社2010年版,第180页。

一步指出如果收入的不平等是出自个人的自由选择，那么个人就应该为自己的选择结果买单，否则一旦排除个体对自我选择因素带来不平等的责任，那么后果可能会出现具有昂贵奢侈偏好的人对弱者的剥夺进而产生不平等的情况。其次，德沃金对诺奇克提出的完全个人责任提出了质疑。诺奇克认为，只要符合获取正义、转让正义和矫正正义原则，那么对于不平等的结果个人是要负责任的。德沃金认为这种过程平等的原则在市场经济条件下极易引致结果的极端不平等，对于此种不平等政府是应该有所作为的。因此，德沃金在此二人中间提出了"第三条道路"，试图调和对个人责任问题上看法的两种极端，并提出了"资源平等"的正义观。具体而言，德沃金的资源平等正义观主要包括两方面内容：（1）确立个人权利的首要位置；（2）在分配方式方面，提出资源平等的分配观念。

首先，在自由与权利问题上，德沃金提出"平等的权利"论。从个人权利层面看"平等的权利"意味着两种不同的权利："第一种权利是受到平等待遇的权利，像其他人所享有的或被给予的一样，同样分享利益的机会；第二种权利是作为平等的人受到对待的权利，这不是一种平等分配利益和机会的权利，而是在有关这些利益和机会应当如何分配政治决定中受到平等地关心和尊重的权利。"[1] 第一种权利强调平等待遇；第二种权利强调平等对待。平等待遇意味着给每人以相同的资源，而平等对待既有可能是同等待遇也有可能是差别待遇。比如健全人和残疾人在享有社会福利时，平等对待就不是强调结果上的平等待遇，因为残疾人在身体上和心理上需要的明显要比健全人更多。因此，对于不同的个体所拥有的不同资源和条件，如果给所有人以相同分量的某种东西，并不能算是把人作为主体来给予平等的"关心和尊重"，不能算作"平等对待"[2]。

---

[1] ［美］罗纳德·德沃金：《认真对待权利》，信春鹰译，中国大百科全书出版社 2008 年版，第 398 页。

[2] 刘美玲：《关于德沃金平等思想的解读》，《山西大学学报》（哲学社会科学版）2007 年第 5 期。

在政府层面的"平等的权利"意味着政府必须能够认真地对待个人权利，这是根据"每个人的人生重要且同等重要"而对政府提出的要求。因此，政府应致力于提供某种形式的物质平等，保证每一位公民在其生活的每一个时刻都具有相同的资源。在确立的个人权利和政府权力的基础上，德沃金进一步提出了关于如何平等的分配资源的问题。

其次，在分配方式问题上，德沃金提出了资源平等分配理论，认为"分配正义的资源平等应是个人私有的无论什么资源方面的平等，当然也就包括了支配公共资源的权利平等在内的政治权利平等。"[①]资源平等的分配正义思想主要针对社会经济利益的分配，它一方面继承了罗尔斯的观点，即"一种理想的分配正义必须努力保持对个人选择的敏感，而力图消除个人天赋、社会等环境因素的任意性影响。"[②]另一方面又沿袭了诺奇克个人应该对自己的选择行为负责的思想。德沃金的资源平等分配理论主张一分为二地看待个人承担责任问题，按照平等原则，给人们分配相同的物质资源，并消除人们在自然天赋上的差别保证起点平等；按照个人责任原则，一旦实现起点平等后仍出现结果上的不平等，必然是人们在社会竞争中的个人选择等主观因素造成的，所以应该自己承担后果。即人们为自己行为所承担的责任应在由"抱负"等选择因素所造成的不平等的范围之内，但"禀赋"等道德上的偶然因素所带来的不平等是需要得到矫正的，德沃金将其概括为"敏于抱负、钝于禀赋"。

可见，德沃金的资源平等分配理论重视起点公平，在追求起点公平的过程中要求政府和个人均必须承担责任。政府的责任主要在于通过税收和保险等方式筹集资金来为因自然禀赋或社会因素等原因造成的弱势群体提供福利补偿，体现对于个体人权的平等尊重原

---

① ［美］罗纳德·德沃金：《至上的美德——平等的理论与实践》，冯克利译，江苏人民出版社2003年版，第67页。
② ［加］威尔·金里卡：《当代政治哲学》，刘莘译，上海三联书店2004年版，第175页。

则；个人的责任主要在于个人有对自我主观选择结果负责的责任。资源平等理论告诉我们"人在不侵犯他人的资源份额与影响、剥夺其机会的前提下，其所获因得到了起点平等和规则公正的支持在道德上完全是应该的。但是，如果这种不平等较为严重，以致已经不是成本、能力、努力与所获在公平条件下的平衡，那么多出的这部分就不再仅仅是某人通过自己既有资源的所获，而是较多地利用了本来应该由大家平等地利用的公共资源的结果"①，这种不平等是需要矫正的。

四 能力平等正义观：阿马蒂亚·森

作为1998年诺贝尔经济学奖的获得者，阿马蒂亚·森用其独树一帜的"可行能力"概念作为其平等正义观的核心。森在对收入的平等、功利主义的平等以及罗尔斯"基本善"的平等进行批判后，将分配的注意力从消极被动的物品再分配转移到积极主动的能力再分配，其分配的领域扩展到更为广阔的能力平等，为平等的理念提供了更广阔的想象空间。总体来讲，森的分配正义观一方面强调分配上的能力本位；另一方面重视分配的外在条件，强调分配过程中的分配平等。

所谓的"可行能力"是指"一个人有可能实现的、各种可能的功能性活动组合。可行能力因此是一种自由，是实现各种可能的功能性活动组合的实质自由。"② 森认为能力分配平等的意义要远高于收入、效用以及基本物品的分配平等的意义。以收入分配平等的原则来看，其忽略了收入的拥有量对于有着不同年龄、性别、天赋、疾病的人来说对于享受生活质量上的差异，收入不能全面地反映社会不平等问题，因为除收入之外的因素对于人们产生不平等的主观感受同样是

---

① 郑玉敏：《德沃金的社会弱势群体保护理论研究》，《辽宁大学学报》（哲学社会科学版）2008年第6期。
② [印]阿马蒂亚·森：《以自由看待发展》，任赜等译，中国人民大学出版社2002年版，第62—63页。

敏感的。以功利主义的平等原则来说，功利主义主要依赖于效用变量来衡量平等，并提出了"最大多数人的幸福"原则。但功利主义以效用大小所定义的最大多数人的幸福原则极易产生多数人对少数人经济上的剥削以及自由上的侵犯。实际上，功利主义效用原则的缺陷在于忽略了权利、责任以及其他的非效用因素。以罗尔斯"基本善"的分配原则来讲，虽然"基本善"所涵盖的内容包括了权利、自由、机会、收入和财富等，但是对于"基本善"的分配更多强调了形式上的自由而非实质自由，分配平等仅仅关注实现自由的手段，忽视了"资源"在自由的实现程度上的能力差异。最后，与德沃金的资源平等相比，能力平等关注的是人们在资源的转化能力上是否平等而非仅关注个人所拥有的资源是否平等。在森看来，影响人们不平等的不仅是资源的差异，更重要的是能力差异。因此，平等不仅应该关注资源的分配问题，更应该注重由社会环境以及偏见等因素所造成的不平等。与此同时，为了消除人际间巨大的不平等，必须发展个人的能力，这才是人走向真正自由的条件。

对于如何推进能力平等的问题，森更进一步地指出能力离不开权利，进而强调权利上的平等。"公正论实质上也是一种权利论。……哪里有公正问题，哪里就有权利问题。"[①] 森对穷人及弱势群体的权利问题尤为关注，其在《贫困与饥荒》一书中，以饥荒问题为例，认为饥荒问题的发生不在于粮食的缺乏，而在于对于获得粮食的能力缺乏，饥饿的发生不仅依赖于食物的供给的匮乏，而且还依赖于食物的分配，饥荒和饥饿都指向权利的缺乏。因此，权利平等是保证自由和能力发挥的根本条件。"在一个社会的不同阶层中，决定食物分歧的因素到底是什么呢？权利方法将引导我们思考所有制形式问题。"[②] 权利方法"强调不同阶层的人们对粮食的支配和控制能力，这种能力

---

① 程立显：《伦理学与社会公正》，北京大学出版社2002年版，第198—199页。
② [印] 阿马蒂亚·森：《贫困与饥荒》，王宇、王文玉译，商务印书馆2001年版，第14页。

表现为社会中的权利关系,而权利关系又决定于法律、经济、政治等的社会特征。"① 森所指的权利关系是"人所有的权利的集合。权利保护和权利推进都是行使权利的内容,权利保护是确保弱势群体得到食品和有关的必需品,不至于危害到他们的能力,权利推进是在一般权利基础上扩展基本需要,促进权利的提升。"② 权利成为确保能力实现的外部因素。

第二节 对公平理论的简要解析与分析框架建构

上述四位学者所给出的关于公平的基本观点虽有所差异,但从他们的分析中,我们可以发现其争论的焦点主要围绕权利与责任、机会与能力、起点公平、过程公平与结果公平三个方面展开。也就是说,一项社会制度若想践行社会公平的基本价值理念,均衡这三大要素之间的关系是极为重要的。

一 社会公平理论评析

第一,关于权利与责任观比较。罗尔斯、诺奇克、德沃金与阿马蒂亚·森四人均倡导个人权利的至上性,以反对功利主义对个人权利的漠视,但是对于个人权利的侧重面是有差别的。罗尔斯强调正义的权利、诺奇克强调自由的权利、德沃金强调平等的权利、阿马蒂亚·森强调能力的权利。罗尔斯认为功利主义仅强调总量的增大而忽略了总量在个人之间的分配,他更强调在分配中注入平等的重要性。因此,罗尔斯更关注少数人的弱势权利,即那些权利缺乏者的生存状态。其正义的权利意味着正义是制度的首要价值,需要在正义的社会

---

① [印]阿马蒂亚·森:《贫困与饥荒》,王宇、王文玉译,商务印书馆 2001 年版,第 198 页。

② Amartya Sen and Dreze, *Hunger and Public Action*, *The Amartya Sen & Jean Dreze Omnibus*, New Delhi: Oxford University Press, 1999.

制度之下来分配个人的权利与义务关系；诺奇克批判了功利主义的分配模式无视个人持有者权利，他认为自由的权利强调权利的内容包括生命权、自由权和财产权，这些个人权利具有优先性且不可侵犯。因此，他更关注的是持有者可能被分割的权利，即那些已有权利者当下的生存状态。德沃金的平等的权利强调政治权利，认为权利可使法律本身更为道德，因为它可以防止政府和官员将制定法律用于不正当的目的，他关注的是所有人形式上得到平等地关切与尊重；阿马蒂亚·森的能力的权利强调发展每个人的能力，每个人利用资源的能力平等背后更为重要的是要让他们拥有一个平等的权利关系，包括对弱者权利的保护以及对权利内容的扩展。

上述四位学者均在不同的维度上强调了权利在维护公平中的重要地位。换言之，若想保证社会制度的公平，我们首先要确立对个人权利的保护以及个人权利的公平。罗尔斯、德沃金和阿马蒂亚·森的权利原则都论证了福利国家中政府提供再分配的合法性，虽然诺奇克的权利原则是用来论证福利国家的不足，但从现代意义上讲，诺奇克所定义的权利内容过于狭隘，当今权利的内容还应该包括社会权利，社会权利也是人权的组成部分，政府需要对公民的社会权利负责。只是在具体的实践中，国家在承担公民社会权利的程度和深度存在区别，所以我们看当前福利国家类型的分殊，形成了国家干预主义和经济自由主义两大类型的福利国家。当然，我们也不能仅强调个人权利的绝对优先性，因为这会违反道德的个人责任原则，即个人在平等中的责任原则。因为人应该为自己的选择和行为负责，并承担由自己的原因所造成的不平等后果。德沃金和诺奇克就强调个人责任的意义。诺奇克早就指出，整日无所事事的懒汉和终年辛勤劳作的劳动者不应该拥有同样的分配份额，这种不平等是合乎正义的。德沃金继承了诺奇克这一思想并把个人责任原则作为所有平等理论所应该内含的伦理学原则。

第二，关于机会与能力观比较。罗尔斯的"机会平等"原则强调起点公平；德沃金的"资源平等"原则强调起点公平；阿马蒂亚·

森的"能力平等"原则强调起点公平。上述三位学者均从不同角度论述了以人所获得的机会和能力的实现程度来作为判断社会公正的标准。罗尔斯、德沃金和阿马蒂亚·森都不否认个人自身能力禀赋上的差异,但是由原始的资源禀赋来决定个人未来结果出现的巨大差异是不公正的。因此,他们认为实质性能力自由是否得以实现,是衡量社会公正的一个重要指标,主张通过一系列制度安排,如教育制度、健康制度等来扩大个体能力,促使个体间机会平等。

第三,关于公平环节观比较。公平的实现主要包括四个环节:起点公平、机会公平、过程公平以及结果公平。事实上,关于机会和能力的公平观点其实就是在强调实现结果公平的过程中对于起点公平和机会公平的要求。而对于结果公平,四位学者并没有刻意强调,因为现实操作中,没有人主张追求绝对的结果公平。结果平等意味着不管是什么原因导致的不平等,国家或社会都应该解决。而现实中,刻意的追求结果公平必然导致平均主义"大锅饭"的后果。因此,在现实生活中,往往人们更关注规则的公平。规则公平并不一定会保证结果的绝对公平,但是至少它可以保证结果的不公平是在人们可以接受的范围内的。关于规则公平,正如诺奇克所言,只要通过正当途径、经过公平的程序使社会成员得到成果分享,那么这种持有就符合正义,其结果即使存在差距也是公平的。

戴维·米勒认为程序公正"指的是一个机构——一个人或一种制度——向若干其他人分配利益(或负担)的规则或途径"[①]。规则公平往往是需要通过制度设计来实现,规则公平包括两层含义:"一是在制定相关的法律、法规、条例及其他政策时所凭据的理由应当是公正的;二是这个制定过程本身应当是公正的。"[②] 因此,为了保障结果的相对公平,任何社会制度的建设都应该重视规则公

[①] [英]戴维·米勒:《社会正义原则》,应奇译,江苏人民出版社2001年版,第102页。

[②] 吴忠民:《社会公正论》(上卷),山东人民出版社2012年版,第247页。

平。规则公平具有普惠特性，这种普惠性一方面表现为其受众的普遍性，在保护全体社会成员利益的同时，使每个社会成员普遍受益；另一方面体现在为可以使社会成员的基本权利通过制度化的安排来实现，同时又可以防止社会成员自身权利受到侵害，或矫正补救自身基本权利受到的损害。同时，规则作为一种仲裁机制，可以协调各个利益群体的不同要求，规则如果有所差别的话，只是因事而异，不能因人而异。其主旨是保护每一个人基本的平等权利，而不是造成平均主义。

二 社会制度分析中的公平理论分析框架

"社会公正是一个规则体系"[1]，在一个社会中，能够起到维护社会公正的最重要的规则体系就是制度。没有稳定化的制度安排，就没有良序社会的正常运转；没有体系化的制度安排，就没有社会成员间互信的社会合作关系。社会保障制度既是众多社会制度安排中的重要组成部分之一，同时其功能定位又一直被视作是实现社会公平的制度安排之一。这种双重属性既要求社会保障制度在进行制度设计的过程中必须服从制度设计公平的一般要求，同时还要在其自身的制度框架内实现对社会不公平结果的调整。因此，社会保障制度在价值理念定位、运作体制机制等方面皆要遵循一般的公平性原则。

在上述社会公平理论中，四种社会公平理论虽对公平的理解角度各有不同，但也不乏观点相同之处：一是重视个人权利的公平，"罗尔斯与诺奇克作为自由主义者在权利问题上有许多一致的地方：他们都主张权利优先于善，并以此共同反对功利主义；他们都重视维护人的权利，主张人是目的，而不能被用作手段。"[2] 二是重视机会的公平，罗尔斯强调"机会公平"优先原则、德沃金的资源平等

---

[1] 吴忠民：《社会公正论》（上卷），山东人民出版社2012年版，第21页。
[2] [美] 罗伯特·诺奇克：《无政府、国家和乌托邦》，姚大志译，中国社会科学出版社2008年版，前言。

理论强调在"无知之幕"前的社会资源平等分配的起点公平、阿马蒂亚·森强调"能力公平";三是重视规则的公平,诺奇克强调"持有正义"原则,认为只有过程公平才是对实现公平的评价。因此,我们需要采用一个综合的视角和整体的角度来看待社会制度公平,即从权利公平、机会公平、规则公平三个角度进行分析,如图2.1所示。

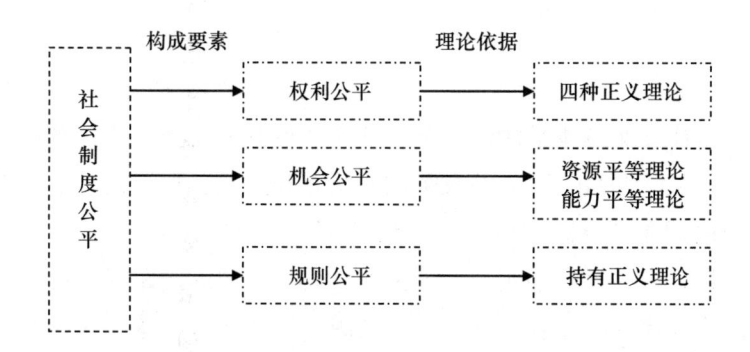

图2.1 社会制度公平构成要素及理论依据

第三章　我国社会保障制度分层化属性及表征

我国社会保障体系建设逐渐"从选择性制度安排走向了普惠性制度安排，从长期自下而上的改革试验状态开始通过顶层设计与顶层推动走向逐渐成熟、定型的新发展阶段。"[①] 目前的社会保障虽已具有了普惠性，但并不等于实现了公平性，局部领域的差距还在扩大，这种差距主要体现在城乡之间、人群之间、地区之间。这种差距是由于社会保障制度在发展的不同阶段，为实现制度在不同人群中的全面覆盖而采取了针对不同人群分立的制度安排。这就形成了当前社会保障制度下既有大而分立的制度，又有大制度下分立的小制度。我们必须要正视社会保障制度由于公平性不足而导致社会矛盾与社会冲突加剧的社会风险在不断积累。

社会保障制度的利益协调属性、社会流动属性、矛盾缓和属性具有"逆社会分层"的特点，然而当前的社会保障制度非但没有弹性化刚性金字塔形的社会分层结构，反而在社会分层基础上衍生出社会保障制度的分层化特征。社会保障制度的分层效应是制度性不公平的外显化表现，具体有以下四个表征：一是社会保障制度在覆盖公民社会风险的范围存在差异而形成的风险分散分层化；二是社会保障制度在化解公民社会风险的能力存在差异所形成的待遇水平分层化；三是社会保障制度在化解公民社会风险中存在政府责任差异所形成的责任

---

① 郑功成：《社会保障普惠性并不等于公平性》，《北京日报》2014年3月24日。

第三章　我国社会保障制度分层化属性及表征

分担分层化；四是社会保障服务在公民享受过程中存在分配差异所形成的服务获取分层化。其中社会保障制度内容和覆盖范围是风险分散分层化的考核指标；社会保障制度去商品化程度是待遇水平分层化的考核指标；社会保障制度权利义务关系是责任分担分层化的考核指标；社会保障服务分配是服务获取分层化的考核指标。当前，社会保障制度的分层化围绕上述四个方面展开的矛盾主要在城乡之间以及城市内部不同群体之间体现。

第一节　社会保障制度的分层化属性

社会分层是基于市场规则形成的结构化结果，通过市场化过程形塑的社会分层是社会关系不平等的表现；社会保障制度则是通过国家干预，体现政治与权力过程的再分配产物，社会保障的功能在于利用非市场机制缩小市场化过程中所带来的社会差距。然而在现实的制度安排中，两者未必呈现关系互补，反而社会保障制度有可能与不合理的社会分层结构"合谋"，并演化出两者的"耦合"状态。

一　逆社会分层：社会保障制度再分配属性的体现

对社会分层的理解包括两个层面："一是视其为客观过程的界定，即认为社会分层是指社会成员在社会生活中由于获取社会资源的能力和机会不同而呈现出高低有序的等级或层次的现象和过程；二是视其为主观方法的界定，即社会分层是根据一定的标准将其社会成员划分为高低有序的等级或层次的方法。"[①] 上述对社会分层两个层面的理解表明，社会分层是一种客观存在，是一个在任何历史阶段、任何社会形态中都会存在的一种社会现象。作为一种客观存在的社会分层本身并无对错之分，只有合理与否的区别。"合理的社会分层能够激发社会活力，促使

---

① 刘祖云：《社会转型与社会分层——20世纪末中国社会的阶层分化》，《华中师范大学学报》1999年第7期。

社会成员学习、掌握新的东西，有助于社会秩序的维系；不合理的社会分层可能会反过来窒息社会活力，严重的话就会诱发社会革命。"①

通常来说，对于不合理的社会分层结构需要通过社会再分配机制来消减利益的不平等分配。其中作为社会再分配重要机制之一的社会保障制度，由于其具有利益协调、社会流动、矛盾缓和的属性，常常作为调整社会利益分配格局的重要手段。社会保障制度的利益协调属性具有经济指向性。"社会保障的重要目标就是要通过经济、物质、服务等手段来保障人民群众的基本生活，并不断提高生活水平和生活质量，因而社会保障具有较强的经济福利性。"② 其中，社会救助制度是国家以保障公民最低生活水平为目的，通过政府的财政转移支付、慈善事业或其他社会互助形式来解决贫困人口的生活危机；社会保险制度强调权利与义务的结合，其基本原理是收入分配由高收入群体向低收入群体转移，从而使富裕阶层承担着比低收入阶层更多的缴费义务；社会福利是通过现金、实物或服务的方式平等的向全体国民提供帮助。社会保障制度的社会流动属性具有社会指向性。良序社会的基本特征是"社会中不存在群体性排斥的制度，对于任何一个社会成员来说，只要具备了某种能力，就应当有机会按照自己的意愿得到相应的社会位置。"③ 社会保障制度通过待遇水平高低有别的社会救助、社会保险、社会福利体系实现社会成员在不同阶层中的流动时，既包括自下而上流动的福利吸引，也包括自上而下流动的救助托底。社会保障制度的矛盾缓和属性具有政治指向性。德国所建立的社会保障制度正是出于维护统治阶级利益，化解资产阶级与无产阶级矛盾的现实考量。同时，社会保障制度也是以实现一定的公共职能为前提实现统治阶级管理社会的基本手段。

综上所述，社会保障制度与社会分层呈现下述关系：社会保障制

---

① 韩克庆：《经济全球化、社会分层和社会保障》，中国劳动社会保障出版社2005年版，第54—55页。
② 龙玉其：《社会保障在收入再分配中的作用》，《前沿》2013年第11期。
③ 张登国：《和谐社会阶层结构形成的机制》，《长白学刊》2006年第2期。

度之于一个合理的社会分层结构，其再分配功能将起到进一步维护和优化社会分层结构的作用；而之于一个不合理的社会分层结构，社会保障制度的再分配属性决定其应该起到"逆社会分层"的作用，调整初次分配中所带来的分配不公问题。社会保障制度的发展并非否定市场作为社会分层的主体地位，而是说社会保障制度应该对市场所导致的阶层间利益差异过大进行纠偏。

二 双重固化：社会分层与社会保障制度分层的耦合

我国在计划经济时代以政治因素作为划分社会阶层的标准，划分为干部、工人、农民三个高低有序的阶层。市场经济时代以经济因素成为划分社会阶层的主要依据，按照中国社会科学院社会学研究所"当代中国社会结构变迁研究"课题组提出的社会阶层划分标准，以职业分类为基础，以组织资源、经济资源和文化资源的占有状况综合作为划分社会阶层的标准，陆学艺将其分为五个经济等级，具体包括：（1）社会上层：高层领导干部、大企业经理人员、高级专业人员及大私营企业主；（2）中上层：中层领导干部、大企业中层管理人员、中小企业经理人员、中级专业技术人员及中等企业主；（3）中中层：初级专业技术人员、小企业主、办事人员、个体工商户、中高级技工、农业经营大户；（4）中下层：个体服务者、工人、农民；（5）底层：生活处于贫困状况并缺乏就业保障的工人、农民和无业、失业、半失业人员。

随着市场经济的深入发展，社会分层结构在纵向分层化趋势的变动下，各社会阶层的社会收入差距逐渐扩大，甚至贫富分化差距过大已成为影响社会稳定性的一个危险信号。与此相呼应，学术界对中国社会阶层结构的研究主要形成四种具有代表性的观点：孙立平的"断裂论"、李路路的"结构论"、李强和李培林的"碎片论"以及陆学艺的"中产论"。[①] 其中，前三种观点均对当前中国的社会分层结构

---

① 周建国：《金字塔还是橄榄球？——中国社会阶层结构变化趋势探析》，《学习与探索》2008 年第 9 期。

表现出悲观情绪,"结构论"中所强调的社会经济结构差异固化及不断"再生产"的趋势有可能导致极端两极分化的"断裂"态势,而"碎片化"的社会观念及社会关系正是当前社会阶层结构的真实写照。也就是说,在市场经济时代所形成的以经济因素分层为核心的社会阶层结构展现的是这样一幅国家图景:国家权利与市场机制共同作用带来的贫富差距巨大的社会;社会边缘地带明显凋敝、基层社会被掏空的社会;少数上层社会和社会精英占据大量社会财富,而底层社会人员却无从分享社会发展成果的社会。[①] 可见,目前日益严重的两极分化使中国社会阶层结构长期保持金字塔结构,这是学术界对当前社会阶层结构现状的一个基本判断。当然,对中国社会阶层结构未来的发展也有持乐观态度的"中产论",而能否从金字塔形的社会阶层结构走向社会资源分配更为合理的橄榄状"中产型"社会阶层结构很大程度上取决于社会再分配的合理性。社会保障制度则一直被视为具有调节收入差距、消弭社会不平等的重要制度性安排,但当前我国社会保障制度与社会分层结构却出现了"合谋"状态,社会保障制度非但没有成为"逆社会分层"的力量,反而"因人而异"的社会保障制度成了进一步加剧和固化社会分层的力量,并进一步成为社会分层的深刻体现及其衍生品。也就是说,"社会保障与收入、资产、权力、声望等因素相叠加,一同析出和形塑着弱势群体,社会保障也成为描述阶层差距的一个内涵。"[②] 如表3.1所示,无论是计划经济时期的社会分层还是市场经济时期的社会分层,其金字塔形的社会分层结构均与社会保障制度安排呈现出高度"耦合"性。处于社会阶层上层的社会成员往往还可以通过制度化的福利安排得到更多的福利报偿,处于社会阶层下层的社会成员福利制度化程度不足,且往往处于被忽略的状态。

---

① 孙立平:《断裂——20世纪90年代以来的中国社会》,社会科学文献出版社2003年版,第61—62页。

② 宋娟:《社会分层视角下社会保障质量提升研究》,《社会保障研究》2012年第6期。

表 3.1　　　　不同时期下我国社会分层与社会保障制度互动关系

时期	阶层等级	阶层结构	社会保障制度	保障特点
计划经济时期	上层	干部	机关事业单位社会保障制度	高工资、高福利
	中层	工人	单位保障模式	低工资、高福利
	下层	农民	家庭+土地+集体保障模式	个人保障
市场经济时期	上层	国家与社会管理者	机关事业单位社会保障制度	高工资、高福利
	中上层	中层干部/经理人员	机关事业单位社会保障制度	高工资、高福利
	中间层	工人/办事人员	城镇企业职工社会保障制度	低工资、低福利
	中下层	灵活就业者 城乡居民	无特定制度安排 城乡居民社会保障制度	个人保障 个人制度化储蓄
	底层	贫困者/失业者	城乡低保制度	国家低保障

注：阶层等级划分依据陆学艺《当代中国社会流动》，社会科学文献出版社 2004 年版，第 139—176 页。

因此，笔者认为，社会保障制度分层是福利资源在分配过程中在不同人群中依据身份、职业、权力的大小出现的层化现象。社会保障制度分层中的福利资源分配既是指福利资源数量在不同阶层之间分配多寡，同时也包括不同阶层在获取福利资源过程中资源获取渠道以及能力上的差异。而双重固化是指，社会保障制度作为一种稀缺的福利资源，其本身成为社会分层中阶层差异的维度，在不合理的社会分层结构基础上进一步加剧既有的社会分层差距。"社会保障并没有对已有的社会分层进行缓和与调节，而是继续加深和固化了已有的社会分层，社会保障可能发生逆再分配效应，导致福利领域也出现了诸如马太效应的现象，富者拥有的福利资源更多，贫者拥有的更少。"[①] 社会保障制度的分层化是指，政治领域以及经济领域中的优势阶层能够利用其资源优势从福利制度中获取更多利益。既得利益人群利用体制资源，不仅将资源优势转化为制度优势，而且还将其转化为经济优势，在权

[①] 宋娟：《社会分层视角下社会保障质量提升研究》，《社会保障研究》2012 年第 6 期。

利分层和市场分层共同作用下造成了中国社会保障制度的内卷化。

社会保障制度之所以能够起到这种固化作用，离不开它的社会资源分配功能。从社会保障制度分配的资源形式来看，包括实物形式、货币形式和服务形式。其中，实物形式在社会救助和社会福利中体现得最为明显，该方式的优点在于发放的物资可直接消费，救助效果快捷；货币形式在社会保险中体现得较为明显，该方式的优点在于受助者可根据自己的需要将其转化为各种物质或服务，从而更有利于根据需要进行保障；服务形式多用于社会福利，如对特殊的救助对象提供生活照顾和护理服务等，包括对高龄老年人的护理、对孤儿的关怀和照顾等。但是，由于个体原因及社会原因的双重介入导致当前的社会福利资源在不同群体之间形成了差序化的分配格局，如果说我国的社会阶层结构是"金字塔"形，那么社会保障制度分配福利资源的形式恰好是"倒金字塔"形，如图3.1所示。

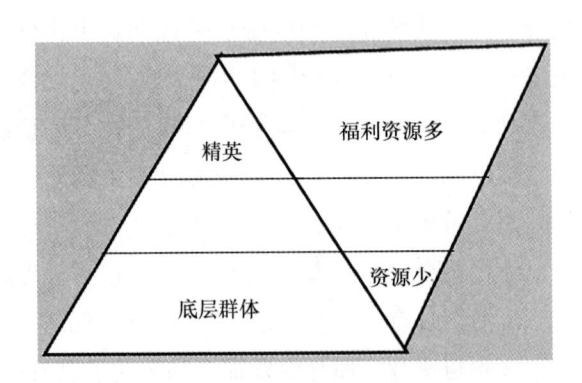

图3.1 社会分层与社会保障制度分层结构关系

第二节 我国社会保障制度的分层化表征

社会保障制度作为一种福利资源分配体系，是国家为了满足人民群众的养老、医疗、失业、工伤、生育、救助等安全需求，将一部分社会资源集中起来后，通过基金或财政支出的再分配方式，提供社会保障所需的公共物品和服务。社会保障制度通过分配实物资源、货币资源和服务资源来实现资源配置，考察社会保障制度的分层化在现实中的具体表达可以从以下维度展开：货币资源可以从去商品化程度和政府责任考量；实物资源和服务资源可以从覆盖范围和服务获取考量，以此作为不同社会阶层获取福利资源分层化的依据。

一 覆盖范围：风险分散分层化

社会保障制度是建立在应对全球化、工业化以及市场化所带来的社会风险基础之上的。吉登斯指出，置身于全球化的浪潮中，没有人可以幸免于它所带来或好或坏的结果。贝克认为，古典工业社会的财富分配逻辑的统治地位已逐渐被风险社会中的风险分配逻辑所取代或者表现为两者的重叠，换言之，以风险为主导的逻辑战胜了以分配为主导的逻辑。由于现代社会是一个风险更具流动性的社会，社会保障制度的功能旨在将社会风险内化于制度之内进而达成社会秩序的稳定与和谐。从西方福利国家的发展历程来看，福利国家的发展始于19世纪下半叶或20世纪初，亦是对大多数国家在工业化和城市化过程中对产生的社会风险问题的积极回应。事实上，在人类社会的不同发展历程中，风险所表现的形式是一个逐渐从自然风险向被制造出来的风险转化的过程。风险性质的变化源自于人同自然的关系转化。早期人类对自然力量的崇拜使生产活动必须遵循自然规律，随着实践技能的日臻纯熟，人类产生了征服自然的欲望。然而事实上，自然本身并不是被动接受改造的自然物，它也会反作用于人类自身。人类越是改造自然，自然越会反作用于人类。因此，随着现代性的加深，自然风险所占的主导地位转变成了被制造出来的风险占主要地位。与自然风险的可预测性相比，被制造出来的风险有着结果预测难、隐蔽性强和隐匿时间长的特点。[①] 当风险成为现代市场社会的典型特征时，公民

---

① ［英］安东尼·吉登斯：《失控的世界》，周红云译，江西人民出版社2001年版，第79页。

因遭受社会风险所受侵害就会产生特定社会保护需要，社会保障制度也随着对社会风险的预防与应对能力要求的不断提高而不断进行完善和提升。

从社会保障制度覆盖范围来对社会保障制度的风险化解能力进行考察，意味着公民在遭遇社会风险时，是否有平等的机会获得货币补助和相关服务，安全度过困难期，并有能力寻求新的发展机会。社会保障制度的覆盖范围可以从两个维度考察：一是一个国家社会保障制度覆盖社会风险的范围，即化解社会风险的制度项目安排是否全面；二是社会保障制度覆盖的人群范围，即在同一项目内不同人群的覆盖程度是否相同。

首先，从社会保障制度覆盖社会风险的范围来讲，如果社会保障制度较为全面地覆盖社会成员所可能遭遇的社会风险时，社会成员会因为拥有社会保障制度而具有较强的抵抗社会风险能力，社会保障发展水平也就越高；反之，当社会保障制度不能全面地覆盖社会成员所可能遭遇的社会风险时，社会成员抵抗社会风险的能力较弱，社会保障发展水平就越低。我国社会保障制度正是在应对社会发展中的社会风险，并通过养老保障、医疗保障、就业保障、工伤保障、生活保障、住房保障以及灾害保障构建起了应对社会风险的基本制度保障体系，如表3.2所示。

表3.2　　　　　　　我国社会保障制度社会风险应对体系

社会风险	与风险对应的社会保障制度安排
老年风险	社会基本养老保险制度、企业年金、五保供养制度、老年人福利
健康风险	医疗保险制度、医疗救助制度、补充医疗保险、生育保险、残疾福利
就业风险	失业保险、教育救助、工伤保险
贫困风险	最低生活保障制度、流浪乞讨人员社会救助、生产社会救助
住房风险	公积金制度、住房救助
灾害风险	灾害社会救助

第三章　我国社会保障制度分层化属性及表征

由此可见，当前我国社会保障制度已经基本建立起与工业化社会和市场经济相匹配的风险应对体系。"它以独特的方式把国家、经济及私人再生产领域联系在一起，完全可以被看作是能有效地解决大量由工业化引起的冲突的方法。"① 将工业化与市场化过程中较为突出的社会风险通过制度化的保障方式加以化解，减轻了个体独自面对社会风险的负担。

然而，在社会保障制度建立过程中，由于先城镇、后农村发展策略长期执行，整体的制度发展长期呈现出"路径依赖"特点，致使我国当前的制度安排存在城乡间以及城市内部的社会风险化解能力的差异。从我国社会保障制度的总体安排来看，城市社会保障覆盖面广、保障水平高、社会风险化解程度高；农村社会保障覆盖面窄、保障水平低、社会风险化解程度低。"与城市相比，农村的社会保障制度具有社会化程度低、非制度化等特点，社会保障制度出现了'城乡分割'的二元结构特征。"② 这种二元结构特征的制度安排使城乡居民实行不同的制度，致使城市社会保障制度格局固化与农村社会保障制度的缺失状况并存；城市居民从生到死的一揽子保障项目与农村居民的个别低层次保障项目状况并存。虽然当前我国城市已普遍建立的社会保障项目以养老、医疗、工伤、失业、生育"五位一体"的社会保险制度为主体，低保、灾害救助、流动乞讨人员救助等社会救济制度为托底，老年人、妇女儿童、残疾人等社会福利制度为追求，以及住房公积金、经济适用房、廉租住房、优抚安置等项目基本涵盖了应对所有社会风险的保障项目。而农村社会保障制度不仅建设起步时间较城镇晚，并且保障项目主要集中在养老、合作医疗等社会保险制度、五保供养、低保、特困户基本生活救助、灾害救助制度以及优抚安置等项目。与城镇社会保险项目相比，失业保险、工伤保险、生育

---

① [德]弗兰茨—克萨韦尔·考夫曼：《社会福利国家面临的挑战》，王学东译，商务印书馆2004年版，第12页。
② 杨翠迎：《中国社会保障制度的城乡差异及统筹改革思路》，《浙江大学学报》2004年第5期。

保险处于缺失状态；与城镇社会救助项目相比，流浪乞讨人员救助、教育救助、住房救助普遍残缺；与城镇社会福利项目相比，敬老院与残疾人福利院等社会福利项目保障范围有限，如表3.3所示。

表3.3　　　我国不同社会成员参与的社会保障制度项目

覆盖人群		社会成员参与的社会保障制度项目
城镇	城镇职工	城镇职工养老保险、城镇职工医疗保险、工伤保险、失业保险、生育保险、企业年金、补充医疗、企业福利、公积金
	机关事业单位	城镇职工养老保险、城镇职工医疗保险、公费医疗、职业年金
	城镇居民	城乡居民养老保险、城镇居民医疗保险、城镇居民最低生活保障、流浪乞讨人员社会救助、城镇居民医疗救助
农村	农村居民	城乡居民养老保险、新型农村合作医疗、五保供养、农村最低生活保障制度、农村居民医疗救助制度、农村社区服务

其次，从社会保障制度覆盖人群的范围来看，如果社会保障制度覆盖面能够将全体社会成员纳入时，社会保障制度风险分散的能力越高；当社会保障制度覆盖面排除了社会部分群体的介入，那些未被覆盖的社会群体将独自面临社会风险的影响，社会保障制度分散风险的能力越低。当前，城乡已有各项社会保障制度的覆盖面在城乡间差异较大。现以城乡三项主要基本社会保障制度为例，即养老保障、医疗保障、最低生活保障制度的覆盖率情况来比较城乡不同人群间保障的程度，如表3.4所示。

表3.4　　2009—2012年城乡养老保障、医疗保障、低保制度覆盖率

	保障项目	2009年	2010年	2011年	2012年
城镇	职工基本养老保险（％）	58.85	60.46	61.33	82.00
	城镇居民养老保险（％）	—	—	—	54.96
	职工基本医疗保险（％）	59.86	58.42	59.79	71.38
	城镇居民医疗保险（％）	58.59	53.35	66.68	79.68
	最低生活保障制度（％）	3.77	3.47	3.29	3.10

续表

	保障项目	2009 年	2010 年	2011 年	2012 年
农村	农村社会养老保险（%）	7.74	11.16	36.27	54.96
	新型农村合作医疗（%）	88.61	90.87	91.42	91.47
	最低生活保障制度（%）	6.94	8.02	8.08	8.32

注：1. 本表数据由《中国社会保障发展指数报告（2012）》（褚福灵）、各年度《中国劳动统计年鉴》《人力资源和社会保障事业发展统计公报》数据整理所得。

2. 尽管2014年2月国家才正式将新型农村养老保险和城镇居民养老保险制度合并，称为城乡居民基本养老保险制度，但是人力资源和社会保障部统计公报实际上从2012年开始已经将这两项制度的数据合并计算公布，本书与其保持一致。

由上述覆盖率数据可知，在养老保障中，城镇职工的覆盖率要远高于城乡居民，两者相差28%左右；在医疗保障中，职工医保与城居保覆盖水平基本持平，新农合覆盖率较高；在城乡低保制度覆盖率测算中，由于城镇低保覆盖率采用的是低保人数与绝对贫困人口数之间的比较，所以计算结果低于农村低保，但总体来讲，城乡低保制度的覆盖率水平普遍较低。总体看来，由于我国城市的社会保障制度是针对同一社会风险，将不同人群纳入到不同的制度安排中进行风险化解，具有明显的身份特征，并形成了受益对象按照机关事业单位、城镇职工、城镇居民三类标准划分的风险分散的分层化体系。从总体制度安排的风险分散化程度看，体制内机关事业单位人员的风险分散程度高于城镇职工；体制内人员的风险分散程度高于体制外人员。

体制内的风险分散分层化主要是指机关事业单位与城镇职工之间的社会保障制度覆盖范围差异。机关事业单位人员从进入体制内起便与社会保障制度天然捆绑在一起，这也是长久以来我国官本位思想在社会保障制度中的反映。"中国等级差序的社会格局以'官本位'为核心的，即社会普遍将是否为官、官职大小当成核心的社会价值尺度去衡量个人的社会地位和价值，其他职业则要依附于'官本位'才能获得相应的认可，这种'官本位'意识被上升到制度层面，有一套严密的制度规范。"① 以养老保险制度为例,从准入条件来看,机关事业单位养老保险制度以免缴费方式实现制度参与,而城镇企业职工参加养老保险制度要以单位缴费和个人缴费为基础。由于机关事业单位工作人员的身份可以直接与社会保障相捆绑,所以基本可以实现制度全覆盖,并享受最终由国家财政拨款的待遇给付。而城镇职工能否参与到制度安排中,主要取决于企业单位是否参与到制度安排中去。可以说,当前的社会保障制度安排仍然折射着"官本位"思想对社会保障制度发展的影响。

体制间的风险分散分层化主要是指机关事业单位、城镇职工同城镇非正规就业、城镇居民之间的社会保障制度范围之间的差异。由于市场经济的发展以及产业结构的调整,劳动力市场的变化之一是就业灵活性的大大提高以及非正规部门就业者数量的大大提升。非正规就业形式在西方福利国家出现的较早,具体表现为女性劳动者大量进入劳动力市场,全日制工作和就业岗位的减少,临时性、合同制、自由职业和非全日制等非正规就业形式的增加等。就业形式的改变要求社会保障制度必须做出相应的调整,以提高适应性和灵活性。但当前现行的社会保障制度对非正规就业者的覆盖力度是不够的,非正式的就业制度、劳动力市场使劳动者脱嵌于正式的制度安排之中,例如失地农民、农民工等非正规就业人群。

二 待遇水平:去商品化能力分层化

埃斯平-安德森给出了"去商品化"概念,他认为"去商品化"是指个人福利相对独立于其收入之外又不受其购买力影响的保障程度。② 埃斯平-安德森在对18个国家进行去商品化程度测量时,以进入社会权利的规则、收入替代水平、资格授权范围三组量纲展开的,

---

① 郑功成:《中国社会保障演进的历史逻辑》,《中国人民大学学报》2014年第1期。
② [丹麦]埃斯平-安德森:《福利资本主义的三个世界》,苗正民、滕玉英译,商务印书馆2010年版,第31—37页。

并根据非商品化的测量结果及各个国家的社会分层结构相结合，提出了"社会民主主义""保守主义"和"自由主义"三种福利国家体制。"福利体制被认为是由三个元素组成，即政府、家庭和市场，这三者之间的相互组合或者说相互连接可以导致防范社会风险与保障生活水平的福利结果以及社会分层效应；福利结果是指人民福祉与社会风险的隔离现状，其中，非商品化和非家庭化被认为是其测量的关键因素；而社会阶层则描述了福利混合和福利结果对再分配所产生的影响的现状。"[①] 三种福利国家体制比较见表3.5。

表3.5　　　　　　　　　三种福利体制的比较分析

蒂特马斯的划分	行业表现型	补救式	制度型
安德森的划分	保守主义	自由主义	社会民主主义
代表国家	欧洲大陆	盎格鲁-撒克逊	斯堪的纳维亚
思想与历史渊源	俾斯麦（左派保守）	贝弗里奇	贝弗里奇
社会目标	收入扶持	社会救助	平等与公平
享受条件	工作表现	可证实的贫困需求	普遍公民权
给付原则	缴费给付	选择性原则	普享型原则
待遇标准	缴费相关型	家计调查	统一费率型
融资机制	缴费型	税收	税收
管理与控制决策	社会伙伴合作性	中央政府控制	国家与地方政府

从上述比较中可见，不同的福利国家体制类型由于所规定的享受条件、给付原则、待遇标准、融资机制方面存在差异，以至于最终实现的福利目标也差异甚大。自由主义只能实现社会救助的福利标准，进而形成两极分化的社会阶层；保守主义主要是维持现有的收入分配，固化既有社会阶层；只有社会民主主义才能够实现平等与公平，调和社会阶层的分化。由此可见，"去商品化"可以作为衡量一个国

---

① 郑秉文：《"福利模式"比较研究与福利改革实证分析——政治经济学的角度》，《学术界》2005年第3期。

家福利水平高低的一个重要指标。如果一国"去商品化"程度与劳动贡献关系关联程度越低,代表该国福利水平越高;相反,"去商品化"程度与劳动贡献关系关联程度越高,代表该国福利水平越低。

我国学者周蕾在埃斯平-安德森三组量纲基础上,进一步将其归为宏观和微观两大类指标将我国的社会保障制度去商品化程度进行国际比较,并得出我国的社会保障去商品化程度较低,属于自由主义类型的结论。① 孙博的研究主要是针对福利国家体制内社会民主主义福利模式、自由主义福利模式、保守主义福利模式在1990—2000年这一阶段的养老金体系变化趋势进行量化研究,并提出了三个维度五个指标的分析框架。② 其中第一个维度是养老金的收入水平,通过养老金替代率水平和养老金支出占GDP比重来衡量;第二个维度是享受养老金福利的资格条件,通过退休年龄和雇员缴费比例来衡量;第三个维度是养老金资格的授权范围,养老金覆盖率来衡量。陈志对改革开放以来不同时间上我国养老保险制度体系的去商品化水平进行了量化分析,并结合上述两位学者的研究成果对三个维度五个指标进行1—5分赋值,纵向比较不同年份我国养老保险非商品化程度。③

可见,国内关于去商品化水平的研究既包括从宏观上对我国福利类型分类的总体描述,也包括从微观上,如对养老保险的去商品化程度在纵向时序上的测量。笔者在借鉴相关学者所使用的"宏观—微观"框架下,利用三个维度五个指标采用横向研究的方式对当前我国当前社会保障制度去商品化程度进行测量。与上述学者不同的是,笔者研究的重点是同一类型的制度之下,分析不同人群在不同的制度安排之下的去商品化程度是否存在差异。本书依据表3.6所列出的指标体系,从三个维度对当前社会保障制度的去商品化程度进行测量。

---

① 周蕾:《社会保障制度非商品化的国际比较与战略取向》,《改革》2012年第7期。
② 孙博:《2000年以后福利国家养老金体系发展趋势考察——基于"去商品化"的分析框架》,《经济社会体制比较》2012年第1期。
③ 陈志:《改革开放以来中国基本养老保险问题研究——基于"非商品化"视角的实证考察》,《中南财经政法大学研究生学报》2013年第1期。

表 3.6 社会保障去商品化程度测量指标体系

	量纲	量纲的指标构成
宏观维度	社会权利规则	养老保障模式、医疗保障模式
	公共社会保障负担	社会保障支出占 GDP 比重
	市场社会保障负担	社会保险总缴费率
微观维度	养老保障	平均替代率、覆盖率、个人缴费率、月平均养老金/全国人均月可支配收入
	医疗保障	自负比、覆盖率、个人缴费率

第一，对社会权利的考察。社会权利按照准入的资格划分为普遍型、保险型、救助型、个人积累型四种模式考察。普遍型保障模式由于与个人在市场中的收入能力关联最小，因此去商品化程度最高为 A 类，得分为 1 赋值为 4；保险型模式在考虑收入的同时，还要求进入劳动力市场与就业相关联，去商品化程度为 B 类，得分为 0.6 赋值为 3。同时，根据表 3.4 所得的 2012 年不同项目的实际覆盖率进行加权计算，得出主要体现养老和医疗保障的非商品化数值，从而得出我国社会保障制度的非商品化程度高低的基本判断。

第二，对社会福利水平的考察。社会福利水平越高，给付越平均，社会福利对市场的替代作用越强；社会福利水平越低，给付越依赖于人们的收入或家庭经济情况调查，对市场的替代功能越弱。这一指标可以通过月平均养老金/全国人均月可支配收入来进行评价。比值≥1 得分为 4、比值在 0.7—1 得分为 3、比值在 0.3—0.7 得分为 2；比值在 0.1—0.3 得分为 1。

第三，对资格授权范围的考察。个人为社会保障付出的成本越低，人们越容易实现社会福利，去商品化程度越高；个人在社会保障获取中付出的成本越高，去商品化程度越低。具体可以通过个人在社会保障各项目中的缴费率来考察。这一指标可以通过替代率、个人缴费比例来进行考察，替代率比值 0.8—1 得分为 4、比值在 0.5—0.8 得分为 3、比值在 0.3—0.5 得分为 2、比值在 0.1—0.3 得分为 1；个人缴费、自付率刚好相反，缴费比值越低得分越高。以覆盖率为权重测量养老保障及医疗保障的去商品化程度得分，具体的考察结果如表3.7所示。

表3.7 社会保障制度的非商品化数值

保障项目	评分标准	机关事业单位人员	城镇职工	城镇居民	农村居民
养老保障	养老覆盖率（加权标准）	1	0.82	0.55	0.55
	养老保障类型（赋值）	1（4）	0.6（3）	1.1（4）	1.1（4）
	养老替代率（赋值）	0.9（4）	0.42（2）	0.3（2）	0.15（1）
	个人养老保险缴费比例（赋值）	0（4）	0.08（2）	0.32（2）	0.32（2）
	月平均养老金/全国人均月可支配收入（赋值）	1.69（4）	0.84（3）	0.035（1）	0.035（1）
	养老去商品化程度加权数值	16	8.2	4.95	4.4
医疗保障	医疗覆盖率（加权标准）	1	0.71	0.8	0.91
	医疗自负比率（赋值）	0（4）	0.3（3）	0.4（2）	0.4（2）
	医疗保障类型（赋值）	1（4）	0.7（3）	0.1（1）	0.1（1）
	个人医疗缴费比例（赋值）	0（4）	0.06（2）	0.0131（3）	0.014（3）
	医疗去商品化程度加权数值	12	5.68	4.8	5.46
合计	去商品化得分合计	28	13.88	9.75	9.86

来源：笔者计算得出。

由上述结果表明，在养老保障的去商品化程度中呈现的关系是：机关事业单位人员高于城镇职工，城镇职工高于城乡居民，城乡居民去商品化程度基本持平。在医疗保障的去商品化程度中，机关事业单位人员的保障水平要远远高于其他类型社会成员，其他成员的去商品化程度差异不大。但总体来讲，四类人群的受保障程度仍然呈梯度式发展，表现为极不均衡的结果。

三 政府责任：责任分担分层化

政府主导社会保障制度既是其作为公共物品的内在要求，也是现代政府合法性的重要来源，更是政府履行公共职责的具体体现。在各国发展实践中，政府在社会保障制度中的主导责任，主要包括制度设计、财政支持、管理监管等。① 其中，"制度设计与规范责任是指，设计制度模式框架、规范调整社会保障中各种社会关系的责任。制度设计与规范责任在大多数国家是由立法机构来承担，以出台法律的形式来具体履行；财政支持责任是指政府通过财政手段对社会保障给予资金支持的职责，可以通过政府财政直接列支、税制优惠及其他途径实现；监管责任是指政府建立相应的管理机构，完善相应的管理体制，强化监督机制的职责。高效的政府监管具备职责分明、政令畅通、成本低廉和资源优化的特征。"②

一般说来，根据政府介入社会保障制度的程度可将其分为三种"理想类型"：包办、主导和不干预。③ 包办制以福利国家为代表，如英国、瑞典"从摇篮到坟墓"的传统福利国家，政府在社会保障领域实施全面干预，以税收方式承担其社会福利费用支付、行政机构运营等一系列开支，社会保障制度的发展受到重视；不干预型以美国为代表，政府没有建立起系统化、正规化的制度体系，此种状况的形成一方面与自由放任国家对政府功能的压缩有关；另一方面在部分国家中则是由于政府不愿或无力承担而造成的。主导型是介于包办和不干预之间的一种方式，是当前各国政府进行责任调整的一种趋势，在这种模式中，政府不是直接承担所有供款和管理责任的主体，而是通过引导的方式调动企业、个人、社会等多方面的力量来提供保障。总体

---

① 张怡恬、郑功成：《社会养老保险制度效率论》，北京大学出版社2012年版，第124页。
② 孙光德、董克用：《社会保障概论》，中国人民大学出版社2012年版，第96页。
③ 何金颖：《社会保障中的政府责任——兼评中国的政府责任问题》，《南都学坛》2003年第6期。

来说，社会保障制度在国家、市场及个人关系分配中，一些政府介入的程度比较深，政府承担了大量的管理费用、缴费责任和给付责任；另一些国家介入的程度比较浅，管理费用和资金由市场和个人解决，三者关系的不同配置便构成了丰富多样的社会保障制度图景。

在我国社会保障制度发展变迁过程中，政府所承担的社会保障责任也在发生着变化。很多学者认为，计划经济时期我国政府的职能以政治职能为主导，1978年以后，政府职能从以经济职能为主逐渐转向以社会管理与公共服务职能为主。但长久以来，政府责任重城市轻农村、重体制内职工，轻体制外人员的基本策略没有改变。

首先，在制度设计与规范责任层面。自1951年，政务院颁布《中华人民共和国劳动保险条例》起，企业职工建立起制度化的退休养老保障；1955年国务院颁布《国家机关工作人员退休处理暂行办法》《国家机关工作人员退职处理暂行办法》《关于处理国家机关工作人员退职、退休时计算工作年限的暂行规定》将机关事业单位人员的退休养老问题制度化。随着市场经济转型以及国有企业改革，1997年国务院颁发《关于建立统一的企业职工基本养老保险制度的决定》使城镇职工的养老保障制度以"统账结合"的模式替代了以往的单位包办模式，而机关事业单位的养老保障制度模式则沿用至今。

在城市内部，虽然机关事业单位以及城镇职工的养老保障在建国初期就已制度化，但城镇居民社会养老保险直至2011年以国务院关于开展《城镇居民社会养老保险试点的指导意见》为标志才建立起来。而农村的社会保障问题长期以来一直处于政府缺位状态，主要依靠家庭保障为主、集体保障为辅的非制度化方式解决问题，直到近年来才开始通过开展一系列制度来化解农民在工业化社会中所面临的生活风险。其中新型农村合作医疗制度是在2007年由卫生部牵头试点实施，新型农村社会养老保险是2009年由国务院决定试点实施。从制度设计的时间节点上足以见得先城市后农村的策略，国家在进行制度设计时，以制度化的方式来化解农村人口的养老风险及医疗风险足足比城镇晚了近半个世纪。从城乡最低生活保障制度建设情况看，城镇最低生活保障制度建设始于1997年，主要为了解决国有企业转型过程中所产生的大量下岗、失业人员的生活困难问题；农村最低生活保障制度直到2007年才建立起来。

其次，在财政支持方面。计划经济时期的劳动保险费用，全部由实行劳动保险的企业负担。对机关事业单位，以政府财政拨款为主，由政府主管部门直接实施社会保障项目。农村"五保"制度以社队集体经济为依托，由集体提供经济补贴，国家只承担了组织责任，而没有承担财政支持及其他责任。与计划经济时期大而全的保障相比，现代社会保障制度根据保障项目的不同进行了更为细致的制度设计，不同制度间的筹资方式也存在较大差别。

其中，除去城镇机关事业单位以国家财政拨款个人非缴费方式所实施的养老保险制度外，其他三项养老保险制度均强调要增强个人参与的自我保障意识。从政府的筹资责任来看，城镇职工的养老、医疗保险政府财政责任主要体现在职工缴纳社会保险费在工资税前列支、转轨成本的承担以及财政收不抵支时政府的财政兜底责任。在城镇居民和农村居民所享受的养老保障中，政府的财政责任主要以定额方式给付基础养老金。由于在城居保和新农保中是否参与保险采取自愿原则，这就容易引发逆向选择问题，即参加保险的往往年纪较大，年轻人参保意愿较弱。社会保障作为一种社会稳定与利益调整机制，其筹资涉及多个主体权利、义务和经济利益，只有强制性原则能从根本上约束和规范各行为主体，进而保证筹资的财政基础和社会保障制度的稳定，所以与其他制度相比，自愿性参保由于约束力较弱可能导致参保对象短视的非理性选择。另外从筹资管理方式看，城居保与新农保的再分配能力较弱，虽然中央财政以均等方式给付基础养老金，但由于个人账户养老金主要依靠个人缴费全额积累，缺乏不同人群间的再分配功能，实际上成为个人为自己养老进行储蓄，对个人的激励性不大。加之个人账户基金按一年期存款利率计息，与具备进入资本市场分享经济发展成果的城镇职工个人账户资金相比，其抵御通货膨胀风险的能力较低。

再次,在政府社会保障转移支付水平上。在现代社会保障体系中,政府的财政支持是社会保障资金的主要来源方式之一,"社会保障转移支付水平表明政府向其社会成员提供的保障支持力度的大小,能够反映一个国家和政府由于实施社会保障而向其国民收入再分配的力度,从而可以作为衡量社会保障发展水平的典型指标。"[①] 以政府为主体的公共财政始终是社会保障资金来源的最重要渠道和最终责任者。但我国财政社会保障支出存在着明显的城市偏向,财政用于城镇社会保障制度支出的规模和比重高于其投入农村社会保障制度的水平。笔者主要通过城乡居民的人均转移性收入之比、转移性收入分别占城镇居民可支配收入和农村居民纯收入的比例两个指标来反映政府在城乡转移支付中的差异。上述指标的计算结果详见图3.2。

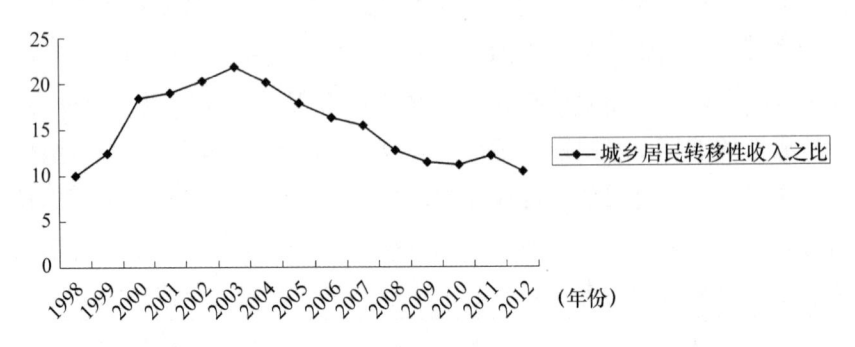

图 3.2 1998—2012 年城乡居民的人均转移性收入之比
注:资料来自历年《中国统计年鉴》计算得出。

从图中可以清晰看出,城乡居民的转移性收入之比间存在着较大差距。在图 3.2 中统计数据显示,1998 年城镇居民的人均转移性收入是农村居民的 11.77 倍,而后持续扩大,到 2003 年转移性收入差距达到峰值的 21.81 倍。城乡居民转移性收入之间的差距在 2003 年以后开始缩小,但在 2012 年仍然达到 10.34 倍。从这一指标看,城

---

① 苗艳梅、杨斌、丁建定:《中国社会保障发展水平指标体系与实证分析》,《社会保障研究》2013 年第 3 期。

乡居民转移性收入之比与政府的财政投入量高度相关。国家政策的出台将影响着城乡间转移支付收入的比例，例如2002年党中央提出城乡统筹发展并陆续出台了一系列加快农村社会保障事业发展的政策措施、2003年开始逐步建立新型农村合作医疗制度，在一定程度上缩小了城乡居民转移性收入的差距。

而从转移性收入占可支配收入的比例来看，城镇居民仍然明显高于农村居民。从图3.3可以看出，1998年转移性收入占城镇居民可支配收入的比例大约为19.96%，到2009年增至26.29%。而转移性收入占农村居民纯收入的比例在1998年仅为4.26%，并且此后一直处于停滞状况，直到2005年以后才呈现出上升的趋势，但在2012年也仅为8.7%。显然，无论是从转移性收入的绝对值还是从转移性收入占可支配收入的比例来看，我国的财政社会保障支出均表现出了明显的城市偏向。

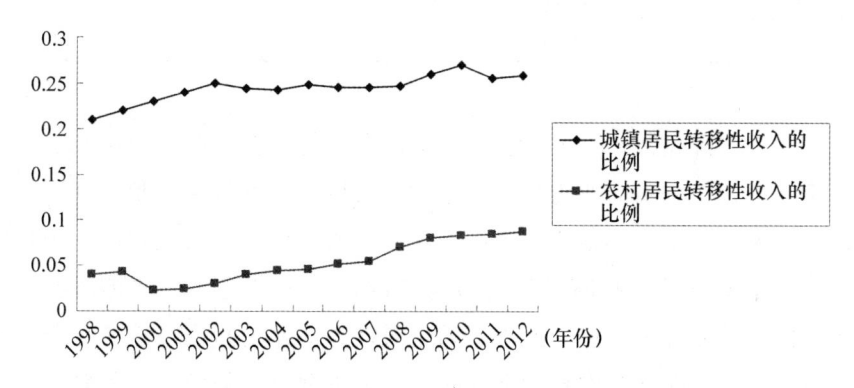

图3.3　1998—2012年转移性收入占城乡居民可支配纯收入之比

数据来源：历年《中国统计年鉴》计算得出。

在社会保障支出的项目结构看，我国政府对于社会保障支出的概念界定和统计口径变化主要经历了三个阶段：第一阶段，从1978年到1997年，该阶段的财政社会保障支出主要指抚恤和社会福利救济费；第二阶段，从1998年至2006年，除抚恤和社会福利救济费外，还包括行政事业单位的离退休抚恤费以及新增"社会保障补助支出",用于城乡社会保险制度的建设;第三阶段,从 2007 年至今,将抚恤和社会福利救济费、行政事业单位的离退休费、社会保障补助支出等三项的主要内容及其他一些支出合并为"社会保障和就业"①。表 3.8 为 2007—2013 年我国社会保障支出的项目结构。

表 3.8　　　2007—2013 年我国社会保障支出的项目结构　　（单位：%）

年份	社会保险基金补助	行政事业单位离退休费	就业补助	城市低保	自然灾害生活救助	农村低保
2007	23.41	28.77	6.81	5.43	1.68	2.00
2008	23.97	26.64	6.09	6.05	5.25	3.36
2009	23.36	25.71	6.72	6.81	1.61	4.77
2010	25.30	25.78	6.84	5.91	3.65	4.89
2011	28.38	24.64	6.03	6.08	2.09	5.99
2012	30.42	22.64	5.85	5.29	2.16	5.55
2013	30.39	22.14	5.68	5.27	1.66	5.94

以上分析表明,机关事业单位工作人员的社会风险主要由政府来承担,个人几乎不需要为自己的退休、疾病、生育等风险负责任,所以社会风险最小。其他市场经济微观主体的风险,则很大程度上由自己承担主要责任,政府呈现出普遍"缺位"的状态,主要体现在城乡低保、就业补助方面。此外,国家对社会保障的投入增速不仅落后于经济增长速度而且农村社会保障支出水平远低于城镇社会保障支出水平。

四　社保服务：服务获得分层化

"社会服务（Social Service）是现代工业社会的制度性产物,任何

---

① 徐倩、李放：《我国财政社会保障支出的差异与结构（1998—2009 年）》,《改革》2012 年第 2 期。

国家社会经济发展到一定阶段,社会服务会成为化解社会矛盾、维持社会稳定、确保社会公平公正、建设现代化国家的内在必然要求。"①随着我国社会经济的发展,社会成员对民生服务需求日益强烈,单纯偏向经济保障的方式难以满足人们对社会服务需求的日益增长。因此,服务日渐成为满足民生保障的重要方式之一。社会保障服务作为公共服务的重要组成部分,其满足民众基本养老保障服务、基本医疗保障服务的功能日渐受到重视。

我国对社会服务的理解长期被局限于狭义范畴,"社会服务被理解为民政社会福利,其主要内容是老年人福利、儿童福利、残疾人福利等,主要受益者是老年人、孤儿、残疾人、五保户等。"② 直至2012年7月,国务院印发《国家基本公共服务体系"十二五"规划》,社会服务在新时期社会发展的重要作用才日渐凸显。2014年版的《社会保障绿皮书》以"社会保障与社会服务"为主题指出,要建设更高水平的社会保障制度,必须高度重视与之相关的社会服务体系建设。从制度自身看,社会保障体系不仅仅是资金筹集、管理和发放的金融问题,还必须建立与之相适应的社会服务的提供及管理问题。从人民群众的需求看,随着我国城乡居民收入水平不断提高,公众对社会保障公共服务的多层次、个性化、项目数量、质量要求越来越高;从经济社会发展的外部要求和挑战看,人口老龄化来势迅猛,劳动力和社会成员在城乡之间频繁流动等,社会矛盾逐渐增多,人们对社会保障管理提出了新的要求。因此,各类社会服务更需要平衡资金保障、服务提供和福利服务权益公平、公正的"大三角"关系。③然而当前我国基本公共服务供给不足、质量不高、发展不平衡、体制机制不健全等问题十分突出,实现基本公共服务均等化的目标任重

---

① 倪明胜:《社会服务概念辨识与路径优化》,《江西社会科学》2012年第2期。
② 林闽钢:《我国社会服务管理体制和机制研究》,《华中师范大学学报》(人文社会科学版)2013年第5期。
③ 晓菲:《社科院发布2014年〈社会保障绿皮书〉》,《光明日报》2014年07月13日第7版。

道远。

改革开放以来，随着大规模城市化、工业化的快速推进，我国的人口结构、家庭结构也在发生着深刻变化，家庭规模小型化、核心化使家庭养老功能逐渐弱化，空巢老人、独居老人、失独老人、留守老人等家庭形态日渐增多；单位保障功能衰减，大量流动人员、自由职业者、失业人员等非正式就业人员的出现产生了数量庞大的需要照料的服务对象，如留守儿童、妇女等；残疾人、流浪人员的增多也需要大量的社会服务来应对复杂化、多样化、个别化的社会问题。一般说来，社会服务体系的建设包括主体、内容以及形式三个方面，社会服务主体是多元化的，包括政府、社会、社区、各种非营利组织和机构以及邻里之间等；社会服务的内容也是多元化的，不仅仅表现在物质和精神的层面，更主要的还表现在服务、支持和关怀上；社会服务的形式也是多元化的，包括老年人服务、青少年服务、残疾人服务、就业服务、困难者服务等。[1]

养老服务方面，在《社会养老服务体系建设规划（2011—2015年）》中，将我国社会养老服务体系主要界定为由居家养老、社区养老和机构养老三个有机部分组成，并建设以居家为基础、社区为依托、机构为支撑的养老服务体系。从城乡间老年服务机构基本数据看（表3.9、图3.4），城市的养老服务条件要好于农村养老服务条件。这不仅体现在硬件设施上，同时还体现在服务人员的数量上。

表3.9　　　　　　　2012年城乡老年服务机构数据表

	平均拥有职工数（人/单位）	平均拥有社工师数（人/单位）	平均拥有床位数（张）	年末床位利用率（%）	收养人数（万人）
城市养老服务机构	14.4	0.2	121	57.4	44.9
农村养老服务机构	4.9	0.03	80	76.6	200

数据来源：根据《中国民政统计年鉴》数据计算得出。

---

[1] 周沛：《社会福利体系研究》，中国劳动社会保障出版社2007年版，第71页。

第三章 我国社会保障制度分层化属性及表征

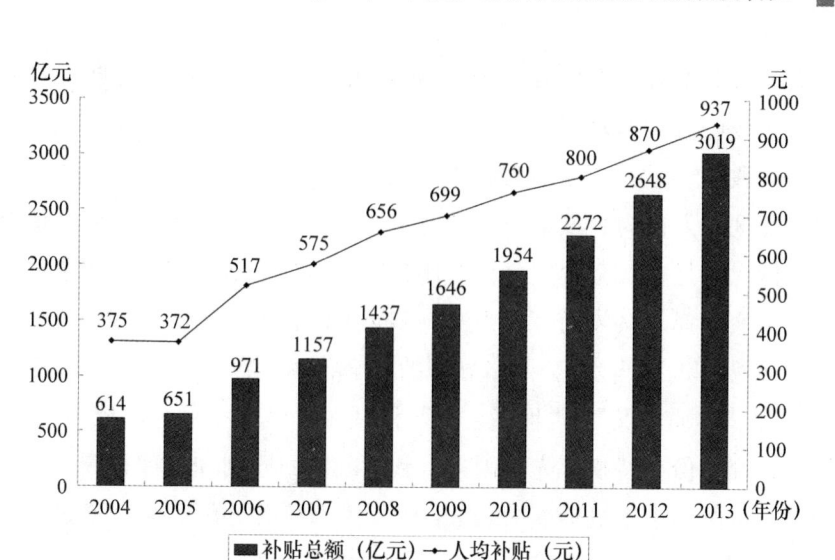

图3.4 农村养老服务机构发展情况

由以上分析可知，这种社会服务在不同人群间的分层化是基本公共服务均等化的目标的极大阻碍因素。这种分层的形成既体现了城乡养老资源的较大差异，也体现了在服务提供主体和资源分配方面还有着极大的提升空间。

第三节 对我国社会保障制度的分层化后果评价

社会分层不平等的结果在一个社会中是普遍存在的，而社会保障制度的再分配机制要求对其进行修正。然而，通过上述分析可见，社会保障制度的覆盖范围分层化、待遇水平分层化、政府责任分层化、服务获得分层化显然已经成为影响城乡间，公民内部间公平享受社会保障的重要障碍，这将严重影响社会成员对公平性的主观感受。更进一步讲，社会保障制度的分层化使得制度质量呈内卷化、制度结构呈碎片化的状态，其产生的后果主要包括以下三个方面。

第一，社会保障制度的分层化损害了社会保障制度的灵魂——社会公平。"我国社会保障价值理念主要经历了计划经济时期平等主义→市场经济时期效率优先→工业化深入发展时期社会公正价值理念三个阶段"。① 当前社会保障制度需要以社会公平作为主导价值理念，这既体现以人作为制度主体、实现主体追求公平与自我发展的价值理性，同时也是在社会阶层分化、社会异质性需求增多的情况下求同存异的现实选择。具体而言，为达成多元主体、多元利益和多元价值下的"重叠共识"，社会公平指导下的社会保障制度要求实现"程序正义"和"实质正义"。"程序正义"体现在公民享有平等的社会权利，通过摒弃身份、特权等先赋因素，利用既定的原则和程序得到参与社会财富分配的平等机会。"实质正义"体现社会分配结果应通过制度的再分配将收入差距调整到社会公众可接受的合理范围内。同时，社会公平既是一项道德原则，又是一项伦理原则。道德原则要求下的公正观是一种对善的追求，伦理原则要求下的公正观是人们之间各种社会关系的规范。这说明在社会保障制度中，以社会公平作为价值理念既需要延续传统价值情感，又需要通过制度化的规范来实现正义原则。然而，当前社会保障制度在不同社会阶层中所形成的差异化分配既有违"实质正义"又与"程序正义"相悖，严重损害了社会保障制度的灵魂——社会公平。

第二，社会保障制度的分层化使制度呈内卷化发展趋势，发展数量有余质量不足。格尔茨"最初将农业部门在外部扩张（包括农业的外延性扩展）受到限制的条件下，只能向内使耕作趋向精细化和复杂化，以此在农业内部自我消化增长的劳动力，同时又不至于造成人均收入下降的情况称之为农业内卷化。农业内卷化是对劳动力填充型农业模式的一种描述，是农业内部在吸纳更多劳动力投入的同时却又不至于降低人均收入水平的一个自我战胜的过程"②。王思斌将内卷化概念进一步拓展并将内卷化理论来解释我国社会福利状况。他认

---

① 付舒：《我国社会保障价值理念嬗变的学理分析》，《理论月刊》2014年第2期。
② 郭继强：《"内卷化"概念新理解》，《社会学研究》2007年第3期。

第三章 我国社会保障制度分层化属性及表征

为，目前我国社会福利的投入总量确实在增加，但国家投入比例在减少，而个人投入比例却在逐渐增加，最高时2000年甚至达到60%。但这种增加并未能如愿带来社会风险的降低和社会福祉的提高。这种情况可以称之为"内卷型增长"。更确切地说，国家社会福利投入总量的增加对于特定阶层来说确实起到了更大的风险化解作用，而对于部分社会阶层来讲，其社会福利投入的相对比例却是在下降的，风险化解能力并没有显著提高，尤其是底层群体难以从根本上改变贫困状态。

第三，社会保障制度的分层化使断裂化、碎片化的制度结构整合难度增大。当前社会保障分层化的存在使社会保障制度纵向结构"断裂"与横向结构"碎片"更加难以整合。首先，纵向制度结构"断裂"一方面包括制度性断裂，它是指社会保障制度体系在某些重要环节上的缺失，主要表现为社会救助、社会保险与社会福利制度建设在衔接中仍存在着真空地带，致使保障对象中存在着大量的夹心层现象。另一方面包括转制中的断裂，这里主要是指城市社会保障制度在改革中，由单位保障向社会保障转变的过程中出现的某些保障职能被忽略、保障对象得不到应有保障的现象。这种断裂主要发生在建立独立于企事业单位之外的，社会保障制度的政策设计和过程中。最后，还包括实施中的断裂，是指社会保障政策在实施过程中也存在着重视外在程序，忽视对保障对象细致的、个别化支持的现象。这使得保障对象在形式上获得了支持，但在实际上获得的支持却大打折扣。

其次，横向制度结构"碎片"一方面成为不同人群在制度间转移接续的障碍，导致灵活就业人员长期被排斥在社会保障体系之外。域际间、职业间流动的就业人员难以在不同地区、不同制度间实现在自身利益不受损害的前提下顺畅的转移接续。职业和人群特点划分的制度由于存在准入条件、缴费方式及待遇水平等方面的诸多差异而难以解决城乡一体化进程中出现的人口就业方式的灵活性、多样性、流动性需要，进而使静态的社会保障制度与动态的社会转型难以融合。另一方面还带来了不同人群利益间失衡的问题，具体表现在制度覆盖人群内部的及尚未被制度覆盖人群之间的利益失衡，以及制度覆盖人群内部社会保障待遇水平的失衡。在这种纵向的"断裂"制度结构与横向的"碎片"制度结构下，社会保障的分层化通过固化利益格局而进一步固化了社会群体结构，而且基于共同利益、价值观、思想观念而形成的社会认同会使不同的群体区隔化发展，使制度难以通过整合而得到优化。

综上所述，社会保障制度的发展路径要受特定现实条件的约束并以路径依赖的方式发展形成。社会保障制度主要是作为抵御市场经济条件下社会风险的骤然加剧而产生的制度性安排，由于传统农业社会中的社会风险必然低于工业社会的社会风险，在国家社会经济发展水平及财政能力尚不足以支撑全民福利时，先城镇后农村的发展策略有其合理性。然而，随着现代性的深入，工业社会逐渐发展到阶级社会和风险社会相交织和重叠的阶段。风险社会作为阶级社会的进一步发展和延续，它将阶级社会中财富分配的不平等进一步生成为风险的不合理分配。而风险分配的逻辑是，在极端的弱势群体中有着对极端风险具有极大的吸引力。在阶级社会中财富分配服从"倒三角"，在风险社会中风险分配服从"正三角"分配规律。富人更能抵御风险，而穷人将遭遇更多风险。富人之所以更能够抵御风险是因为他们更容易获得知识类型，这正是穷人所缺乏的。在社会风险加剧的情况下，弱势群体对社会风险的吸引力势必需要为他们提供制度性的保障。

但与弱势群体对这种制度性保障需求相反，国家对不同社会群体的制度化保障能力是差序化的。作为长久以来一直处于弱势地位的农民群体，主要靠土地和家庭作为化解社会风险的两大机制。然而，随着经济市场化程度的不断提高，我国农民原有的土地保障功能和家庭保障功能也在加速弱化。农村传统的家庭保障方式是血缘关系为纽带，随着经济体制、思想观念、家庭结构和家庭关系的变化，传统的家庭保障模式的保障功能逐渐弱化。建立在家庭范围内，以代际交换作为保障方式，其有效性仅仅基于道德约束，缺乏制度约束机制。相较于城市居民来讲，"农业劳动者面临着双重风险，不仅要承受弱质产业的自然风险，而且要面临与城镇职工同等程度的市场风险。"① 在双重风险之下，农民处于更为弱势的地位，农民长期以来缺乏化解市场风险的社会保障制度安排。而在城市内部，以劳动者社会保障制度为核心，渐次地推及全面共享的普惠型社会保障制度的发展路径，在早期工业积累模式下具有合理性。然而，随着制度设计的不断完善以及待遇水平的不断提高，当社会保障作为一种资源并固化于特定群体之上时，"福利特权"就严重影响到了人们对与社会保障制度公平性本质的理解和制度认同。

因此，在来自保障对象个体自下而上的对社会保障公平诉求日趋强烈的情况下，进一步完善和构建公平的社会保障制度安排，消减社会保障分层效应，发挥其社会再分配功能对社会保障制度建设具有重要意义。

第四节　本章小结

社会保障制度从一项选择性的制度安排走向普惠性制度安排并不代表制度达成了公平性本意。城乡之间、人群之间、地区之间分立的社会保障制度安排可能会由于公平性不足而引发社会矛盾与社会冲突。厘清社会保障制度公平性缺陷的本源及其表征十分重要。

本部分提出"社会保障制度分层化"概念。一般来说，社会分层是基于市场规则形成的结构化结果，通过市场化过程形塑的社会分层是社会关系不平等的表现；社会保障制度则是通过国家干预，体现政治与权力过程的再分配产物，社会保障的功能在于利用非市场机制缩小市场化过程中所带来的社会差距，因其具有利益协调、社会流动、矛盾缓和的属性，常常作为调整社会利益分配格局的重要手段，具有"逆社会分层"的特点。从两者的关系来看，社会保障制度之于一个

---

①　金雁：《农村社会保障体系建设中的政府责任探讨——以城乡统筹社会保障建设为视角》，《中共南京市委党校学报》2010 年第 2 期。

合理的社会分层结构，其再分配功能将起到进一步维护和优化社会分层结构的作用；而之于一个不合理的社会分层结构，社会保障制度的再分配属性决定其应该起到"逆社会分层"的作用，调整初次分配中所带来的分配不公问题。社会保障制度的发展并非否定市场作为社会分层的主体地位，而是说社会保障制度应该对市场分配所导致的阶层间利益差异过大进行纠偏。然而在现实的制度安排中，社会保障制度有可能与不合理的社会分层结构"合谋"，并演化出两者的"耦合"状态。

目前，学术界对中国社会阶层结构的判断主要有四种具有代表性的观点：孙立平的"断裂论"、李路路的"结构论"、李强和李培林的"碎片论"以及陆学艺的"中产论"。总体而言，日益严重的阶层分化使中国社会阶层结构长期保持"金字塔"形结构，这是学术界对当前社会阶层结构状况的一个总体判断。因此，政府必须要提供应对此种分化的扭正机制，而社会保障制度恰恰因其具有收入调节的再分配作用而被寄予改变当前不合理的社会分层。但目前，我国社会保障制度与社会分层结构却出现了一定程度的"合谋"状态，社会保障制度非但没有成为"逆社会分层"的力量，反而"因人而异"的社会保障制度成了进一步加剧和固化社会分层的力量，并进一步成为社会分层的深刻体现及其衍生品。

在笔者看来，中国的社会保障制度具有分层化和双重固化的两个特点。社会保障制度分层是福利资源在分配过程中，依据不同人群的身份、职业、权力的大小出现的层化现象。首先，社会保障制度福利资源分配的分层化既是指福利资源数量在不同阶层之间分配多寡，同时也包括不同阶层在获取福利资源过程中资源获取渠道以及能力上的差异。其次，社会保障制度的双重固化是指，社会保障制度作为一种稀缺的福利资源，其本身成了社会分层中划分社会阶层差异的维度，在不合理的社会分层结构基础上进一步加剧既有的社会分层差距。社会分层与社会保障制度分层的"耦合"使社会保障制度作为一种稀缺的福利资源成为社会分层中阶层差异的维度，在不合理的社会分层结构基础上进一步加剧既有的社会分层差距。其中，政治领域以及经济领域中的优势阶层能够利用其资源优势从福利制度中获取更多利益。既得利益人群利用体制资源，不仅将资源优势转化为制度优势，而且还将其转化为经济优势。

我国社会保障制度分层化的现实表征包括四个方面。

1. 覆盖范围：风险分散分层化。社会保障制度的覆盖范围可以从两个维度考察：一是一个国家社会保障制度覆盖社会风险的范围，即化解社会风险的制度项目安排是否全面；二是社会保障制度覆盖的人群范围，即在同一项目内不同人群的覆盖程度是否相同。从我国社会保障制度的总体安排来看，城市社会保障覆盖面广、保障水平高、社会风险化解程度高；农村社会保障覆盖面窄、保障水平低、社会风险化解程度低。这一方面体现在城乡保障项目设置数量上存在差异，城镇保障项目多、农村保障项目少；另一方面体现在城市中不同群体间风险分散能力存在差异。由于我国城市的社会保障制度是针对同一社会风险，将不同人群纳入到不同的制度安排中进行风险化解，具有明显的身份特征，并形成了受益对象按照机关事业单位、城镇职工、城镇居民三类标准划分的风险分散的分层化体系，呈现体制内人员的风险分散程度高于体制外人员，体制内机关事业单位人员的风险分散程度高于城镇职工的特点。

2. 待遇水平：去商品化能力分层化。我国社会保障制度去商品化程度最高的是机关事业单位人员，城镇职工的去商品化能力次之，去商品化能力最低的为城乡居民。以养老保险为例，虽然改革开放以来我国养老保险体系不断优化，但现阶段中国养老保险体系的非商品化水平还比较低，体制内外差异较大，非商品化程度从长期来看也呈现逐渐下降的趋势。换而言之，未来的城乡居民养老保险和城镇职工养老保险保障对象需要担负更多的个人责任。尽管国家加大了对城乡居民尤其是农民群体的养老保障支持力度，但是由于制度模式的长期限制，城乡居民养老保障的非商品化水平仍然较低。

3. 政府责任：责任分担分层化。首先，在制度设计与规范责任层面，国家对机关事业单位人员采用国家保障型制度模式，对企业职工采用"统账结合"的制度模式，而农村的社会保障问题长期以来一直处于政府缺位状态，主要依靠家庭保障为主、集体保障为辅的非制度化方式解决问题，直到近年来才开始通过开展一系列制度来化解农民在工业化社会中所面临的生活风险，以制度化的方式来化解农村人口的养老风险及医疗风险足足比城镇晚了近半个世纪。其次，在政府社会保障转移支付水平上，我国财政社会保障支出存在着明显的城市偏向，财政用于城镇社会保障制度支出的规模和比重高于其投入农村社会保障制度的水平。无论是城乡居民的人均转移性收入之比，还是转移性收入分别占城镇居民可支配收入和农村居民纯收入的比例两个指标来反映政府在城乡转移支付水平，城镇居民均明显高于农村居民。我国财政社会保障支出存在着明显的城市偏向，财政用于城镇社会保障制度支出的规模和比重高于其投入在农村的社会保障支出水平。

4. 社保服务：服务获得分层化。随着大规模的城市化、工业化快速推进，我国的人口结构、家庭结构也在发生着深刻的变化，家庭规模小型化、核心化使家庭养老功能逐渐弱化，单位保障功能衰减，大量流动人员、自由职业者、失业人员等非正式就业人员的出现产生了数量庞大的需要照料的服务对象。但我国社保服务起步晚，而且在城乡之间，机构数量、服务的硬件设施等方面存在较大差距。这种分层的形成既体现了城乡社保服务资源的较大差异，也体现了在服务提供主体和资源分配方面还有着极大的提升空间。

社会保障制度分层化是公民内部间公平享受社会保障的重要障碍，其产生的后果主要包括以下三个方面：其一，社会保障制度的分层化损害了社会保障制度的灵魂——社会公平。当前社会保障制度在不同社会阶层中所形成的差异化分配既有违"实质正义"社会分配结果，应通过制度的再分配将收入差距调整到社会公众可接受的合理范围内，又与"程序正义"在公民享有平等的社会权利，通过摒弃身份、特权等先赋因素，利用既定的原则和程序得到参与社会财富分配的平等机会相悖。其二，社会保障制度的分层化使制度呈内卷化发展趋势，发展数量有余质量不足。社会福利的投入总量确实在增加，但国家投入比例在减少，而个人投入比例却在逐渐增加，但这种增加并未能如愿带来社会风险的降低和社会福祉的提高。其三，社会保障制度的分层化使断裂化、碎片化的制度结构整合难度增大。纵向的制度性断裂表现为社会保障制度体系在某些重要环节上的缺失，主要表现为社会救助、社会保险与社会福利制度建设在衔接中仍存在着真空地带，致使保障对象中存在着大量的夹心层现象。转制中的断裂表现为城市社会保障制度在改革中，由单位保障向社会保障转变的过程中出现的某些保障职能被忽略、保障对象得不到应有保障的现象。

第四章 社会权利公平性考察：社会保障制度分层化的生成机制

　　社会权利公平既是维护和实现制度公平的首要原则，也是实现公民公平享有权利和义务对等的社会保障的逻辑起点。在保障公民社会权利公平实现的过程中，一方面要求国家以法律的形式将公民平等享受社会保障的权利固定下来；另一方面也要求公民承担起与社会保障权利相对应的责任，以此形成一种积极的社会权利观念。在西方社会保障制度的发展和演进过程中，社会权利的发展程度并非一蹴而就，而是在社会保障制度发展的不同阶段中，呈现出社会权利主体范围不断扩大、权利内容循序渐进增多、权利享有和实现的程度日益充分的发展特点。同时，社会权利的渐进化发展趋势对不同社会阶层享受社会保障的程度形成不同的影响，具体表现为：社会保障制度发展初期，以弱势群体的社会权利"贫困化"为特征；社会保障制度发展中期，以各阶层社会权利"差序化"为特征；社会保障制度成熟期，以各社会阶层社会权利"平等化"为特征三个阶段。

　　因此，我国社会保障制度的分层化正是由于制度建设中长期缺乏社会权利观念，致使社会权利在不同社会阶层中不均衡发展，从而出现了公民长久以来享受社会保障的范围和水平的严重差异。社会权利在各个阶层间的不均衡发展是导致当前我国社会保障制度分层化出现的根本原因。虽然在改革开放40年的社会保障制度发展中，我国在扩大公民社会权利方面取得了突破性进展，但我国现行的社会保障制

第四章 社会权利公平性考察：社会保障制度分层化的生成机制

度安排仍然残留着不同时期公民社会权利差序化并存的现状，是建立在城乡身份、单位身份、职业身份等外在条件基础之上的公民社会权利，这是有违基于公民身份的社会权利公平基本要求的。因此，本章将着力解决以下问题：（1）确立社会权利在社会保障制度发展中的正当性基础；（2）阐释社会保障制度发展不同阶段中，社会权利在不同社会阶层中的发展特征及其保障能力差异；（3）对我国社会保障制度分层化中的社会权利因素进行分析。

第一节 社会权利公平在社会保障制度中的正当性基础

公民社会权利是指"从某种程度的经济福利与安全到充分享有社会遗产并依据社会通行标准享受文明生活的权利等一系列权利"[①]，它既是指在全国范围内，需要实现国家为主体的社会保障制度形态，同时也要求把"福利当作权利赋予每一位社会成员，以制度化、普遍性的福利供给来抗拒自由放任的市场经济带来的社会和人的商品化。"[②] 也就是说，社会权利并非是按有关人员的市场价值来衡量的一种普遍权利。确立公民社会权利在社会保障制度发展中的正当性基础的依据主要基于三方面因素的考虑：一是社会权利观念的确立是对人道主义消极权利观念的扩展；二是社会权利的发展来自于市场化条件下对于去商品化要求的回应；三是公民权利概念内涵扩展的现实要求。

一 基于对人道主义消极权利局限性的扩展

在正式的社会保障制度出现以前，对于穷人的施舍与恩赐往往以慈善的形式出现，其思想基础是人道主义。基于人道主义出发的自然

[①] 郭忠华、刘训练：《公民身份与社会阶级》，江苏人民出版社2007年版，第8页。
[②] 战建华：《福利国家改革与公民社会权利重构》，《湖北社会科学》2010年第6期。

权利观认为，个体存在生存需要时可以寻求集体主义的解决方案，家庭、宗教组织、同业行会成为了救助穷人的主要来源。这种非制度化的慈善救助的特点是，基于不同的身份认同机制，以血缘、地缘、业缘作为基础使受助对象得到福利资格。以人道主义为出发点实施救助的重要意义在于：一方面，从伦理道德角度看，人道主义对人性自由、平等的追求是推动公民权利形成的思想前提；另一方面，它是对以往封建主义以及宗教神学统治的一种反对，推崇人道和民主精神，突出人的尊严和地位。因此，17、18世纪西方国家社会政策的选择主要以人道主义道德动机作为出发点，提倡举办各种慈善事业帮助陷入贫困的穷人。

然而，人道主义虽然催生出以慈善事业为核心的救助安排，但人道主义的权利观念本质是一种消极权利，并且在其内部存在自身难以克服的内部张力：一方面，试图跳脱社会阶级关系这个不平等的基础来考察人权；另一方面，其本质却是代表资产阶级的利益来调和阶级冲突，而两者不可兼得。所以，人道主义的内部张力决定了它自身的矛盾属性，即代表资产阶级利益的慈善安排是难以建立在平等的人权基础上，以至于以人道主义为基础形成的权利只是消极权利，其负面影响是将人的平等权利等级化。由于人道主义对人们社会权利的追求并非基于平等权利的原则，所以在具体实践中，出于人道主义的慈善事业只能以非制度化、自上而下的恩赐姿态出现。这使得"这种不平等在社会福利的实践中就表现为福利制度的实施对穷人的排斥和标签化效应：福利是作为对失败者的救济和慈善施予穷人的，人们一旦接受了福利救济，就被标签化为无能者，被主流社会鄙视为不正常的人而加以排斥；而接受福利救济，对个人来说，也就意味着一种耻辱或烙印，是一种以牺牲个人的尊严和人格为代价的生活保障。"[①]

以人道主义为出发点的慈善救助难以承担市场化过程中社会风险

---

① 钱宁：《从人道主义到公民权利——现代社会福利政治道德观念的历史演变》，《社会学研究》2004年第1期。

第四章　社会权利公平性考察：社会保障制度分层化的生成机制

常态化特点，其对个体在接受救助过程中标签化及烙印式的救助方式无助于个体能动性的发挥。因此，人道主义的救助方式具有较为明显的时代特征及时代应用局限性。

二　基于对劳动力去商品化需要的回应

随着商品经济的日渐发达，劳动力商品化也逐渐成为市场常态。劳动力商品化概念的定义始见于马克思1867年的《资本论》第一卷："我们把劳动力或劳动能力，理解为人的身体即活的人体中存在的、每当人生产某种使用价值时就运用的体力和智力的总和。"① 劳动力商品化需要具备两个条件："一方面，工人是自由人，能够把自己的劳动力当作自己的商品来支配；另一方面，他没有别的商品可以出卖，自由得一无所有，没有任何实现自己的劳动力所必需的东西。"② 马克思认为在资本主义私有制下，资本家与劳工阶级间由于是否拥有生产资料而存在极大的不平等，这使得劳动力商品化后，劳动力成为资本家榨取剩余劳动力、获取资本增值的重要途径。当工人阶级联合起来由"自在阶级"转变为"自为阶级"采取反抗时，国家权力与资产阶级合谋的怀柔术才是福利国家产生的根本动力，福利制度成为国家机器支持阶级权利、镇压劳动力、维持社会秩序的一种手段。正是由于劳动力异化为商品才需要一种"去商品化"的力量来对劳动者施加保护。因此，"去商品化"才成为与劳动力商品化相对出现的概念。

除马克思提出对劳动力"去商品化"外，波兰尼在"市场—社会"框架下也提出了对劳动力商品化应该采取保护措施的分析。波兰尼认为在商品化时代个人在市场之外求得生存的权利受到威胁，国家需要承担起对劳动力的保护，劳工以抗争的行为来表达力图在商品化与社会保护间寻求均衡点。在波兰尼看来，劳动力商品化是"市场—

---

① ［德］马克思：《资本论》（第一卷），人民出版社1975年版，第190页。
② 同上书，第192页。

社会"关系间的一个巨大矛盾,他在《大转型:我们时代的政治与经济起源》①中以"嵌入性"概念来研究市场与社会的关系,提出虚拟商品和社会自我保护运动之间的双向运动:即市场力量推动劳动力"商品化",而自发调节的市场经济只是彻头彻尾的乌托邦,它需要将社会关系再嵌入实现保护自己的双重运动中。所谓社会的自我保护运动就是国家通过社会立法或社会政策防止市场对社会的过分侵蚀,形成保护劳动力的有效措施。事实上,社会关系的再嵌入即逆市场化过程,是以"去商品化"来保持人的社会属性。

　　波兰尼提出以国家干预的方式作为突破"市场—社会"吊诡关系的途径。这是因为,与"前资本主义"社会中劳动者偶尔出卖劳动力相比,资本主义社会中劳动力成为商品已经成为市场交易的重要内容之一,劳动契约意味着劳动力被商品化了。劳动力商品化意味着以往家庭自给自足、封建劳役的互惠形式以及"基尔特"的同行互助环境遭到破坏,劳动力为了维持生计不得不到市场上寻求工作机会,依赖于工资收入作为其本人及家属的主要生活来源。虽然市场的存在是必要的,但市场必须"嵌入"社会之中,因为在将劳动力推及市场社会的过程中,市场社会拒绝为劳动力提供保护。市场社会兴起的过程不仅使传统社会中的群体支持遭到破坏,个人与社会群体的伦理纽带被割断,而且市场社会不能提供新的安全措施,个体成为在市场中逐利的个体。因此,市场是必要的,但市场必须嵌入社会之中。波兰尼关于"市场—社会"吊诡关系为国家通过社会政策干预市场带来的负面效果的合理性提供了理论阐释。劳动力"去商品化"的要求是对市场形成不平等的一种救赎,试图通过国家提供福利的方式来保证公民免受市场竞争的伤害。"去商品化"概念的出现试图可以使人独立于市场之外,重新嵌入社会关系之中。

　　上述内容表明,"马克思的'去商品化'意味着工人阶级将已经

---

　　① [英]卡尔·波兰尼:《大转型:我们时代的政治与经济起源》,冯钢等译,浙江人民出版社2007年版,第25—32页。

第四章　社会权利公平性考察：社会保障制度分层化的生成机制

让渡给资本家的劳动力支配权重新收回自己手中；波兰尼的'去商品化'意味着把基本的社会服务看成人的权利，使人们不需要完全依赖市场就可以生存。"① 但无论如何，在市场风险加剧的情况下，为劳动力市场中的独立个体提供市场之外的安全保护成为国家应该去承担的责任。社会保障制度所要求的平等权利是对市场分化、排斥压制等负面作用的一种正向矫正，也是对市场失灵和外部效应的一种有效弥补。

三　基于公民权利内容扩展的现实要求

如何将劳动力"去商品化"在资本主义社会中以固定的、制度化的方式确定下来？公民权利内涵的丰富与延伸使"去商品化"作为公民的社会权利成为可能。T. H. 马歇尔第一个系统阐述公民权利理论，他认为公民权利包括：民事权利、政治权利以及社会权利。民事权利主要发展于 18 世纪，主要维护个人自由所需的权利，如人身自由、言论、思想、宗教自由、财产权，合约权以及司法权；政治权利始于 19 世纪，主要是保障参与政治权利实施的权利；社会权利发展于 20 世纪，社会权利是指"从少量的经济福利与保障权利到分享社会发展成果，以及拥有按照当时社会普遍生活标准的文明生活的权利。"② 在马歇尔看来，"社会权是一种要求获得实际收入的普遍权利，而实际收入并不按人们的市场价值来衡量。就此而言，社会权实际上使人脱离了市场力量，甚至是从市场力量下把人解放出来。"③ 马歇尔所指的社会权利可以理解为现代的社会保障权利，可以说，马歇尔创造性地将人权与社会权利结合起来，以国家作为承担责任的主

---

① 王星：《阶级化与商品化：劳工抗争政治的两种模型》，《中国工人》2012 年第 2 期。

② T. H. Marshall, *Citizenship and Social Class*, London: Heinemann Educational Book Ltd, 1963.

③ 陈鹏：《公民权社会学的先声——读 T. H. 马歇尔〈公民权与社会阶级〉》，《社会学研究》2008 年第 4 期。

体并基于公民身份将公民享有脱离市场力量的社会权利固定下来。

社会权利的确立与人道主义相比其进步意义是显著的，具体表现为："一是摒弃了仅仅把社会福利看作人性的要求和道德权利的主张；二是摒弃了带有严重阶级偏见的以财产权为中心的等级化权利思想；三是摒弃了把福利视为人道主义救济和慈善之举的偏见对弱势全体或边缘人群的排斥；四是从法律、政治和社会平等的立场确定了福利作为公民基本权利的合法性与合理性；五是将政府责任由国家消极的不干预推向国家积极作为。"[①] 作为一种普遍性的福利资格，平等的社会权利意味着除了必要的经济收入审查之外，不涉及任何其他标准，如性别、职业、宗教、种族等因素，以个体的外在因素作为衡量是否取得社会权利资格的准入条件终将是不合理的。

第二次世界大战后，公民社会权利观念的确立成为福利国家迅速发展的依据，此时人们遭受的社会问题的原因逐渐由个体转向社会，并认为政府应该承担责任。社会权利强调权利的社会本位而不是个人本位。公民社会权利的产生依赖于权利社会本位的确立，唯有如此才能使公民资格权利最终能够不限于仅仅是民事权利、政治权利这种消极权利的范围，而能包含社会权利这种积极权利的要素。马歇尔的贡献就在于将社会权利与公民身份结合起来，说明公民对社会权利的享有是基于一种公民身份。

第二节　社会权利下社会保障制度分层化的生成机制分析

所谓权利公平，是指宪法和法律赋予国民相同的权利，这是实现公平的基础和依据。[②] 只有在权利公平的前提下，社会成员才能不分

---

① 钱宁：《从人道主义到公民权利——现代社会福利政治道德观念的历史演变》，《社会学研究》2004年第1期。

② 仇雨临、黄国武：《从三个公平的视角认识医疗保险城乡统筹》，《中国卫生政策研究》2013年第2期。

第四章　社会权利公平性考察：社会保障制度分层化的生成机制

贫富贵贱一律成为社会的正式成员。在现代社会中，如果说公民的社会权利属于基本功能需要的话，那么，"社会保障制度就是为满足这种需要而产生的功能事项。"① 换而言之，社会权利公平是现代社会中人们所追求的目的，而社会保障制度就是实现这种目的的手段。在衡量一项社会保障制度的优劣时，首要的标准就是看这个制度对于权利的确认和实现的程度。若社会权利无法有效践行，社会保障制度就会出现制度缺失、制度结构功能失调或制度供给背离现实需求等问题。因此，社会权利公平是保证不同阶层群体平等享受社会保障的基础。然而，在社会保障制度的发展和演进过程中，社会权利的发展程度并非一蹴而就，在社会权利发展的过程中，社会保障制度会展现出针对不同人群福利水平呈高低差异不平等的分层化表现。社会保障制度的分层化表现恰是社会权利主体范围不断扩大、权利内容循序渐进增多、权利享有和实现的程度日益充分的变化体现。具体表现为三种形式：社会保障制度发展初期，以弱势群体的社会权利"贫困化"为特征；社会保障制度发展中期，以各阶层社会权利"差序化"为特征；社会保障制度成熟期，以各社会阶层社会权利"平等化"为特征三个阶段。

一　社会保障制度发展初期：弱势群体社会权利"贫困化"

在纵向的社会分层结构中，弱势群体往往处于社会的底层。虽然对于弱势群体的定义无论在现实中还是在学理上均具有一定的复杂性，但本书所指涉的弱势群体更强调其由于某些障碍及缺乏经济、政治和社会机会，而在社会上处于不利地位的人群。虽然在法律面前人人平等是一个无须求证的命题，然而在个体权利中，权利的实现程度会出现差别。当某一个个体或群体占据了更多的资源后，其对政策及制度的影响力就会增强，相应地，实现权利的机会就会增加。反之，如果某一个个体或群体由于话语权的减损甚至丧失，就会削弱其对政

---

① 王小章：《公民权利、市场的两重性与社会保障》，《学术论坛》2007年第7期。

策及制度的影响力，使其本已不利的社会地位更加不利。在社会上最缺乏话语权和制度影响力的是在社会生活中，尤其是经济生活中处于不利地位的公民，这部分公民一般可以称之为弱势群体。在社会保障发展初期，无论是以慈善救助为主的非制度化保障方式，还是以社会救助为主的制度化保障方式，其对弱势群体所给予的社会权利往往是不足和匮乏的，以至于弱势群体难以摆脱经济贫困、政治低影响、心理高敏感的持续化状态。

弱势群体的弱势地位常常与贫困问题相联系，而"对贫困问题成因的研究大致可以分为四个方面：物质贫困、能力贫困、权利贫困、动机贫困。其中，物质贫困是指人们的衣食住行得不到满足、基本生活得不到保障的状态；能力贫困是指由于文化、教育、技能等的不足而导致谋生、求职能力的缺乏，并由此出现经济贫困，属于'想工作，但没有能力工作'所造成的贫困；权利贫困是指制度层面对部分人群的政治、经济、社会和文化权利的限制和歧视，属于'想工作、能工作，但没有权利和机会工作'所导致的贫困；动机贫困的主要表现是依赖福利、懒于工作，属于'有工作、能工作，但不愿工作'所导致的一种贫困。"① 长期以来，对贫困成因的研究主要集中在物质贫困和能力贫困，权利贫困所引发的贫困问题没有得到充分重视。"贫困不仅包括物质贫困，更应包括权利贫困。物质贫困是贫困的具体表现，权利贫困是造成物质贫困的根本原因。"②

权利贫困与贫困问题存在着正相关关系，社会财富愈加丰沛，权利贫困对贫困本身的影响也就愈大。那些拥有权利越多的人，在经济资源、政治资源、社会资源方面的占有越具有先天优势，拥有的物质财富越多在某种情况下也能够转化为影响和支配人们对权利享有的多少，而拥有权利越少的人占有的物质越少。但无论如何，处于权利贫困地位的人们总是难以摆脱陷入贫困的怪圈，权利贫困是贫困产生的

---

① 陈永梅：《中国农民的权利贫困分析》，《湖北经济学院学报》2005年第3期。
② 秦守勤：《权利贫困视野下的失地农民问题研究》，《求实》2010年第8期。

第四章　社会权利公平性考察：社会保障制度分层化的生成机制

最根本的和最终的决定性原因。

美国学者洪朝辉在权利贫困基础上进一步提出了社会权利贫困概念，并对社会权利贫困给出了这样的解释：社会权利贫困的概念源于三大与贫困有关的理论。第一，"社会剥夺"和"社会排斥"理论，但他认为这两种理论只描述了贫困阶层被歧视、被剥夺的过程和现象，并没有指出弱势群体遭到歧视后的结果和原因；第二，受能力理论的启发。阿马蒂亚·森使用"可行能力"概念，认为人类发展的最终目的就是实现每个人可行能力的最大化满足并实现个人发展。但森的理论主要是强调开发个人主观能力而忽视了客观的机会，所以导致那些不乏能力的人仍然陷入贫困的状态；第三，受公民权利理论的启发，认为社会权利贫困表现在数量相对不足、获取社会权利的机会和渠道不足、权利没有稳定和明确的法律保证以及权利失而复得的机会很少。概而言之，社会权利贫困就是政治、经济、文化和社会等基本人权的一种缺乏或不健全的状态，"使一批特定的群体和个人，无法享受社会和法律公认的足够数量和质量的工作、住房、教育、分配、医疗、财产、晋升、迁徙、名誉、娱乐、被赡养，以及平等的性别权利，而且由于他们应该享有的社会权利被剥削和侵犯而导致相对或绝对的经济贫困。"①

在社会保障制度发展初期，以1601年英国颁布的旧《济贫法》为发端，1834年英国议会通过新《济贫法》为标志，意味着社会保障制度由此开启。在新《济贫法》中主要规定了三个方面的内容：其一，中央政府成立济贫法委员会中央管理局，统筹济贫工作，具体济贫事务由地方当局和教区共同负责。济贫资金仍主要来源于各地区的地方税；其二，停止发放"院外救济"。要求领取救济的贫民必须住进济贫院和习艺所；其三，对接受救济的贫民坚持"劣等原则"的检验。为此，依靠救济的人必须丧失个人声誉和自由，同时也丧失公民权。这部新《济贫法》中，使弱势群体的社会权利"贫困化"的因素

---

① ［美］洪朝辉：《论中国城市社会权利的贫困》，《江苏社会科学》2003年第2期。

主要表现为四个方面：一是社会权利尚未通过法律程序得以保证。新《济贫法》中虽然试图通过立法的方式将福利援助制度化、固定化，但立法的不平等和实践中对贫困者的惩罚性措施使得其救助穷人的效果大打折扣；二是保障水平低下且内容有限。虽然国家通过强制性的制度征收税费来对贫困者进行救济，但在当时这种征收税费的方式缺乏正当性基础，以至于对弱势群体的保障只能维持在低水平；三是保障供给方式较为随意。贫民被视为道德上存在缺陷的人，对他们的救助完全取决于政府和具体实施救助的教会等机构的决定；四是保障对象表达诉求的渠道不畅。《济贫法》的目的不是对贫困者的权利进行保障，而是统治者对被统治者实施的"仁政"，因此贫民的利益诉求并不会成为国家决策的参考。从上述四方面可以看出，新《济贫法》虽是社会保障发展史上第一部以法律形式将人们接受救济的方式确定下来的制度，但处于被统治地位的贫民与处于统治地位的政府之间尚未确立起权利义务关系，政府给予贫困者的救助是基于"资格"而非"权利"。"资格"与"权利"的区别就表现在，以"资格"为接受救助条件的人们必须接受严格的资格审查，并接受带有很强惩戒性质的硬性要求，政府的救助仍带有居高临下的施舍意味。

综上所述，在社会保障发展的初期，弱势群体的社会权利贫困无法使其摆脱经济上匮乏、政治上无力、心理上敏感的弱势状态。弱势群体社会权利的贫困化所导致的直接后果：一是弱势群体受到社会排斥，使弱势阶层与其他阶层相脱离；二是弱势群体被打上无能的烙印，从而使社会结构极易演化成两极分化社会阶层格局。社会权利贫困是权利赋予不充足、得到不全面、使用不畅通、救济不及时等一系列的动态过程，权利贫困既是结果也是原因，这是贫困能够继续累加，致使贫者更贫、弱势延续的根源。[①] 弱势群体的社会权利贫困表现为其在福利资源获取中处于弱势地位，在保障得不到充分满足的情

---

① 翟绍果、黄国武：《农民工社会保障权利贫困及其治理》，《四川师范大学学报》2012年第6期。

况下，弱势群体生存状况衰减并进一步加剧"贫困化"。因此，社会权利贫困使弱势群体日益被边缘化并成为其本质特征。事实上，权利均等是利益均衡分配的一项基本前提，资源分配和占有的不平衡现象的背后，则往往有权利因素的存在，社会权利贫困必然导致福利资源在不同社会阶层分配中产生失衡，由于弱势群体处于社会结构的底层，其社会权利的贫困更加深了贫困问题发生的可能性。

二 社会保障制度发展期：各阶层社会权利"差序化"

在社会权利差序概念中，差序一词来源于费孝通先生的"差序格局"概念，费孝通先生在《乡土中国》中曾以对比西方"团体格局"的方式得到符合中国社会结构特征的"差序格局"概念。他认为"西洋的社会有些像我们在田里捆柴，几根稻草束成一把，几把束成一捆，几捆束成一挑。每一根柴在整个挑里都是属于一定的捆、扎、把。每一根柴也可以找到同把、同扎、同捆的柴，分扎得清楚不会乱的。在社会，这些单位就是团体……我们不妨称之为团体格局"①。而"我们的社会结构本身和西洋的格局是不相同的，我们的格局不是一捆一捆扎清楚的柴，而是好像把一块石头丢在水面上所发生的一圈圈推出去的波纹。每个人都是他社会影响所推出去的圈子的中心"②。费老所描述的"差序格局"横向的"差"是指以"己"为中心，按照亲疏远近、情感厚薄、利益多寡横向外推的社会关系；纵向的"序"是指上下尊卑等级分明，这种尊卑上下的差等先于个人存在，并对个人产生强制性的约束力。而与此相对比的"团体格局"则强调个体之间的平等性。这种平等"一方面是平等观念，指在同一团体中各分子的地位相等，个人不能侵犯大家的权利；另一方面是宪法观念，指团体不能抹杀个人，只能在个人所愿交出的一分权利上控制个

---

① 费孝通：《乡土中国》，人民出版社2008年版，第23—24页。
② 同上。

人。"① 自古以来，中国社会就是建立在礼治基础上的典型等级差序格局，讲究上下尊卑，身份并不具有平等性。

从权利具体的内涵来看，包括了应然权利、法定权利以及实然权利。所谓"应然权利（idealistic rights）是指道德权利，即权利主体应当享有的权利；法定权利（legal rights）是由立法（国内立法和国际立法）加以确认的那些应然权利；实然权利（actual rights）是指权利主体能够实际享有的应然权利和法定权利。三种权利并非并行关系，而是层级关系，其中有很大一部分是重叠的。"② 由此观之，权利的层级关系要求社会权利的实现是应然权利、法定权利和实然权利的结合。应然权利是道德上应该被满足的权利，属于自然权利，当它通过立法的形式确定下来后，如果权利主体能够依法充分享受该项权利，那么应然权利才能将其转化实然权利，否则将无法完成应然权利的转化。

然而，在权利的转化过程的现实过程中，往往并非在不同人群中同步进行，实然权利实现程度的不同必然导致享受权利充分度上的差异，致使权利在实现中会存在个体差异、地区差异和群体差异并终将导致权利实现的"差序格局"。因此，所谓权利实现的"差序格局"，"是指权利实现中的一种状态，包含两层意思：第一，现实中的权利主体是逐步扩大的，即一部分人先享有法定权利，然后推而广之及于其他人；第二，现实中不同种类（政治、经济、文化、社会等）权利的法律化及其实现是循序渐进而非一蹴而就。"③ 因此，所谓社会权利差序描述就是这样一种状况：社会权利在不同个体、不同群体以及不同地区间的法定覆盖范围以及权利内容及实现程度是循序渐进、依次推开的。社会权利差序强调，社会权利的实现按照先个体、后群体、再地区间的发展次序，强调个体或群体离中心越近，社会权利越容易实现的主次关系；个体或群体离中心越远，社会权利越不易实

---

① ［美］阎云翔：《差序格局与中国文化等级观》，《社会学研究》2006年第4期。
② 王家福、刘海年主编：《中国人权百科全书》，中国大百科全书出版社1998年版，第646、116、535页。
③ 郝铁川：《权利实现的差序格局》，《中国社会科学》2002年第5期。

第四章 社会权利公平性考察：社会保障制度分层化的生成机制

现，同时强调个体或群体始终离不开中心。

在社会保障发展的历程中，西方经验展现了社会权利发展的差序格局。工业主义理论认为，社会保障的发展是经济增长的产物。按照"工业主义逻辑"，工业化、城镇化所及地区将比其他地区更早的产生社会保障需求。所以，各国在建立社会保障初期都旨在向城市工业部门的劳动者提供收入保障，并随着产业结构、就业结构的不断调整和优化以及工业化、城镇化的不断推进最终达致覆盖全体国民。以德国为例，俾斯麦执政时期，德国国家社会保险立法内容主要有三大项：《疾病保险法》《意外事故保险法》《老年和残废保险法》，这三项保险法在以后的实施过程中不断地加以修正与补充。其中，1883年《疾病保险法》开始只适用于矿山、采石、工场及每年工资在2000马克以下的几类工厂的工人。后经修改，法典规定，凡一切年薪在2000马克以下的农业工人、仆役、小学和家庭教师、剧场雇工、船员以及从事家庭工业的人都必须进行强制保险；1884年的《意外事故保险法》，起先此法案只适用于少数特别艰险职业，后几经修改，除有特别保护外，邮政、电报业务、铁路业务、海陆军工场、政府雇佣的官吏和工人皆列入本法适用范围。至1910年，德国政府将当时所行各保险法汇成《工人保险法典》，并在1911年7月19日由帝国议会通过。[①]

可见，德国的社会保险建立之初的主体并非全体公民，也不是最需要救济的贫民，而是工人。而在工人群体中，其所保护的对象也仅仅从涵盖有正常工资收入的工人开始，临时工、季节工和其他贫穷劳动者，广大农民都被排斥在外。这一方面说明，在工业化进程中，最先受到工业化风险影响的一部分人率先享有社会权利，然后推而广之；另一方面表明，不同社会保障项目所维护的社会权利也并非同时实现，而是在不同时间，错落展开。这正是"工业主义逻辑"下，受社会经济发展水平影响，任何国家都无法逾越的规律。

---

① 韦红、邢来顺：《浅论近代德国社会保险立法》，《中南民族学院学报》（哲学社会科学版）1995年第1期。

德国经验告诉我们，虽然在经济水平限制下，社会权利开展初期可以按照差序格局进行，但最终是要走向社会权利平等的，其各项法律汇成的《工人保险法典》就是最好证明。否则按照由中心向外推的逻辑，如果每一序列的社会权利均存在高低、强弱差异，那么不同社会群体所享受的社会保障权利义务关系、待遇水平、管理方式必然存在差异。如果作为受工业化影响最大的中间阶层的社会保障始终延续差序格局的话，必然形成社会保障的"碎片化"状态，最终难以走向统一格局。

另外，差序格局理论认为，个体或群体距离中心越近，社会权利越容易实现。这意味着，社会精英群体的社会权利容易获得和被保障。精英群体来源于大众却又高于大众，意大利学者帕累托最先在政治意义上使用"精英"一词并使之普遍化。帕累托认为人类社会始终存在资源分配的不平等，在任何社会中，总存在着被统治的广大群众与占统治地位的一少部分人之间的分离和某种意义上的对立，后者就称为精英。政治精英往往对社会政治权力的垄断是政治精英统治的必然性，他们占总人口中的少数，但却掌握着绝大部分人的稀缺资源和国家政治权力，并对其所在的制度环境起着重要作用。权力决定权利，社会保障作为一种资源，对精英群体也同样具有吸引力。精英群体的"福利特权"主要来自于其对权力的垄断，"福利特权"的本质在于少数既得利益者利用其权力优势通过社会政策占有更多的福利资源。但其对社会的负效应却在于形成了精英群体与大众的对立，增强了民众对于福利不公的主观感受。"特权福利"者攫取的利益越多，就意味着社会和公众受到的损失越大。① 精英阶层在获取"福利特权"的同时也造成了社会福利资源在精英群体中的"集权化"倾向。

三 社会保障制度成熟期：各阶层社会权利"平等化"

一国社会保障制度安排应该基于一个国家统一的公民社会权利，

---

① 朱四倍：《医治福利特权需制度化通道》，《宁波日报》2011年4月4日第4版。

第四章 社会权利公平性考察：社会保障制度分层化的生成机制

即每个公民都有权获得基本的社会保障，包括基本生活必需品的保障，如基本的住房、医疗和教育等。社会权利是建立在具有民族国家公民身份的人的、载入法律而生效的普遍权利。作为一种法定的、普遍的、平等的应享权利，"除了要取得公民身份作为唯一的前提外，不受其出生地位或其特定的行为举止方式的影响，甚至不受其承担公民义务的状况的影响。"① 具体来看，社会权利公平应该包括权利主体的普遍性、权利内容的同一性、权利实现程度的全民性三个方面特征。首先，权利主体的普遍性是指社会保障制度必须包括涉及人类生存的各种风险；其次，权利内容的同一性是指坚持受益人权利与义务统一的原则；最后，权利实现程度的全民性是指社会保障的对象不是以生活贫困状况或是职业特征为标准，全体符合社会保障条件的公民均应被覆盖在内。

强调公民社会权利公平并非意味着全体公民享受社会保障的结果完全均等。社会权利的公平包括两层含义：其一，要求公平对待，只有被平等地对待，其福利才可能实现。即在相同或相似的条件下应该被相同地对待；其二，相关主体之间存在着特定的关系，如国家和个人之间的特定福利关系。即处于相同状态的公民应该得到国家同样的福利援助，处于不同状况的公民应该得到国家不同的福利援助。从福利接受者角度来看，社会权利的公平体现为福利的接受者应当在福利获得、保障和救济方面具有平等的权利；从福利申请者角度来看，社会权利的公平在福利申请者中则表现为福利机关在许可或拒绝申请人的福利援助申请时，应当一视同仁，不能差别对待。在西方发达国家中，存在三种社会保障的具体实践模式，埃斯平-安德森按照社会权利的程度不同将福利国家划分为"自由主义""保守主义"以及"社会民主主义"三种福利国家体制模式。这三种模式是社会权利根据其均等程度与以及充分程度的差异会呈现出不同的福利国家类型，其

---

① 王小章：《国家、市民社会与公民权利——兼评我国近年来的市民社会话语》，《浙江大学学报》2003年第9期。

中，自由主义社会权利水平最低，保守主义次之，社会民主主义则享有最广泛的社会权利。社会权利实现的充分程度需要依靠国家和市场关系在不同程度上所起的作用，亲国家型福利国家的社会权利享受充分，亲市场型的福利国家社会权利享受不充分。也就是说，没有哪个国家的社会保障待遇是完全平等的，但社会保障待遇的不平等并不必然意味着不公平。马歇尔认为，社会阶层间的不公平，只有一个提供了平等公民权的体系里面才是可以接受的，普遍的公民权可以在一定程度上使以阶层差异为表征的不平等合理化，只有基于普遍公民权基础上形成的阶层差异为表征的社会不平等才合法化。"尽管西方福利国家模式出现了不同的形态，但是，在维护和促进公民社会权利这一基本价值方面，却表现出高度的一致性。"①

第三节 我国社会保障制度分层化中的社会权利因素分析

我国当前的社会保障制度的分层化既受到计划经济时期不合理国家再分配逻辑以及市场经济时期不合理的市场机制逻辑的"双重控制"，同时也是计划经济时期不合理的政治分层和市场经济时期经济分层的"双重映射"。社会保障制度的再分配机制并没有使精英群体到底层群体间的利益分配得到调节，反而在社会权利长期缺位的情况下，使不同阶段不合理的社会分层进一步生产、复制和延续到社会保障制度中，进而形成当前的"碎片化"制度形态。可以说，社会权利在我国社会保障制度中还远没有实现，或者说，社会权利在我国社保制度中仅体现为一种身份权利，即计划经济时期以"农民—工人—干部"身份作为享受不同保障待遇的身份标准，市场经济时期以"农民—城市居民—企业职工—机关事业单位公务人员"身份作为享

---

① 李磊：《基于社会权利视角的西方福利国家之辨析》，《当代世界与社会主义》2013年第6期。

受不同保障待遇的身份标准。这种身份权利不仅异化了社会权利，而且使其在促进社会公正方面的作用变得非常有限，甚至差别化的社会权利本身就是社会保障制度不公平的重要来源。

一 户籍与职业身份：农民及城市新贫困群体的社会保障权利"贫困化"

在我国城乡二元社会结构的发展中，农民长期处于弱势地位，这种弱势地位一方面体现为经济上的贫困状态；另一方面体现为其长期暴露在社会保障制度覆盖范围之外。城市新贫困群体主要包括农民工、城市下岗失业人员、城市灵活就业者等，这些群体也面临着长期以来无法被社会保障制度覆盖的境况，导致其社会保障权利无法实现。

（一）户籍身份：农民的社会保障权利"贫困化"

长期以来，农民在国家社会保障体系中所享受的福利待遇一直低于城市居民。计划经济时期，在城乡分治的二元格局下，国家通过户籍制度、人民公社制度以及高度集中的意识形态等方式形成了城市和农村间极不平等的社会权利分配，农村的社会保障水平也一直处于"贫困化"状态。

首先，户籍制度安排使农民沦为"二等公民"。1958年《中华人民共和国户口登记条例》的通过，标志着城乡二元身份制的确立，从此开启了影响至今的中国城乡阶层分割的二元框架。中华人民共和国成立之初建立户籍制度主要是出于以下两方面的考虑：其一，中华人民共和国成立初期，随着社会经济的恢复和发展，农村人口开始出现较大规模增长。按照城乡发展规律而言，如果在允许自由迁徙的情况下，受经济利益驱动的农村剩余劳动力将流动到城市，城镇人口迅速增加将导致公共服务设施难以负荷。其二，为了在短时间内实现迅速的工业化积累，面对经济基础差、底子薄的城市发展现实困境，中国共产党采取了"工占农利""以农补工"的策略来实现初始资本积累。作为后发国家，若想用较短的时间去完成工业国家百余年的工业化进程只能通过人为控制的手段将城乡区隔，以牺牲农村的利益的方式来保障城市经济的优先发展。也正是由于城乡户籍制度安排的实施，我国社会保障制度安排采取"先城镇、后农村""重城市、轻农村"的策略，依靠户籍制度人为地将城乡进行区隔，使保障仅仅成为了城镇人口的特权。可以说，"农民"不仅是一个职业，同时也是身份的象征，并具有代际传递的性质。户籍身份是紧密地与城乡福利制度绑定的，国家分别对这两种人的就业、教育、医疗、住房等实行有差别的社会福利政策。因此，社会成员不具备统一的公民身份，在公共领域中，社会身份是以单位性质和城乡户籍为依据而界定的，"户口—就业—福利"一体化成为限制农村人流向城市的一道门槛。

其次，人民公社体制成为负担农民集体福利的主要形式。为适应社会主义工业化建设和保证国家对农产品高征购的需要，中国农村集体经济在人民公社体制下被纳入到计划经济的轨道。实际上，农村的人民公社制度与城市的单位制相类似，都起到了对原子化个体的社会控制作用。农村居民主要以社队为单位，通过社队集体获得有关保障，其经费来源与社队集体单位统一核算中的统一提留。农村社会保障项目不仅数量少，而且水平低。"农村基本没有针对劳动者的社会保障，仅有涉及少数困难群体最低生活需要为限的社会救济，早期实行的农村合作医疗仅是一种待遇很低的集体医疗制度。农民无法享有类似城镇职工的公费医疗、福利分房、劳动补贴以及文化娱乐设施等福利资源。"[①] 计划经济时期，在集体经济的基础上，只建立了包括合作医疗制度、"五保户"制度等集体福利制度，国家对此并没有承担过多的政府责任。且农村社会保障的对象主要是灾民、贫困人口和优抚对象，集体组织中的其他成员一般享受不到，同时权利义务的不对等使某些成员出现了消极的抵制行为，集体组织的保障能力是极低的。

---

① 杨艳东：《我国劳动者的福利差距与社会保障制度的公平性——基于就业所有制性质的视角》，《学术界》2013 年第 3 期。

第四章　社会权利公平性考察：社会保障制度分层化的生成机制

改革开放以后，农村的社会发展仍然落后于经济发展。在农村实行家庭联产承包责任制后，以集体经济为依托的原有保障体系基础被动摇，失去经济基础的集体保障模式瞬间瓦解，农村的部分社会保障职责再次回归家庭。然而，农村市场化改革的大趋势已不可逆转，农村人口老龄化、家庭以及土地的保障功能弱化均为置于市场和自然灾害风险双重压力下的农村保障制度提出巨大挑战。当前农村社会保障制度建设已由生存型保障转向全面保障，并且农村的社会保险以及社会救助制度正逐渐通过制度化的方式确立起来（如表4.1所示），但现有的农村社会保障制度体系完善程度与城市社会保障体系相比在保障水平、保障内容方面，如农村居民反映强烈的养老问题、教育、住房等问题仍存差距。由于国家对农民社会权利所承担的责任没有完全凸显，因此，农民作为公民所应当享有的社会权利没有被国家彻底认可和制度化。

表4.1　　农村社会保障制度体系建设一览表（2000—2012年）

项目	年份	政策	政策目标
医疗保险	2003	《关于建立新型农村合作医疗制度的意见》	建立新型农村合作医疗制度
	2012	《关于印发"十二五"期间深化医药卫生体制改革规划暨实施方案的通知》	截至2015年新农合政策范围内住院费用支付比例均达到75%左右，新农合门诊统筹覆盖所有统筹地区，支付比例提高到50%以上
养老保险	2002	党的十六大报告	探索建立农村养老制度
	2003	《关于认真做好当前农村养老保险工作的通知》	农村养老保险工作的重点应当放在有条件的地方、有条件的群体上
	2009	《关于开展新型农村社会养老保险试点的指导意见》	新型农村社会养老保险制度开始建立
低保制度	2005	《关于推进社会主义新农村建设的若干意见》	有条件的地方探索建立农村最低生活保障制度
	2007	《关于在全国建立农村最低生活保障制度的通知》	农村最低生活保障制度建立

续表

项目	年份	政策	政策目标
五保制度	2000	《关于进行农村税费改革试点工作的通知》	规定五保供养资金来源由原来的乡镇统筹和村提留转变为以农业税附加和农业特产税附加
	2004	《关于进一步做好农村五保供养工作的通知》	确定五保供养资金列入县乡财政预算
	2006	《农村五保供养工作条例》修订	确定五保供养资金在政府预算中列支,并在五保审批管理、五保供养标准增长机制、五保供养服务机构建设上进行

注:此表根据杨斌《1978年以来中国农村社会保障制度的发展及评价——基于"三体系"的分析框架》,《山东社会科学》2014年第4期整理。

(二)职业身份:城市新贫困群体的社会保障权利"贫困化"

在工业化、城镇化发展进程中,城乡中出现了一些新贫困群体。这些新贫困群体在社会保障制度中的社会权利逐渐被边缘化。"特别是进城务工农民、被征地农民以及乡镇企业、中小企业职工等群体已经离开了传统的农业经营活动,但还未被现代社会保障制度覆盖,一些人因此沦为新贫困群体,酝酿着巨大的社会风险。"[①]

首先,农民工群体的社会保障权利"贫困化"问题。由于人均耕种地少,农民只靠耕种提高收入的可能性有限,因此农村居民外出打工、兼业的比重越来越大,进而出现了大量流入城市的农民工群体。农民工社会保障权利"贫困化"一方面表现为,参加各项社会保险项目上的参保率低。截至2011年,雇主或单位为农民工缴纳养老保险、工伤保险、医疗保险、失业保险和生育保险的比例分别为13.9%、23.6%、16.7%、8%和5.6%;另一方面表现为,制度防范风险的范围与农民工现实遭遇风险的内容不对称。大量没有参加职工基本社会保险的农民工,虽然通过国家在农村中推行的社会保障也

---

① 王延中等:《中国农村社会保障的现状与未来发展》,《社会保障研究》2009年第1期。

第四章　社会权利公平性考察：社会保障制度分层化的生成机制

被制度所覆盖，但是农村社会保障制度所应对的风险与农民工在城镇所遇到的风险并不对称，或者说农民工参加的保险项目化解风险的能力不足以消除农民工实际从事工业生产活动所面临的风险，因而农民工仍处于隐性的社会保障权利贫困状态。[①] 致使城镇化进程中，农民"流动但不定居，定居但不融合"的现象突出。[②]

其次，失地农民的社会保障权利"贫困化"问题。近年来，随着城市化和工业化进程的加快，土地流转制度使失地农民成了生活在城市和农村边缘的边缘人口，不仅正在形成，而且有不断扩大的趋势。到 2020 年我国失地农民将达到 1 亿人左右。国内学者倡议以"土地换社保"的思路解决失地农民问题，然而在一些地方，因失地造成的农民生活水平下降，就业得不到保障，子女就学困难以及社会保障不到位等问题日趋严重。在"土地换社保"理念的背后"换"的前后两种状态并不是相互可比的，农民不同于城市工人，很多失地农民缺乏必要的非农产业谋生技能。政府征地致使农地非农化的这个过程中，不可避免地出现了一些损害农民利益的问题，例如政府责任在其社会保障中一直是缺位的以及在征地补偿费的运用中存在一些不公正的现象。

再次，市场经济转型中下岗、失业人员的社会保障权利"贫困化"问题。20 世纪 90 年代中后期以来的国有企业改革和结构调整，向社会释放出大量的下岗职工。目前，包括困难下岗失业人员等在内的城市低保对象约 3000 万人。"从贫困群体的构成结构看，下岗职工与失业人员为城市贫困群体的主体，占到当年的 37%，他们有劳动能力，但没有工作。再加传统的'三无人员'、离退休职工和其他人员里面的大部分，城市贫困群体中的大多数没有工作，这一人群保守的估计应该在 60%—70% 之间。20 世纪 90 年代以前，城市劳动力就

---

① 翟绍果、黄国武：《农民工社会保障权利贫困及其治理》，《四川师范大学学报》2012 年第 6 期。

② 邓大松、胡宏伟：《流动、剥夺、排斥与融合：社会融合与保障权获得》，《中国人口科学》2007 年第 6 期。

业的主要渠道是国有单位和城市集体单位。但90年代以后,这些部门不但不能提供更多的就业机会,反而分流现有的职工。"① 与此同时,40、50岁人员的劳动技能也逐渐与新兴劳动力市场所需劳动技能脱离,从增加城市就业前景看,能力非常有限,许多拥有劳动能力的城市人口处于就业机会的缺失之中,再就业难度相当大,亟须社会保障制度化解生存危机。

上述分析中的农民、城乡贫困人口、社会转型中出现的失业和下岗职工、农民工等群体在享受社会保障制度中所表现出的缺失状态,部分原因是种种社会原因而长期无法就业或在劳动力市场中处于明显弱势地位,并成为经济改革和社会转型成本的主要承担者。另外更为重要的原因是社会权利贫困,这主要表现为社会保障制度模糊。社会保障制度是适应工业化过程中实现产业工人风险化解的有效制度安排,然而无制度可依、有制度无从依等制度的现实成为导致我国弱势群体社会保障权利贫困的重要原因。

二 单位身份:城镇居民的社会保障权利"差序化"

(一)计划经济时期城镇企业职工的社会保障权利差序格局

"单位制"是计划经济时代,中国城市社会最根本的组织方式与整合制度。作为总体性社会的构成要素之一,城市社会控制逻辑以单位制为核心而展开。城市单位制度的建立旨在通过对社会生产、社会生活、社会流动、资源配置等方面的控制来同质人们的生活,这一方面与国家对社会秩序的总体性控制逻辑有关,也与中华人民共和国成立初期物质极度匮乏的现实状况有关。

面向城镇劳动者的传统社会保障制度呈现出依据单位身份而划分福利的特征。主要表现在形成了国家机关、事业单位职工与企业职工两个独立的保障系统。国家机关、事业单位的经费来源是国家财政直接拨款,保障项目包括机关事业单位工作人员的养老、公费医疗、住房保障

---

① 曾敏:《我国城市贫困群体的权利现状分析》,《特区经济》2009年第1期。

第四章 社会权利公平性考察：社会保障制度分层化的生成机制

等，它覆盖所有国家机关事业单位劳动者及其家属；企业职工福利待遇需要按照国有企业和集体企业划分，由职工劳动保险和职工集体福利两个项目组成。企业从其收益中直接提取经费并自行组织实施，当企业收益不足以支撑单位保障时，则由国家财政通过补贴的方式来给予最后保证。通过这两个福利项目，基本覆盖了城镇所有劳动者及其家属。但同属于公有制体制之下的机关事业单位和国有企业职工的福利待遇要高于集体企业职工。也就是说，距离国家权力中心越近的单位其获得福利资源越多，距离国家越远的单位获得的福利资源越少。从单位身份角度来看，社会保障权利的实现是呈差序格局的，这主要是由于计划经济时期的社会保障权利是依靠单位身份特征实现的。

首先，就"单位制"与国家关系而言，单位与国家的亲疏关系决定了组织成员获得福利水平的高低。由于中华人民共和国成立之初物资匮乏，政府把所掌握的资金投入到主要的生产部门中，单位组织的一个主要功能是依照分配规则进行资源分配，企业成为负担城市基础设施建设和生活福利事业投资的代理人，充当着国家代理人行使资源分配的职能，进而出现了"单位办社会"的现象。在单位依附国家，社会成员依附单位的模式下使个人与社会的利益关系转化为个人与单位的关系。也就是说，单位取得资源的多寡决定了个体从单位获得福利的大小，而这一切又完全取决于单位与国家的亲疏关系。

其次，就"单位制"与组织成员关系而言，单位与组织成员的亲疏关系决定了组织成员获得福利的高低水平。单位充当着组织成员福利配给的家长。在福利分配领域，单位所提供的福利基本上成为城市职工特权的一种重要表现。这套体系甚至被称为：单位福利制度、单位社会主义、微型福利国家。[①] 在"国家—单位—组织成员"的模式下，单位依靠国家赋予的资格作为国家全面占有和控制单位成员发展机会以及所需物资的唯一来源。比如，单位通过提供各种福利设施，如学校、医

---

① 岳经纶：《社会政策学视野下的中国社会保障制——从社会身份本位到人类需求本位》，《公共行政评论》2008 年第 4 期。

院、食堂等，满足单位成员的基本需求。国家将社会资源以配给制方式，以单位为中心满足人们的基本生存及福利要求，将分散的个体固化在组织之内，形成组织成员对单位的"组织化依附"。单位内部的自足性越高，人们在单位外交往的可能性越低。单位将每个人员牢牢地固定在每一个工作岗位上，调动工作极其困难，整个社会缺乏流动，每个单位成员的生活空间是相对稳定和封闭的。在企业单位就职的组织成员，根据工作性质、岗位的不同，可以将这个庞大的群体分为干部和工人两类身份群体。干部身份的单位职工在工作待遇、工资级别、住房条件、医疗和养老保障方面都远超工人身份的职工福利水平。即使离退休了，这种干部身份和工人身份也依然保持着。

再次，就不同"单位制"间的关系来看，单位性质决定了组织成员获得福利的高低水平。计划经济时期的企业类型主要包括：国有企业、大集体企业以及小集体企业等。由于各单位均依靠国家的资源调配来保持长生不死，彼此间不存在竞争关系，因此，各单位呈现各自为政、独立封闭运营的特点。同时，计划经济体系下单位之间的同质性强化了组织内部的封闭性。但各单位只对本单位职工负责，集体福利设施不会对其他单位开放。从单位获取资源的情况看，距离国家越近的单位获取的资源数量越多。如国有企业获得的资源分配远高于集体企业，因此，国有企业可以用来分配给组织成员的福利资源也就远高于集体企业。

可以说，城市单位制度的确立一方面为国家"总体性社会"策略在城市的实现提供了制度化保证；另一方面也成为单位成员获取基本生活来源和福利来源的重要社会支持制度。"单位制确立了对于个体成员而言关键性的社会支持制度，单位作为一种公共物品的供给渠道，为其组织成员提供关系交往、行为互动、福利供给等全方位的支持与保障。"① 此时能否享有福利保障取决于个体的单位身份，也就

---

① 李友梅：《从弥散到秩序——"制度与生活"视野下的中国社会变迁》，中国大百科全书出版社 2011 年版。

第四章 社会权利公平性考察：社会保障制度分层化的生成机制

是说，并不存在城市中广泛意义上社会权利。与农村相对比，城市福利是一项特权，而在城市内部，有单位依托的职工才能够享受福利待遇。社会权利的实现范围仅仅是在有单位职工身上得以体现，同时这种体现又因单位性质、职工身份而产生保障水平的差异，因此，在计划经济时期形成了机关事业单位福利高于国有企业福利高于集体企业福利，干部福利高于工人福利的差序格局。

（二）市场经济时期城镇居民的社会保障权利差序格局

十一届三中全会后，随着我国改革开放的全面深入和社会主义市场经济体制的确立，计划经济时代建立的"国家—单位"保障制失去了赖以存在的经济社会环境，党和政府在认真总结我国国情和学习西方国家社会保障发展的经验教训基础上，开始对我国社会保障事业进行改革，在社会保险、社会救助以及社会福利的制度建设方面都取得了突破性进展。如养老保险打破"国家—单位"保障模式，取而代之的是建立起"统账结合"的新型养老保险制度模式。除了制度模式创新之外，同计划经济时期覆盖面狭窄的制度安排相比，城市居民、城市灵活就业者也逐渐被纳入到制度安排之中。党在十八大报告中指出"要坚持全覆盖、保基本、多层次、可持续方针，以增强公平性、适应流动性、保证可持续性为重点，全面建成覆盖城乡居民的社会保障体系。改革和完善企业和机关事业单位社会保险制度，整合城乡居民基本养老保险和基本医疗保险制度，建立兼顾各类人员的社会保障待遇确定机制和正常调整机制。"在市场经济时期，国家对城镇居民的社会保障制度体系建设如表4.2所示。

表4.2　城镇居民社会保障制度体系建设一览表（1993—2014年）

项目	时间/年	政策	政策目标
养老保险	1993	《中共中央关于建立社会主义市场经济体制若干问题的决定》	建立多层次的社会保障制度
	1995	《关于深化企业职工养老保险制度改革的通知》	基本养老保险实行社会统筹与个人账户相结合的原则

续表

项目	时间/年	政策	政策目标
养老保险	1999	《关于建立基本养老保险省级统筹制度有关问题的通知》	加快建立省级统筹制度
	2005	《关于完善企业职工基本养老保险制度的决定》	尽快提高统筹层次,实现省级统筹
	2009	《城镇企业职工基本养老保险关系转移接续暂行办法的通知》	做好城镇企业职工基本养老保险关系转移接续工作
	2011	《国务院关于开展城镇居民社会养老保险试点的指导意见》	明确了城镇居民社会养老保险的基本原则、制度模式、任务目标
	2014	《国务院关于建立统一的城乡居民基本养老保险制度的意见》	将新农保和城居保两项制度合并实施,在全国范围内建立统一的城乡居民基本养老保险
医疗保险	1998	《国务院关于建立城镇职工基本医疗保险制度的决定》	建立与市场经济体制相适应的城镇职工医疗保险制度
	2009	《国务院关于开展城镇居民基本医疗保险试点的指导意见》	开展城镇居民基本医疗保险门诊统筹
	2009	《流动就业人员基本医疗保障关系转移接续暂行办法》	保证城镇职工基本医疗保险、城镇居民基本医疗保险和新型农村合作医疗参保(合)人员流动就业时能够连续参保

注：资料来源于吴忠民、韩克庆《中国社会政策的演进及问题》，山东人民出版社2009年版，第175—180页，以及人力资源与社会保障部网站（http://www.mohrss.gov.cn/）。

从政策的发展历程可以看出，城镇居民的社会保障权利并非一蹴而就的实现，而是随着国家经济社会的不断发展，国家在具备了一定基础之后不断扩大社会权利享受范围的。当前从制度覆盖范围上看，城镇居民已均被纳入到不同的制度安排中，显性社会权利基本得到充分满足。但是由于不同城镇居民全体参与相同制度安排的条件、制度框架、待遇标准仍存在差距，实际上隐性社会权利并没有得到充分满足。在此，公民社会权利的差序表现为"公民身份差序"，即"一套由国家——包括中央与地方——正式与非正式规则所编织的制度形

第四章 社会权利公平性考察：社会保障制度分层化的生成机制

态，整体公民权在这个整体中，被规划为区隔的、具有阶位性的、差序的身份与权力群体，而导致不同公民群体之间在经济地位、社会福利以及政治权利各方面的不公平现象。"①

三 行政身份：公务人员的社会保障"特权化"

（一）计划经济时期干部身份社会保障的"特权化"

在计划经济时期，除了单位身份是判断城市居民是否可以获得福利的一个标准外，行政身份是判断福利水平高低另一标准。通过劳动人事制度即干部管理制度在编制上将社会成员划分为干部与非干部两大部分。具体包括："一是从事国家和企业事业单位行政管理的管理人员；二是从事科学技术研究的知识分子；三是从事各级各类教学工作的知识分子；四是从事新闻、出版和图书工作的知识分子和管理人员；五是从事文艺工作的知识分子等等。属于非干部编制的社会成员主要包括工人和农民。"② 干部档案由人事部门管理，非干部档案由劳动部门管理。在福利资源分配方面，福利资源分配的多寡是依据行政级别分配至不同级别的个人和单位身上，干部与非干部之间的福利待遇有很大差别，无论是住房、医疗、退休还是福利补贴，干部都要比非干部的福利待遇标准优厚得多。官本位体制的特点在于"干部"和"工人"身份的差异。

（二）市场经济时期公务人员社会保障的"特权化"

相对于城市弱势群体的社会强势群体，精英群体有三个基本组成部分，即经济精英、政治精英和技术精英。作为政治精英的代表，我国公务员基本保障延续了计划经济时期的保障模式，当前仍然采用"国家保障"制。在"国家保障"制下，公务员社会保障"特权化"一方面体现在国家为此所承担的全部责任，以中央政府作为直接责任

---

① 岳经纶、庄文嘉、方丽卿：《城市化、社会政策创新与地域社会公民身份建构——基于东莞市的案例研究》，《国际社会科学》2013 年第 12 期。
② 刘祖云：《社会转型与社会分层——20 世纪末中国社会的阶层分化》，《华中师范大学学报》1999 年第 7 期。

主体,其保险资金直接来源于国家财政;另一方面,公务员待遇给付水平较高,退休金的目标替代率水平高达 90% 左右,而相同的工作年限城镇职工的养老金目标替代率只能达到 45% 左右。公务员保障水平过高给国家财政带来了沉重负担,同时直接影响到公务员群体的公信力,社会保障制度的"特权化"广受诟病。

第四节 实证分析:身份权利对社会保障分层化的影响

一 样本及数据说明

本书采用国家综合数据调查(CGSS)2013 数据资料,该调查在全国一共抽取 480 个村/居委会,每个村/居委会调查 25 个家庭,每个家庭随机调查 1 人,总样本量约为 12000 个。结合本文研究需要,选取户籍、单位性质、工作性质、身份等因素分析不同人群特征在社会保障领域中的准入差异,具体数据描述分析如表 4.3 所示。

表 4.3 主要变量的描述统计分析

变量(赋值)	总样本	样本量	参加养老保险	样本量	参加医疗保险	样本量
性别 男性(1) 女性(2)	11438	5756 5682	7636	3908 3728	10208	5152 5056
职业收入	10648 均值 = 17796.88					
户籍 农业(1) 非农业(2)	11438	6843 4571	7636	4207 3418	10208	6190 4003
工作状况 自己是老板(1) 个体工商户(2) 受雇于他人(3) 劳务派遣(4) 零工、散工(5) 自己家生意(6、7) 自由职业者(8)	4612	89 836 2828 153 462 155 74	3118	60 472 2094 127 240 77 40	4031	76 718 2513 134 395 128 55

第四章 社会权利公平性考察：社会保障制度分层化的生成机制

续表

变量（赋值）	总样本	样本量	参加养老保险	样本量	参加医疗保险	样本量
工作性质	4612		3118		4031	
全职工作（1）		4165		2878		3647
非全职工作（2）		429		230		368
单位类型	4612		3118		4031	
党政机关（1）		174		138		168
企业（2）		2042		1489		1781
事业单位（3）		565		450		536
社会团体（4）		130		103		120
自办企业（5）		167		929		1401
军队（6）		111		6		8
单位所有制性质	2756		2051		2454	
国有（1）		997		828		943
集体（2）		313		244		290
私有/民营（3）		1296		857		1080
港澳台资（4）		20		17		20
外资所有控股（5）		83		79		80

在所调查的 11438 个对象中，个人性别特征为男性的共 5756 人，占比 50.32%；女性为 5682 人，占比 49.68%。其中，男性参加养老保险的数量为 3908 人，占比 67.89%；女性参加养老保险人数 3728，占比 65.61%；男性参加医疗保险的数量 5152 人，占比 89.51%。女性参加医疗保险的人数 5056 人，占比 88.98%。从户籍角度看，农业户籍为 6843 人，占比 59.82%；非农业户籍 4571 人，占比 39.96%。农业户籍中参加养老保险的有 4207 人，占比 61.48%；医疗保险的有 6190 人，占比 90.46%。非农业户籍中参加养老保险的有 3418 人，占比 74.78%；参加医疗保险的有 4003 人，占比 87.57%。从工作状况看，受雇于他人者所占数量最多，为 2828 人，占比 61.32%；工作性质全职者为 4165，占比 90.31%；单位类型中企业人数最多为 2042，占比 44.28%；单位所有制性质中私营企业为数最多达到 1296，占比 47.02%。

二 社会保险参保影响因素的回归分析

社会保险参保与否是离散变量，Probit 离散选择模型可以很好地描述因变量不连续情况下的决策行为,本次数据利用 Stata13.1 对养老保险及医疗保险参保决定因素进行数据分析。模型中以被调查者是否参加养老保险、医疗保险为因变量,个人特征(性别、劳动收入、受教育年限、户籍)、工作特征(工作状况、工作性质、工作单位性质、工作单位所有制)为自变量,分别建立养老保险参与的 Probit 模型和医疗保险参保的 Probit 模型,分析结果如表 4.4 和表 4.5 所示。

表 4.4　　　　　　　　养老保险参保决定因素 Probit 模型

	模型(1)	模型(2)	模型(3)	模型(4)	模型(5)
性别(女=0)	0.0541 (1.54)	0.0606 (1.29)	0.0613 (1.30)	0.0659 (1.39)	0.0932 (1.44)
劳动收入对数	-0.0777*** (-4.37)	0.0427 (1.40)	0.0417 (1.37)	0.0468 (1.51)	0.0993** (2.11)
受教育年限	0.0111** (2.18)	0.0255*** (3.40)	0.0254*** (3.38)	0.0207*** (2.69)	0.0251** (2.32)
户籍(农=0)	0.476*** (11.25)	0.484*** (9.67)	0.484*** (9.66)	0.466*** (9.22)	0.554*** (7.87)
工作状况(自己是老板=0)					
个体工商户		-0.0636 (-0.37)	-0.0629 (-0.36)	0.0428 (0.24)	-0.0443 (-0.15)
受雇于他人		0.214 (1.27)	0.214 (1.27)	0.143 (0.84)	0.235 (1.07)
劳务派遣		0.512** (2.37)	0.511** (2.36)	0.447** (2.05)	0.401 (1.50)
零散工		-0.0725 (-0.40)	-0.0651 (-0.36)	0.00944 (0.05)	0.257 (0.90)
自家生意帮忙有工资		-0.166 (-0.73)	-0.165 (-0.72)	-0.0926 (-0.40)	-0.292 (-0.79)

第四章 社会权利公平性考察：社会保障制度分层化的生成机制

续表

	模型（1）	模型（2）	模型（3）	模型（4）	模型（5）
自家生意帮忙无工资		-0.289 (-1.19)	-0.286 (-1.18)	-0.172 (-0.70)	0 (.)
自由职业		-0.396* (-1.66)	-0.382 (-1.58)	-0.286 (-1.17)	0 (.)
工作性质（全职=0）			-0.0331 (-0.41)	-0.0239 (-0.30)	-0.339** (-2.12)
工作单位类型（党政机关=0）					
企业				-0.102 (-0.75)	0 (.)
事业单位				-0.0397 (-0.27)	-0.223** (-2.23)
社会团体				0.207 (1.06)	0.208 (1.23)
自办企业				-0.298** (-1.98)	
军队				-0.189 (-0.38)	
工作单位所有制（国有=0）					
集体					-0.0807 (-0.72)
私有					-0.378*** (-4.16)
港澳台					0.0763 (0.18)
外资					0.493* (1.69)
常数项	0.938*** (6.22)	-0.598* (-1.71)	-0.585* (-1.66)	-0.408 (-1.06)	-0.973* (-1.79)
观测值	6143	3765	3765	3765	2230

注：t statistics in parentheses * $p<0.1$；** $p<0.05$；*** $p<0.01$。

上述五个模型分析中，第五个模型考虑的因素最为全面，其分析数据表明：在个人特征因素中，劳动收入、受教育年限和户籍均对养老保险参与情况呈现显著影响。受教育年限越长，养老保险参与程度越高；劳动收入越高，养老保险参与程度越高；非农业户口与农业户口相比养老保险参与程度显著提高。其中，户籍对养老保险参保的影响最为强烈。从工作性质来看，非全职员工养老保险参与程度普遍低于全职职工养老保险参与程度；从单位类型上看，党政机关的养老保险参与程度最高，甚至事业单位都与其有显著差异；从工作单位性质看，私有企业职工参保情况与国有企业相比参与程度显著降低。因此，通过 Probit 模型分析可知，户口、工作性质、单位类型和单位性质等身体特征成了养老保险参与准入的重要影响因素。

表 4.5　　　　　　　　医疗保险参保决定因素 Probit 模型

	模型（1）	模型（2）	模型（3）	模型（4）	模型（5）
性别（女=0）	-0.00909 (-0.20)	-0.0267 (-0.47)	-0.0285 (-0.50)	-0.0286 (-0.50)	-0.119 (-1.50)
劳动收入对数	-0.0753*** (-3.10)	0.0397 (1.07)	0.0424 (1.14)	0.0537 (1.42)	0.104* (1.82)
受教育年限	0.00711 (1.04)	0.0213** (2.36)	0.0217** (2.40)	0.00931 (0.99)	0.0110 (0.84)
户籍（农=0）	-0.136** (-2.55)	0.0626 (1.04)	0.0637 (1.06)	0.0209 (0.35)	0.255*** (3.06)
工作状况（自己是老板=0）					
个体工商户		0.0608 (0.29)	0.0585 (0.28)	0.157 (0.73)	0.254 (0.68)
受雇于他人		0.110 (0.53)	0.111 (0.54)	-0.0189 (-0.09)	0.0899 (0.35)
劳务派遣		0.103 (0.41)	0.105 (0.42)	0.0413 (0.16)	0.0701 (0.23)

第四章 社会权利公平性考察：社会保障制度分层化的生成机制

续表

	模型（1）	模型（2）	模型（3）	模型（4）	模型（5）
零散工		0.0877 (0.39)	0.0688 (0.31)	0.126 (0.56)	0.444 (1.28)
自家生意帮忙有工资		0.0780 (0.27)	0.0744 (0.26)	0.155 (0.54)	0.150 (0.32)
自家生意帮忙无工资		-0.357 (-1.27)	-0.365 (-1.30)	-0.261 (-0.91)	0 (.)
自由职业		-0.500* (-1.83)	-0.539* (-1.95)	-0.439 (-1.57)	-0.869 (-1.38)
工作性质（全职=0）			0.0905 (0.90)	0.108 (1.07)	0.220 (1.03)
工作单位类型（党政机关=0）					
企业				-0.856*** (-3.50)	0 (.)
事业单位				-0.343 (-1.32)	0.108 (0.79)
社会团体				-0.598** (-2.00)	0.000736 (0.00)
自办企业				-1.038*** (-4.04)	
军队				-0.886 (-1.42)	
工作单位所有制（国有=0）					
集体					-0.0432 (-0.29)
私有					-0.513*** (-4.59)
港澳台					0 (.)
外资					0.550 (1.30)

续表

	模型（1）	模型（2）	模型（3）	模型（4）	模型（5）
常数项	2.046*** (9.82)	0.446 (1.05)	0.409 (0.95)	1.357*** (2.71)	0.129 (0.20)
观测值	6143	3765	3765	3765	2218

注：t statistics in parentheses $^*\ p<0.1$；$^{**}\ p<0.05$；$^{***}\ p<0.01$。

从模型分析结果来看，主要可以得到以下结论：首先，从个人特征方面看，性别对医疗保险参与没有显著影响；劳动收入的提高会显著增加医疗保险的参与程度；受教育年限对医疗保险的参与程度也具有正向影响，但是显著程度并不高；非农业人口的医疗保险参与程度显著高于农业人口。其次，工作单位类型对医疗保险参与呈现显著影响，从业于企业、自办企业和社会团体的人参与医疗保险的概率显著低于党政机关职工。最后，工作单位的所有制性质也会影响到医疗保险的参与程度，其中私有企业职工的医疗保险参与程度显著低于国有企业。由此可见，劳动收入、受教育年限、户籍、工作单位类型以及工作单位所有制性质成为影响医疗保险参与准入的主要因素。

三 实证分析结果阐释

上述实证结果表明，我国的社会权利的实现和扩展主要是依附于户籍身份、职业身份、单位身份、行政身份基础上的。与其说是社会权利的实现，不如说是身份权利在社会保障制度中的确认。正是由于这三方面因素的共同作用，使得社会保障制度从计划经济向市场经济转型的过程中，仍然存在着城乡之间、城市内部不同人群间社会保障分层化的路径依赖。计划经济时期的社会保障制度明显地被划分为农村社会保障、全民所有制企业职工和机关事业单位的三类保障制度。这三类制度分别针对社会的不同成员，采用不同的制度安排，而且受益者资格在很大程度上取决于先天身份。这意味着具有农村身份决定其社会保障处于"贫困化"状态，只有作为城市"单位人"才可以

第四章 社会权利公平性考察：社会保障制度分层化的生成机制

享有包含生老病死的全部福利。具体在城镇同一单位内部，其社会权利的实现的高低也是依靠干部身份、工人身份、国有企业职工身份以及集体企业职工身份来区分的，这是以身份作为划分标准下的社会保障分层化。农村内部以及城市同一单位内部的社会福利状况基本一致，差别主要存在于城市和农村之间，以及单位之间、单位不同行政级别之间。概括起来，计划经济时期，我国社会权利的发展具有以下特点：一是社会权利与身份特征高度相关，"行政身份"下的工人与干部之分，"城乡身份"下的城镇居民与农村居民之分决定了福利的高低水平；二是这一时期的社会权利并不能成为现代意义上的社会权利。虽然在城市"单位制"下的工人享受着大而全的福利保障，但这并不能称之为基于社会权利所赋予的实然权利。市场经济时期，我国社会权利的发展具有以下特点：其一，继续延续了计划经济时期社会权利与身份特征相关的特点，进一步固化了不同阶层间社会保障权利实现程度差异化的格局，虽然公民的社会权利得到了一定保障，但社会权利不平等依然明显；其二，在社会保障制度不断发展和完善的过程中，社会权利主体从"工业公民"扩展至"社会公民"是当前社会保障制度发展中需要突破的藩篱。

我国社会保障制度之所以形成这样的发展路径，是因为无论在农村还是城镇，保障制度的建设是国家再分配逻辑之下实现社会控制的一种手段。中华人民共和国成立初期，随着以科层式集权帝国和分散的小农经济为特征的中国传统社会的衰落，执政党所面临的一个首要任务是如何在"社会总体性危机"，即国家权力体系、政治权力分配格局、经济与资源的配置、文化认知与意识形态、日常社会生活领域等方面发生重大变革的情况下重建社会秩序。在此背景下，中国共产党采取了构建"总体性社会"策略建构出与计划经济高度匹配的，旨在重建一种具有高度整合能力的总体性社会。在农村，国家通过全面掌握和控制社会资源，依靠全面有力的行政能力实施社会资源的再分配，并依靠户籍制度、人民公社制度以及意识形态的高度统一作为其再分配逻辑的制度基础实现了中华人民共和国成立初期社会秩序重建的基本目标。与同时期城镇职工所享受的"国家—单位"保障相比,农村的集体福利则明显地呈现出非制度性安排的特征,在"总体性"社会国家控制逻辑之下,农民的社会权利是完全丧失的。在城镇,单位制福利实则是一种"高就业、低工资、高福利"的体制,高福利只是变相地作为对工资的一种补充,其本质是国家对工人剩余价值占有的一种补偿。无论如何,这种作为保证"总体性社会"实现的辅助福利手段不能看作是基于现代意义上的公民社会权利。

在市场经济时期,随着市场经济理念逐渐地渗透至农村及城市,并不断瓦解着农村的集体经济以及城市的单位制度,国家开始了与市场经济相配套的社会保障制度改革。然而由于社会保障制度价值理念由计划经济时期的平均主义转向效率主义,所以在一段时间内,社会保障制度的实际效果是加剧了不同身份群体的社会保障程度。如农村居民延续了计划经济时期社会保障"贫困化"状态;城市内部公务员延续国家保障制;城镇职工的保障体系率先进行社会化改革;城镇居民的社会保障体系直到近期才逐渐地开始建立。从社会保障制度的发展路径可以看出社会权利在不同阶层的实现程度直接影响着不同群体的福利水平,不得不说农民社会保障的"贫困化"、城市居民的社会保障"差序化"以及公务人员的社会保障"特权化"仍是当前不同社会权利在不同人群中发展状况差异的真实写照。"不同群体所享有的社会权利的具体内容是分化的,而且这种群体之间的分化很大程度上表现为对已有分层结构的强化,由于目前并没有针对不同权利义务关系之间的衔接做出相应的制度安排,不同的权利义务关系并不是个人选择的结果,而是与制度规定紧密联系在一起。"[①]

总体而言,我国社会权利的演进采取了一条国家进路,即国家运用自身所占有的强大社会资源不断满足公民对权利发展的需求。社会权利的国家进路虽然可以通过国家强大的资源动员能力快速、高效的

---

① 楼苏萍:《改革开放以来中国社会政策的发展及其逻辑》,博士学位论文,浙江大学,2009年。

建立起保障公民生活需求的社会保障制度，但其缺陷在于，国家进路下的公民社会权利建立隐含了政府有效性的前提。然而，在现实生活中，不受民意约束的政府也是普遍存在的事实，政府行为的目标除了实现社会公民权利以外，有时候更多的是为了实现政府部门自身的利益，即发生国家权力背离公民权利的情况。如果政府不是有效的，那么，需要政府积极作为的公民权利也就难以彻底实施。

第五节　本章小结

本章从社会权利公平性角度考察社会保障制度分层化的生成机制。社会权利公平既是维护和实现制度公平的首要原则，也是实现公民公平享有权利和义务对等的社会保障的逻辑起点。在保障公民社会权利公平实现的过程中，一方面要求国家以法律的形式将公民平等享受社会保障的权利固定下来；另一方面也要求公民承担起与社会保障权利相对应的责任，以此形成一种积极的社会权利观念。

社会权利公平是社会保障制度的存在及其发展的逻辑起点。确立公民社会权利在社会保障制度发展中的正当性基础的依据主要基于三方面因素的考虑。

首先，社会权利观念的确立是对人道主义消极权利观念的扩展。17、18世纪西方国家社会政策的选择主要以人道主义道德动机为触发点。以人道主义为出发点实施救助的重要意义在于：一方面，从伦理道德角度看，人道主义对人性自由、平等的追求是推动公民权利形成的思想前提；另一方面，它是对以往封建主义以及宗教神学统治的一种反对，推崇人道和民主精神，突出人的尊严和地位。但人道主义的权利观念本质是一种消极权利，并且在其内部存在自身难以克服的内部张力：一方面，试图跳脱社会阶级关系这个不平等的基础来考察人权是不可能的；另一方面，其本质却是代表资产阶级的利益来调和阶级冲突。因此，以人道主义为出发点的慈善救助难以承担市场化过程中社会风险常态化特点，其对个体在接受救助过程中标签化及烙印式的救助方式无助于个体能动性的发挥。因此，人道主义的救助方式具有较为明显的时代特征及时代应用局限性。

其次，社会权利的发展来自于市场化条件下对于去商品化要求的回应。马克思认为由于劳动力异化为商品，所以才需要一种"去商品化"的力量来对劳动者施加保护。波兰尼认为在商品化时代个人在市场之外求得生存的权利受到威胁，国家需要承担起对劳动力的保护，劳工以抗争的行为来表达力图在商品化与社会保护间寻求均衡点。无论是马克思的"去商品化"还是波兰尼的"去商品化"均意味着在市场风险加剧的情况下，为劳动力市场中的独立个体提供市场之外的安全保护成为国家应该去承担的责任。社会保障制度所要求的平等权利是对市场分化、排斥压制等负面作用的一种正向矫正，也是对市场失灵和外部效应的一种有效弥补。

最后，公民权利概念内涵扩展的现实要求。T. H. 马歇尔第一个系统阐述公民权利理论，马歇尔所指的社会权利可以理解为现代的社会保障权利，可以说，马歇尔创造性地将人权与社会权利结合起来，以国家作为承担责任的主体并基于公民身份将公民享有脱离市场力量的社会权利固定下来。作为一种普遍性的福利资格，平等的社会权利意味着除了必要的经济收入审查之外，不涉及任何其他标准，如性别、职业、宗教、种族等因素，一旦以个体的外在因素作为衡量是否取得社会权利资格的准入条件终将是不合理的。

西方国家由于社会权利在社会保障制度发展中的变化体现为三个发展阶段。

（1）社会保障制度发展初期，弱势群体的社会权利贫困化。在社会保障制度发展初期，无论是以慈善救助为主的非制度化保障方式，还是以社会救助为主的制度化保障方式，其对弱势群体所给予的社会权利往往是不足和匮乏的，以至于弱势群体难以摆脱经济贫困、政治低影响、心理高敏感的持续化状态。在社会保障制度发展初期，新旧《济贫法》使弱势群体的社会权利"贫困化"的因素主要表现为四个方面：其一，社会权利尚未通过法律程序得以保证。新《济贫法》

第四章　社会权利公平性考察：社会保障制度分层化的生成机制

中虽然试图通过立法的方式将福利援助制度化、固定化，但立法的不平等和实践中对贫困者的惩罚性措施使得其救助穷人的效果大打折扣；其二，保障水平低下且内容有限。虽然国家通过强制性的制度征收税费来对贫困者进行救济，但在当时这种征收税费的方式缺乏正当性基础，以至于对弱势群体的保障只能维持在低水平；其三，保障供给方式较为随意。贫民被视为道德上存在缺陷的人，对他们的救助完全取决于政府和具体实施救助的教会等机构的决定；其四，保障对象表达诉求的渠道不畅。《济贫法》的目的不是对贫困者的权利进行保障，而是统治者对被统治者实施的"仁政"，因此贫民的利益诉求并不会成为国家决策的参考。

（2）社会保障制度发展中期，各阶层社会权利"差序化"。社会权利差序描述就是这样一种状况：社会权利在不同个体、不同群体以及不同地区间的法定覆盖范围以及权利内容及实现程度是循序渐进、依次推开的。社会权利差序强调，社会权利的实现按照先个体、后群体、再地区间的发展次序，强调个体或群体离中心越近，社会权利越容易实现的主次关系；个体或群体离中心越远，社会权利越不易实现，同时强调个体或群体始终离不开中心。在社会保障发展的历程中，西方经验展现了社会权利发展的差序格局。工业主义理论认为，社会保障的发展是经济增长的产物。按照"工业主义逻辑"，工业化、城镇化所及地区将比其他地区更早地产生社会保障需求。另外，差序格局理论认为，个体或群体距离中心越近，社会权利越容易实现。这意味着，社会精英群体的社会权利容易获得和被保障。精英群体的"福利特权"主要来自于其对权力的垄断，"福利特权"的本质在于少数既得利益者利用其权力优势通过社会政策占有更多的福利资源。

（3）社会保障制度成熟期，各社会阶层社会权利"平等化"。社会权利公平应该包括权利主体的普遍性、权利内容的同一性、权利实现程度的全民性三个方面特征。首先，权利主体的普遍性是指社会保障制度必须包括涉及人类生存的各种风险；其次，权利内容的同一性是指坚持受益人权利与义务统一的原则；最后，权利实现程度的全民性是指社会保障的对象不是以生活贫困状况或是职业特征为标准，全体符合社会保障条件的公民均应被覆盖在内。在西方发达国家中，存在三种社会保障的具体实践模式，埃斯平－安德森按照社会权利的程度不同将福利国家划分为"自由主义""保守主义"以及"社会民主主义"三种福利国家体制。尽管西方福利国家模式出现了不同的形态，但是，在维护和促进公民社会权利这一基本价值方面，却表现出高度的一致性。

我国当前的社会保障制度的分层化既受到计划经济时期不合理国家再分配逻辑以及市场经济时期不合理的市场机制逻辑的"双重控制"，同时也是计划经济时期不合理的政治分层和市场经济时期经济分层的"双重映射"。社会保障制度的再分配机制并没有使精英群体到底层群体间的利益分配得到调节，反而在社会权利长期缺位的情况下，使不同阶段不合理的社会分层进一步生产、复制和延续到社会保障制度中，进而形成当前的"碎片化"制度形态。

首先，体现在农民及城市新贫困群体的社会保障权利"贫困化"。由于城乡户籍制度安排的实施，我国社会保障制度安排采取"先城镇、后农村""重城市、轻农村"的策略，依靠户籍制度人为地将城乡进行区隔，使保障仅仅成为了城镇人口的特权。"农民"不仅是一个职业，同时也是身份的象征，并具有代际传递的性质。户籍身份是紧密地与城乡福利制度绑定的，国家分别对这两种人的就业、教育、医疗、住房等实行有差别的社会福利政策。此外，农民工群体的社会保障权利"贫困化"、失地农民的社会保障权利"贫困化"、市场经济转型中下岗、失业人员的社会保障权利"贫困化"，这些人成为新贫困群体，酝酿着巨大的社会风险。

其次，体现在城镇居民的社会保障权利"差序化"。计划经济时期，面向城镇劳动者的传统社会保障制度呈现出依据单位身份而划分福利的特征。主要表现在形成了国家机关、事业单位职工与企业职工两个独立的保障系统。就"单位制"与国家关系而言，单位与国家

第四章　社会权利公平性考察：社会保障制度分层化的生成机制

的亲疏关系决定了组织成员获得福利的高低水平；就"单位制"与组织成员关系而言，单位与组织成员的亲疏关系决定了组织成员获得福利的高低水平；就不同"单位制"间的关系来看，单位性质决定了组织成员获得福利的高低水平。市场经济时期城镇居民的社会保障权利亦呈现差序格局，虽然从制度覆盖范围上看，城镇居民已均被纳入到不同的制度安排中，显性社会权利基本得到充分满足。但是由于不同城镇居民全体参与相同制度安排的条件、制度框架、待遇标准仍存在差距，但实际上隐性社会权利并没有得到充分满足。

最后，体现在公务人员的社会保障"特权化"。在计划经济时期，干部与非干部之间的福利待遇有很大差别，无论是住房、医疗、退休还是福利补贴，干部都要比非干部的福利待遇标准优厚得多。官本位体制的特点在于"干部"和"工人"身份的差异。即使进入到市场经济时期，我国公务员社会保障仍延续计划经济时期的保障模式，采用"国家保障"制。在"国家保障"制下，公务员社会保障"特权化"体现在国家为此所承担的全部责任，以中央政府作为直接责任主体，不仅保险资金的直接来源于国家财政，而且公务员待遇给付水平最高。

第五章 机会公平性考察：社会保障制度分层化的"固化—流动"机制

社会保障制度既具有对遭遇风险个体的补偿修复功能，又具有对个体能力的发展提升功能。补偿修复功能旨在通过物质和服务手段化解个体遭遇风险陷入困境并促成社会系统功能与秩序恢复的能力，保证公民社会权利公平即是实现社会保障制度第一功能的基本要求；发展功能旨在提升个体持续脱离风险的能力并以追求个体发展促进社会发展，形成社会发展促进经济发展的有机结合。社会机会公平正是在社会权利公平基础上提出了对个体发展性要求，保证公民社会机会公平即是实现社会保障制度第二功能的基本要求。如果说社会权利公平是从底线意义上保护每个社会成员公平地享有社会保障的基本权利，使普惠型福利成为消除社会保障分层前提的话，那么社会机会公平则是在社会权利公平基础上为社会成员提供公平的发展机会，使差异型福利具备合理性。

在社会保障领域中，机会公平性缺失对于弱者意味着社会分层结构在社会保障领域中的进一步固化，弱者难以通过福利性制度安排对初次分配形成的社会结构进行扭正，难以通过福利资产累积的功能实现向上层社会流动的可能性，并进而摆脱永久性社会排斥。而强者则可能利用福利资源进一步拉大既有的社会差距，固化其在社会分层中的优势地位。因此，由"非生产性"和"非发展性"向"生产性"与"发展性"的社会保障制度转变，需要培育社会保障制度受益人群的能动性和责任，主张社会机会公平，来实现社会保障与社会发展

第五章　机会公平性考察：社会保障制度分层化的"固化—流动"机制

和经济发展之间的良性互动作用。因此，本章将着力解决以下问题：（1）确立机会公平在社会保障制度中的正当性依据；（2）阐释社会机会对不同社会阶层福利的影响；（3）对我国社会保障分层中的机会公平因素进行分析。

第一节　机会公平在社会保障制度中的正当性基础

在社会保障基本关系中，一直存在着公平与效率间是否此消彼长的争论。事实上，社会保障制度不仅要以公平的价值理念作为其根本，同时还需要在操作层面上实现社会政策与经济发展的共生性发展。如果说社会权利公平是从底线意义上保护每个社会成员公平地享有社会保障的基本权利，以此来彰显制度公平的话，那么社会机会公平则是在社会权利公平基础上为社会成员提供平等的发展机会，在促进个人发展的同时来保证制度效率，亦是追求平等的一种表现。之所以在社会保障领域中强调社会机会公平原则主要是出于三方面因素考虑：个体差异因素引致的分配不公缺乏正当性、消极福利观念对福利国家带来财政危机的负面后果以及积极福利观全面兴起的现实需要。

一　个体差异引致的分配差异缺乏公平性

个体差异体现在两个方面，一个是自然禀赋差异；一个是后天养成差异。个体在自然禀赋方面存在着许多先天差异，如体能、智能、性格等方面的不同。自然禀赋差异主要影响着人们的发展潜能以及对不同层次机会的把握能力。罗尔斯在《正义论》一书中论证了自然因素以及偶得因素作为分配要素缺乏公正性基础的问题。他认为"出生于不同地位的人们有着不同的生活前景，这些前景，部分是由政治体制和经济、社会条件决定的。这样，社会制度就使得某些起点比另一些起点更为有利。这类不平等是一种特别深刻的不平等。它们不仅涉及面广，而且影响到人们在生活中的最初机会，然而人们大概并不能通过诉诸功绩或应得来为这类不平等辩护。"① 也就是说，罗尔斯认为自然因素以及偶得因素带来的分配上的不平等是非正义的，除非通过正义的制度安排对此做出扭正，使具有较高自然禀赋的人们帮助社会中较贫困的人群，使"任何人都不应当因天赋或社会背景的关系而得益或受损"②，否则，这种以自然因素和偶得因素所造成的分配差异是缺乏公平性基础的。

个体后天的差异表现在家庭、教育、职业等因素对个体占有机会以及把握机会的能力上。家庭对个体机会占有状况是从对个体基本素质的培养、社会资源的提供、家庭财产的继承三方面起着直接的影响；教育通过对人的基本素质的培养和使人获得特有劳动技能的方式对个体机会的占有产生影响；职业对个体把握机会影响在于，随着社会现代化程度的不断深化，社会分化程度的高度分化与职业分工的高度精细化程度亦不断加深，职业对人们占有机会状况产生的影响也越来越复杂。有些人天生就是占有机会的强者，而有些人注定由于先天或后天原因而沦为机会占有的弱者。在市场经济中，占有机会的强者可以利用机会获得更多的利益，而机会弱者只能处在"一步赶不上，步步赶不上"的境地。这也就意味着，"假设一切都严格地以人的自然差距为发展依据并排斥其他因素的话，那么，基于这种差距势必会形成一个新的社会等级制度"③，机会弱者在资源稀缺状态下，容易遭受社会排斥和社会剥夺的问题，这在现代社会中必然是缺乏分配的公平性基础的。因此，在一个追求公平的社会中，需要通过一定的制度安排为每个社会成员提供公正的机会平台，使他们能够摆脱自然和社会偶然因素的干扰，发挥自身潜能。

二 基于消极社会权利引发福利国家危机的历史审查

蒂特马斯将福利国家划分为三种福利国家体制类型，即剩余福利

---

① [美]约翰·罗尔斯：《正义论》，何怀宏、何包钢、廖申白译，中国社会科学出版社2009年版，第6—15页。
② 同上。
③ 吴忠民：《社会公正论》，山东人民出版社2012年版，第147页。

第五章　机会公平性考察：社会保障制度分层化的"固化—流动"机制

模型、工作能力—成绩模型以及制度性再分配模型。蒂氏认为，在社会政策的价值谱系中，一端将社会政策仅视为扮演机械的或剩余的角色；另一端却将其视为积极的改革工具。从社会政策的功能上看，社会政策的再分配功能既可能成为平等的促进器，也有可能成为不平等的加倍器。蒂氏作为倡导利他主义福利的代表人物，其福利思想源自于对家计调查式救助的批判。他认为福利的基本目的是培养和鼓励利他主义情感，福利的中心目标是减少不平等，拒绝任何以穷人自身的行为和态度来解释贫困的增长或持续存在的企图，强调国家对个人的义务以及平等的公民权利，而非个人的职责。①

在这一理念下，20世纪50年代盛起了强调以权利为核心的福利国家。然而，政府出于利他主义动机而执行的福利制度最终可能转化为个体出于利己动机进而产生福利依赖行为的诱因。尤其在20世纪70年代后，由于经济危机和人口结构等因素的变化，福利国家开始遭遇重重危机，其中最为严重的后果是造成政府财政严重的负担。"本世纪二十年代，西欧国家公共支出约占国民总产值的20%，五十年代占到30%，七十年代增加到40%；北欧国家占50%以上，公共支出中社会福利支出约占三分之二。"② 因此，蒂氏以结果平等为导向的消极社会权利观也受到诟病，消极社会权利的结果可能会诱致过度膨胀的福利支出而导致福利国家过重的财政负担。

在此背景下，对消极社会权利观念下所产生的福利依赖问题激起了学术界内的广泛探讨。例如，从利己主义视角出发的美国保守主义者查尔斯·默里强调需要承担责任才能享有权利。利他主体福利慷慨的以结果公平为导向的福利制度安排，将使绝大多数人为改善自身及其家人的境况而采取理性行动，福利产生的"反向动机"将改变和重塑人的行为选择，进而产生福利依赖。蒂氏所强调的去污名化所体

---

① ［英］理查德·蒂特马斯：《社会政策十讲》，江绍康译，吉林出版集团有限责任公司2011年版，第17—25页。
② 马玉：《西方国家福利制度危机及其对我国福利制度改革的启示》，《中华人文论丛》2012年第6期。

现出来的道德评判威胁着富有责任感的公民社会的基础。因此，出于利他主义动机的消极福利观过分强调公民权利，淡漠公民义务，权利与义务的极端不对等是致使福利危机爆发的根本原因。也就是说，过分夸大公民社会权利也将有可能引致福利制度的负面后果，超越一定限度的公民社会权利将会给制度的可持续发展带来沉重负担。

虽然公民社会权利的确立是社会保障制度发展过程中具有里程碑意义的突破。但是福利国家在确立公民社会权利基础上所引发的福利危机又不得不给我们敲响警钟：只强调公民权利、不明确公民义务的社会公民权利观念是不完整的。片面的将公民社会权利无限放大，只能扩大国家和公民之间的张力，不仅使国家承担越来越多的财政负担，也会使公民的依赖性加深，缺乏自我提升的动力。

三 基于机会平等的积极福利观念兴起的现实需要

自进入20世纪80年代以来，福利国家中的政治右翼分子及保守主义日渐将福利国家视为一个沉重的经济包袱进而加以抨击。在新一轮的福利国家改革过程中，以英美国家为代表，开始了福利紧缩策略。然而，"福利紧缩的政治一方面并未有效地控制政府公共开支的规模；另一方面极端的福利改革措施却使得社会分配不公和贫富差距不断加大。"[①] 因此90年代初，以吉登斯为代表的"第三条道路"理论倡导者们提出积极的福利观念，积极的福利观念并非简单缩减政府开支，恰恰相反，其采取的策略是通过扩大政府开支和实施更为积极的社会政策改革来刺激经济发展，进而在社会政策和经济政策间寻求平衡，以改善穷人和其他社会阶层的处境。

吉登斯在"第三条道路"思想中提出了用社会投资型国家理念替代传统的福利国家概念。吉登斯强调，建设积极的福利社会既需要积极的思维，又需要积极的措施；不仅要改善社会福利，更要创造社会财富。社会投资型国家与传统福利国家的不同之处在于："一是在政

[①] 熊跃根：《全球化背景下福利国家危机与变革的再思考》，《学海》2010年第4期。

第五章　机会公平性考察：社会保障制度分层化的"固化—流动"机制

策实施的目标问题上，前者致力于增强人的自主生存能力，以人的发展为导向，而后者则是维持人的生存。二是在政策的实施手段上，前者重在为培育人力资本、增强人的能动性及战胜贫困的信心而投资于教育和培训，后者则是给付实物或现金。三是在政策作用的效果上，前者以预防为主、补偿为辅、以防为补，重在创造有助于贫困群体自我发展、自我实现的条件，而后者则是救急式的事后补偿。四是在政策实施的主体上，前者强调福利开支将不再完全由政府来创造和分配，而是由政府与其他机构（包括企业）合作来提供"[①]，福利资源的配置和使用上注重地方化和市场化，第三部门在提供福利服务上发挥更大的作用。而后者否定政府的作用，极大的缩减政府在社会福利领域中的投资。相比较而言，无论从政策目标、政策效果、政策手段和政策主体来看，积极的社会福利观念均强调培育人力资本及增强人的能动性的重要意义，改变以往对福利接受者被动的观念，树立其通过能力建设可以把握更多的机会方式，重拾起自力更生的理念，变消极的福利权利为积极的福利权利。可以说，吉登斯创建的社会投资型国家的观点协调了新自由主义和保守主义对福利国家诟病最多的两个问题，其一，福利国家影响再分配效率和公民自由的问题；其二，福利国家诱发道德危机。

综上所述，西方福利国家的发展经验表明，自上而下式的、片面强调公民社会权利的福利给予是不可持续的。这种不可持续在于，片面强调消极社会权利所导致的财政压力以及底层群体的福利依赖日趋严重。而倡导机会公平的重要意义在于它能够激发个体主体性，并调动政治资源、经济资源及主体性资源参与到社会保障制度实践。这需要政府提供机会帮助穷人更好地履行义务，而不是简单的以减少穷人福利作为遏制福利依赖行为发生的主要方式。机会是接近和获得资源

---

① 杨宇：《城市贫困治理研究：发展型社会政策的视角》，《马克思主义与现实》2008年第12期。

的可能性和权利。① 机会之所以有价值,是因为它能够为人们提供获得自己所需的资源。在社会领域中,社会保障制度作为一种福利资源,强调机会的公平不仅指人们可以获得福利资源的可能性,即福利资源在不同社会阶层中分配的问题,同时社会保障制度的发展功能还要求其对社会弱者能力的培养,因为只有通过培养弱者的能力才能保证其和强者的竞争中具有平等的把握机会的能力,进而实现在阶层中的向上流动。按照罗尔斯正义原则的要求,初始的社会阶层状态不能成为影响社会成员享受社会福利多少的因素。因此,社会保障制度既是防范风险的制度安排,也是塑造个体发展可能性的制度安排,它必须对机会占有的弱者进行倾斜,从培养和提升个人能力出发,促进个体融入社会并分享社会经济发展成果的能力。与社会强者相比,弱者能够通过社会保障制度资源的再分配功能实现获得平等的机会起点参与到社会竞争中,实现社会参与同经济参与的有机统一。

第二节 机会公平下社会保障制度分层化的"固化—流动"机制分析

社会权利公平是维护社会各个阶层之间公平享有社会保障的基础,在此基础上为了保证制度效率,体现个体能力上的差异,国家应该通过营造机会公平的政策环境,以促进不同个体依靠自身能力实现福利获得的适度差距。对强者而言,创造机会公平意味着可以充分利用自身的能力优势在制度框架内实现福利提升;对于弱者而言,通过"弱者优先"原则创造机会公平可以通过政策倾斜,帮助弱者实现自身发展并培育其在市场竞争中具有平等的竞争能力。与强者相比较,机会公平对于弱者而言更为重要,机会公平意味着社会保障制度侧重于对弱者能力的培养和提升,只有提升能力才有助于抓住机会,抓住

---

① 王春光:《建构一个新的城乡一体化分析框架:机会平等视角》,《北京工业大学学报》2014年第6期。

第五章　机会公平性考察：社会保障制度分层化的"固化—流动"机制

机会才能进一步实现资源的扩展，而弱者之所以为弱者往往是由于能力的不足以及机会的有限。机会公平有助于弱者提高能力并从根本上摆脱弱势地位，从而在机会公平下改变社会保障制度分层的"固化"机制，形成各社会阶层间合理的"流动"机制。然而，制度和政策安排有意无意地形成漏洞或偏向，会被一部分社会成员利用为向上流动的阶梯，同时会削弱甚至剥夺其他社会成员的流动机会，从而形成机会不公下的社会保障制度分层化的"固化"现象。

一　机会空间中的社会保障分层化图景

在现实中，机会不仅是多样的，也是有层次的。机会是使需求得到满足的一种途径，但由于人的需求是多样的，要满足多样化的需求同样需要机会在不同层次中的构建。马斯洛在其需求层次理论中指出：人的需求是分层次的，包括生存需求、安全需求、尊重需求、爱的需求和自我实现需求，并且这些需求对人来说有先后次序，只有在满足了低层次的需求之后，人们才会去追求高层次的需求。因此，与需求相对应的机会来说也应该是具有结构性和层次性的。有一些机会对所有人都是最基本的，也是必须得到保证的，我们可以将此类机会称为共享的机会。所谓共享的机会平等即意味着，个体都有平等的参与机会，主要体现在自由选择、职务升迁、资源利用等方面的机会平等。[1]

另一些机会则是在确保最弱者的最大利益前提下，让每个人可以基于自己的特长和能力去竞争，我们可以将此类机会称为差别的机会。所谓差别的机会平等即意味着，个体都有获得平等的发展潜力、施展才干的机会，主要体现在接受教育和培训、获得信息等方面的机会平等。[2] 由于机会作为一种资源是有价值且稀缺的，为了更好地将机会与社会保障制度相结合，这里将机会划分为：底层机会、中层机

---

[1] 吴忠民：《社会公正论》（上卷），山东人民出版社2004年版，第139页。
[2] 同上书，第143—145页。

会和高层机会。① 底层机会是指个体基本的生存机会，这种机会不应被剥夺；中层机会是在确保人们基本生存机会上的一种进一步提升和改善的机会；高层机会是使用和参与是开放的、平等的以及获得高等地位的可能性和权力。

具体到社会保障领域中，底层机会意味着世界各国为本国居民所划定的一条基本生存线，如最低生活保障制度、保障性住房制度、医疗救助制度、义务教育等，底层机会是面向全体社会成员的共享机会；中层机会意味着社会保障的全覆盖、全保障，同等的教育、培训和就业机会；高层机会意味着社会保障促进个体成员的社会参与机会以及社会流动机会，中层机会及高层机会对于不同能力的对象而言其把握及利用程度不同，因此属于差别的机会。与资源配置偏向结构相似，越高层次的机会越稀缺，机会结构与社会保障分层结构也呈现出耦合的状态。如表 5.1 所示。

表 5.1　　　　　　　机会层次中的社会保障分层结构分布表

机会类型	机会层次	底层群体保障	中间阶层保障	精英群体保障
差别机会	高层机会	保障很少或没有	保障较少	保障多
	中层机会	保障较少	保障多	保障多
共享机会	底层机会	保障多	保障多	保障多

由此可以看出，共享的底层机会对于各社会阶层而言获取的机会差别不大，但底层群体在社会保障中获得中层机会和高层机会是较少的，这也是底层群体较为依赖底层机会为生的重要原因。底层群体可获取的中高层机会的渠道和能力相对其他阶层来讲是较少的，能够实现其能力提升的方式不多，结果导致只重视暂时摆脱生活困境而无法彻底改变底层状态。美国的一项研究表明，相当数量的穷人依然陷在长

---

① 王春光：《构建一个新的城乡一体化分析框架：机会平等视角》，《北京工业大学学报》2014 年第 6 期。

期贫困的困境中，而且他们的后代也是如此。① 社会保障制度要为每个社会成员提供平等获得中高层机会的条件、渠道和可能，使底层群体能力得到提升意味着人们获取差异机会的能力上应体现一种平等。因此，为塑造和培育底层群体的能力，实现底层群体向上层阶级流动的可能性，需要社会保障制度提供更广泛的差异机会公平。

二　中层机会公平：底层群体可行能力提升

社会保障制度的发展功能正是旨在通过个体发展促进社会发展与进步，进而追求社会发展与经济发展的协调共生。在对个体发展的认识上，阿马蒂亚·森在《以自由看待发展》一书中对狭隘的发展观进行了批判，那些认为发展就是公民生产总值（GNP）增长、个人收入提高、工业化、技术进步或社会现代化等的观点是极其局限的，上述发展成果仅仅是社会成员享有自由的手段，但获得"实质自由"还有赖于其他因素。也就是说，人的发展不仅需要经济增量的增长，同时需要以经济增长带动社会服务的增长，实现经济"增长引发"式的社会服务扩展。因此，"经济增长的贡献不仅应按私人收入的增加来评判，还应按由经济增长带来的社会服务（在很多情况下，包括社会保障网）的扩展，来进行评判。"② 斯蒂格利茨也在《全球化及其不满》一书中认为：发展不是帮助少数人致富……发展是整个社会的转型，要能够改善穷人的生活，使得人人都有机会获得成功，并且能够享受良好的医疗和教育。由此，阿马蒂亚·森提出以"可行能力"为分析视角，为评判人的发展提供了一个全新的角度。因此，社会保障制度中层机会公平实现旨在以人的发展为判断标准，主要体现在能够在多大程度上促进人的"可行能力"发展。

所谓的"可行能力"是指此人有可能实现的、各种可能的功能性

---

① ［英］安东尼·吉登斯：《超越左与右：激进政治的未来》，李惠斌、杨雪冬译，社会科学文献出版社2009年版，第111页。
② ［印］阿马蒂亚·森：《以自由看待发展》，任赜等译，中国人民大学出版社2002年版，第33页。

活动的组合。使用"可行能力"概念对个人发展进行评判较之其他评判标准，如收入和基本物品对个人福利的影响更具合理性。这是由于人类是千差万别的，年龄、性别、特殊才能、残疾、染病难易程度等方面的差别，即使他们拥有完全相同的商品组合，也可以使两个不同的人在生活质量上具有很不一样的机会。例如，一个残疾人可能拥有较多基本物品，但与一个身体健康而拥有较少基本物品的人相比，仍然拥有较少的机会过正常的生活。类似的，即使一个老人或一个容易生病的人拥有较多基本物品，但在普遍承认的意义上说仍是处于劣势的。另外，是否有能力对自身行为做出选择也是判断"可行能力"的重要因素。例如，一个节食的富人，就摄取的食物或营养量而言，其实现的功能性活动也许与一个赤贫而不得不挨饿的人相等，但前者与后者具有不同的"可行能力集"。也就是说，"做选择"自身可以看作是一种可贵的功能性活动，可以合理地把在别无选择的情况下拥有 X，与在还有很多其他可选事物的情况下拥有 X 区分开来。① 因此，在上述例子中，节食与被迫挨饿不是一回事，前者是在具有是否选择"吃"这一可行性能力的前提下来决定自己的行为，而后者"不吃"是无从选择下的无奈之举。因此，将"可行能力"作为判断个人发展程度的指标与单纯的经济指标衡量相比更具有合理性。

　　个体间"可行能力"存在差异的原因主要来源于五个方面：一是个人的异质性。人们在伤残、疾病、年龄或性别方面具有完全不同的体质特征，这使他们的需要相异。处境劣势所需要的"补偿"因人而异，而且有些处境劣势即使给予转移收入也不可能被充分"校正"。二是环境的多样性。环境条件的差异，诸如气候条件，可以影响一个人从一定水平的收入中所能得到的享受。三是社会氛围的差异。把个人收入和资源转化为生活质量还受到诸如社群关系、社会资本等社会条件的影响。四是人际关系的差别。既定的行为方式所需要

---

① ［印］阿马蒂亚·森：《以自由看待发展》，任赜等译，中国人民大学出版社2002年版，第63—64页。

第五章 机会公平性考察：社会保障制度分层化的"固化—流动"机制

的物质条件随社群而异，取决于传统和风俗。五是家庭内部的分配。以家庭作为考察收入使用的基本单位，家庭中某一个人的福利或自由取决于家庭是如何用收入来满足不同家庭成员的利益和目标的。① 正是由于上述五个因素的存在，所以森认为，无论是从收入还是从基本物品角度都不足以恰当处理收入及福利之间存在的差异性。因此，他提出了从基本物品到个人实现其目标的能力的转化，以此确立了对弱者提升"可行能力"以促进个人发展进而促进社会发展和经济发展的合理性。

除上述五个方面所导致的个体间"可行能力"的差异外，阿马蒂亚·森还进一步指出市场初次分配形成的收入分配不均与可行能力分配不均具有"配对"关系，前者可能会进一步扩大后者的不平等分配。收入不均等为一方，把收入转化为可行能力的优势不均等为另一方，二者之间可能存在某种配对效应。也就是说，当市场中的收入分配不均等转移到实质自由和可行能力的分配不均等时，不均等的问题就变大了，或者通常把已经反映在收入不均上的不均等问题更加扩大了。通常来讲，与正常人相比，弱势群体的生活质量居于劣势。例如残疾人、病人、老人既面临着收入障碍问题，又面临着把收入转化为可行能力的更大困难。除弱势群体外，社会底层群体恰恰是那些在市场竞争中处于劣势的群体，由于其社会资源的匮乏，同样面临着收入转化为可行能力弱势的地位。总而言之，"市场运行的结果中，人际之间的收入不均，会由于收入与把收入转化为可行能力的障碍之间的'配对'效应而趋于扩大"②，进而使弱势群体和底层群体面临更大的不平等。正是由于市场效率机制与其引发的不均等问题间存在的矛盾关系，决定了必要的社会干预的重要作用，需要政府通过提供一系列的机会提供来降低效率和公平间的冲突。

---

① ［印］阿马蒂亚·森：《以自由看待发展》，任赜等译，中国人民大学出版社 2002 年版，第 59—60 页。
② 同上书，第 118 页。

公平视阈下社会保障制度的分层化问题研究

阿马蒂亚·森提出以社会机会作为提升底层群体可行能力的途径之一。能力即是一种自由,这样的自由既意味着个人享有的"机会",又涉及个人选择的"过程"。也就是说,"可行能力"的实现程度是通过社会机会和过程两方面来衡量的。如何才能获得"可行能力"的提升呢?阿马蒂亚·森强调了提供社会机会的重要性,森认为社会机会指的是在社会教育、医疗保健及其他方面所实行的安排,它们影响个人赖以享受更好生活的实质自由。这些条件,不仅对个人生活,而且对更有效地参与经济和政治活动,都是重要的。① 阿马蒂亚·森坚决反对那种认为"人的发展"仅仅是只有富国才付得起的某种"奢侈品",他认为,通过社会机会,特别是基础教育,可以促进经济增长。他还强调把注意力从个人收入低下转移到可行能力短缺,并直接指出了有必要加强公共提供的医疗保健和教育等服务设施的原因。对此森提出了"综合发展框架",认为需要一种综合的、多方面的思路,其目标是促进不同方面的进展,包括相互支持的不同机构和制度,迫切需要对社会机会的扩大给予相应的重视。②

社会保障中的中层机会公平意味着通过社会保障的全覆盖、全保障,同等的教育、培训和就业机会,来培育底层群体的可行能力。由于社会保障制度具有全局性、稳定性和长期性的特点并强调"上游干预",所以强调对教育、培训和就业机会的提供意义在于,通过社会保障制度安排实现对人力资本发展的投入,以此来提高保障对象的"可行能力"。其中,教育政策主要针对义务教育阶段,同时兼顾高中和大中专教育阶段,特别针对社会弱势成员,实现贫困家庭子女的受教育权和发展权;就业政策要求保障对象享有权利同时也要求承担责任,如要求有劳动能力的保障对象积极寻找工作,参加就业培训,为弱势群体提供平等的就业机会,减少社会排斥。通过关注人力资本

---

① [印]阿马蒂亚·森:《以自由看待发展》,任赜等译,中国人民大学出版社2002年版,第32页。
② 同上书,第123页。

第五章　机会公平性考察：社会保障制度分层化的"固化—流动"机制

投资的社会保障制度有助于减轻国家在社会保障方面的财政压力，防止保障对象对国家保障制度所形成的制度依赖、就业动机下降等负面影响，提高保障对象自身的"可行能力"。

三　高层机会公平：各社会阶层间合理社会流动

高层机会公平意味着社会保障需要通过制度安排来促进个体成员的社会参与机会以及社会流动机会，进而实现社会各阶层间合理良性的社会流动。社会流动是指社会成员从某一种社会地位转移到另一种社会地位的现象，社会流动的具体状况是机会平等理念实现程度的重要标志之一。"由于机会总是存在于一定的地域空间和社会分层体系之中，因而正常而有效的社会流动是实现机会平等理念的必要条件，也是机会平等的重要组成部分。如果没有正常的社会流动，社会成员也就不存在机会的选择问题，机会平等也就无从谈起。"① 一般来说，社会流动的方式有两种，一种是向上流动，即社会成员转移流动的方向是由较低的社会地位流动到较高的社会地位；另一种是向下流动，即社会成员转移流动的方向由较高的社会地位流动到较低的社会地位。一个良序社会需要合理的社会流动，因为"合理的社会流动能够化解由分化所带来的不平等对社会稳定的震荡。"② 对于合理的向上流动来说，它意味着社会底层成员能够通过后天努力改变自身不利现状，树立对未来生活的信心；合理的向下流动意味着，精英阶层并非一成不变，先赋性因素所形成的社会固化作用减小，不同阶层的机会平等作用增强。

在社会流动影响因素中，除了教育与职业这样的后致性因素对个人地位获得具有越来越重要的地位外，制度和政策安排在社会流动中的作用也变得相当显著，有时甚至起到了决定性的作用。"制度和政策安排有意无意地形成漏洞或偏向，会被一部分社会成员利用为向上

---

① 吴忠民：《社会公正论》（上卷），山东人民出版社2004年版，第148页。
② 姜玉欣：《和谐社会构建中的良性社会流动机制培育》，《山东省青年干部管理学院学报》2007年第2期。

流动的阶梯，同时会削弱甚至剥夺其他社会成员的流动机会。"[1] 而完善的社会保障制度，不仅指其在风险防范上的基本功能，还包括为弱势群体向上流动创造机会。通过社会保障制度安排，逐步消除弱势群体对社会的不满并缩小弱势群体的数量，从而达到减少"阶层固化"的效果。在社会保障制度实现各阶层间合理社会流动的过程中，主要是通过构建社会资本以及关系强度两个方面来促进各阶层间的社会流动。

一方面，社会资本对社会流动的影响是指社会行动者占有的社会资源数量影响着社会行动的效果，个人占有的社会资源越多，个人的社会行动越容易达到目标，可见资本的形成和积累对社会流动的重要作用。在社会保障制度中，实现各阶层间的良序流动可以以资产能力建设为核心，围绕资产建设的多样化方式为向上流动打开通道。在资产建设方面，较具代表性的人物是美国华盛顿大学的迈克尔·谢若登教授提出的"资产为本的社会政策"。在1990年出版的《资产与穷人》一书中，他首次提出了"资产为本"的社会政策观，主张社会政策的重点不应再放在传统的收入再分配上，而是应该强调授权于个人，促进个人资产的长期积累，以推动个人、家庭和社区的发展，并以这种发展构成社会整体的长期发展。[2] 迈克尔·谢若登认为以收入为基础的社会政策，尽管其体现了人性和公正，但并不是构筑福利救助的唯一方式或最好方式。因为收入的转移支付虽然供养了弱者，但无助于使他们变强，而且收入只是一种忽视了家庭福利的长期动态的测量尺度。在收入转移的过程中，实际上我们忽略了穷人制造财富的可能性以及拥有财富的能力。与此相反，资产型的社会政策主张，资产的累积不仅适用于富人，而且适用于所有穷人，所有人进行投资和储蓄，它会使整个社会变得更有效率。拥有资产的优势在于，它除了

---

[1] 张宛丽：《当代中国社会流动机制探讨》，《中国党政干部论坛》2004年第8期。
[2] ［美］迈克尔·谢若登：《资产与穷人——一项新的美国福利政策》，高鉴国译，商务印书馆2007年版，第9—10页。

第五章 机会公平性考察：社会保障制度分层化的"固化—流动"机制

能延迟人们的消费以外，还可能产生包括更明确的未来观、更稳定的家庭、更多的人力资本投资、更妥善的财产管理、更积极的社区参与等其他积极的影响。也就是说，以资产为基础的观点追求社会政策与经济发展的整合，并为底层群体的向上流动提供可能性，而非如同收入型政策那样，使穷人的双脚永远无法迈出贫困的大门。

另一方面，关系强度对社会流动的影响是指关系越强获取的社会资本越可能正向地影响表达性行动的成功。一般情况下，"社会成员获取社会资源机会的多少与社会行动者在人际关系结构中所处的位置呈高度相关关系，越是居于人际关系结构的核心或上层，社会行动者获取社会资源的机会就越多，反之，则越少。"[①] 弱势群体的社会关系网络资源的特点一般是交往规模小、交往对象同质性强，社会关系网络的非正式化特征明显，主要集中在家人、亲属、朋友、邻居等，并且交往对象多数处于同一阶层的弱势群体，这导致弱势群体很难与强势群体形成紧密关系。因此社会保障制度机会公平的重要作用在于提高弱势群体自我发展的能力，尤其是保障其参与各项决策的权利，维护中下阶层话语权，建立合法的政府与民众的沟通渠道，使其能够维护自身的权益，进而保留可以进身到社会较高阶层的机会。

因此，从防止社会阶层固化的角度看，制度设计不仅不能妨碍社会流动，而且还应不遗余力地促进并创造底层阶级向上流动的可能性。虽然在初次分配中，收入分配的差距将对不同社会阶层的成员产生分层影响，但如果社会能够通过建立良好通畅的流动机制，使不同社会阶层间的成员可以通过人力资本的投资实现合理的向上流动，那么社会保障不仅会使个人把握机会的能力提升，同时也会减少收入分配不平等的程度以及由此引发的社会冲突，从而使社会阶层结构得到优化。当社会成员社会流动性越强，说明资源获得的机会越均等，社

[①] 周建国：《紧缩圈论：一项中国人际关系的结构与功能分析》，上海三联书店 2005 年版，第 302 页。

会流动渠道越通畅。这也是上升型社会流动也被视作"社会安全阀"的重要原因。

第三节 我国社会保障制度分层化中的机会公平因素分析

机会公平的基本价值诉求体现在社会和个体两个层面。从社会层面来讲，社会要建立一种开放的社会体系而不是封闭的社会体系。所谓开放的社会体系是保证那些社会底层有流向中间阶层甚至更高阶层的平等机会，例如好的社会岗位，较高的社会职务与社会地位向具备资质才能者和勤奋努力者开放，使出身于不同的社会阶层的人都有平等的机会，使得那些具有大致相当资质才能的人，有着类似或者大致相当的生活机会，或者大致相当的成功的人生前景，而不论最初人们的社会地位是什么。从个体层面来讲，机会公平主要表现为：一方面，都有平等的参与机会，主要体现在自由选择、职务升迁、资源利用等方面的机会平等，这属于共享的机会平等；另一方面，都有获得平等的发展潜力、施展才干的机会，主要体现在接受教育和培训、获得信息等方面的机会平等，这属于差别的机会平等。对于共享的机会平等需要国家的介入，通过公共服务均等化使不同社会阶层中的群体都能有公平的机会加入并享受公共服务体系提供的服务，全体公民都能公平、可及地获得大致均等的基本公共服务；对于差别的机会平等则需要对个体的能力进行培训和提升，克服先天因素及偶得因素对个体把握机会能力上的差异。鉴于此，我们需要进一步考察我国社会保障制度提供机会公平状况。

一 中层机会不平等：城乡间公共资源分配失衡

中国城乡长期以来的二元社会结构使社会保障制度在保障模式、管理体制及保障水平等方面存在着巨大的差异。这种差异的长期存在以及扩大化发展趋势使得城乡间社会保障公共资源在分配中结构严重

第五章 机会公平性考察：社会保障制度分层化的"固化—流动"机制

失衡，功能严重扭曲。城乡居民所能享受的公共服务的机会存在巨大差距，主要表现为：就业机会、教育机会、就医机会、住房保障机会等的共享存在巨大差距。① 考虑到教育、健康医疗以及其他社会服务方面的投资均具有公共产品的性质以及较强的外部性，因而各国政府在这些公共服务领域的平等获得方面扮演了关键角色。② 但我国的公共资源分配存在着总量投入不足、投入结构不合理等问题，难以通过社会保障制度安排实现人力资本的增长。

首先在教育机会方面，教育是增加人力资本的重要维度，也是社会分层评价的重要维度之一。通过对世界不同地区的数据进行分析，发现教育投资效果在各社会阶层之间的分配是不同的，如表 5.2 所示。

表 5.2　不同地区公共教育支出在所有教育水平上的受益归宿分析

公共教育支出	最低收入 20% 人口	次低收入 20% 人口	中间收入 20% 人口	次高收入 20% 人口	最高收入 20% 人口
撒哈拉以南非洲	12.8	15.8	17.1	21.5	32.7
亚太地区	12.4	15.1	17.1	20.5	34.8
拉丁美洲	19.2	19.2	19.7	21.0	20.7
中东和北非	15.3	17.6	19.9	23.1	24.1
转型国家	15.3	17.6	19.9	23.1	24.1
全部国家	15.8	17.7	18.9	21.3	26.3

注：资料来自赵海利《公共教育支出对收入分配影响的实证研究》，暨南大学博士后出站报告，2006 年。

上述数据表明，公共教育资源的分配是有利于富人的，在全部 57 个国家中最高收入 20% 人口享有的公共教育资源份额为 26.3%，最

---

① 姚荣：《包容性发展：思想渊源、现实意涵及其实践策略》，《理论导刊》2013 年第 4 期。
② 向德平：《包容性发展理念对中国社会政策建构的启示》，《社会科学》2012 年第 1 期。

低收入20%人口享有的公共教育资源份额平均为15.8%，呈现富人享有公共教育资源份额高于穷人的格局。但从国家经济情况看，高收入国家穷人所享有的公共教育资源份额要高于低收入国家穷人享有的公共教育资源份额。也就是说，穷人享有的公共教育资源份额在经济发达地区要高于经济欠发达地区。例如在经济发展水平较高的拉丁美洲，最低收入20%人口享有的公共教育支出份额接近其占总人口的比例为19.2%，而在经济发展水平较低的撒哈拉以南非洲，最低收入20%人口享有的公共教育支出份额仅占12.8%。

从教育层次上看，不同收入阶层的群体所享受到教育带来的受益归宿是不同的，穷人从初等教育公共资源中享有的份额最高；其次是中等教育；最后为高等教育。富人从教育中获得的受益归宿刚好相反，公共高等教育份额最高；其次是中等教育；再次为初等教育。由于教育对初次收入分配具有累退性，因此随着公共教育规模扩大，低收入群体享有的公共教育资源份额呈现上升趋势，公共教育支出的边际归宿有利于穷人，如表5.3所示。

表5.3　不同教育阶段公共教育支出在所有教育水平上的受益归宿分析

全部国家	最低收入20%人口	次低收入20%人口	中间收入20%人口	次高收入20%人口	最高收入20%人口
公共初等教育支出	22.8	22.2	20.6	19.4	15.1
公共中等教育支出	11.3	16.7	20.8	23.3	27.9
公共高等教育支出	5.4	9.6	14.7	23.9	46.3

注：资料来自赵海利《公共教育支出对收入分配影响的实证研究》，暨南大学博士后出站报告，2006年。

由于公共教育支出的边际归宿有利于穷人，对于弱势群体而言，教育可能是脱离持久贫困的最重要决定因素。因此，国家需要加大对弱势群体基础教育方面的财政投入。虽然近年来我国教育经费投资呈逐年增长的态势，但教育支出水平仍然处于相对落后的地位。据世界

第五章　机会公平性考察：社会保障制度分层化的"固化—流动"机制

教育统计资料显示，教育经费占 GDP 的比重世界平均水平为 4.9%，发达国家为 5.1%，欠发达国家为 4.1%。1998 年日本达到 6%，连菲律宾都达到了 4.2%。对中国来说，1991 年国家财政性教育经费占 GDP 的比重为 2.84%，之后逐年递减，直到 1995 年才扭转下降的趋势。2000 年，国家财政性教育经费支出占国内生产总值的比重仅为 2.58%。到 2010 年，也才达到 3.65%。直到 2013 年，财政部原部长谢旭人在一次全国财政工作会议上指出，"国家财政性教育经费支出占国内生产总值的比重达到 4%"。但这一比重与世界的平均水平仍然有较大差距。① 如图 5.1 所示。

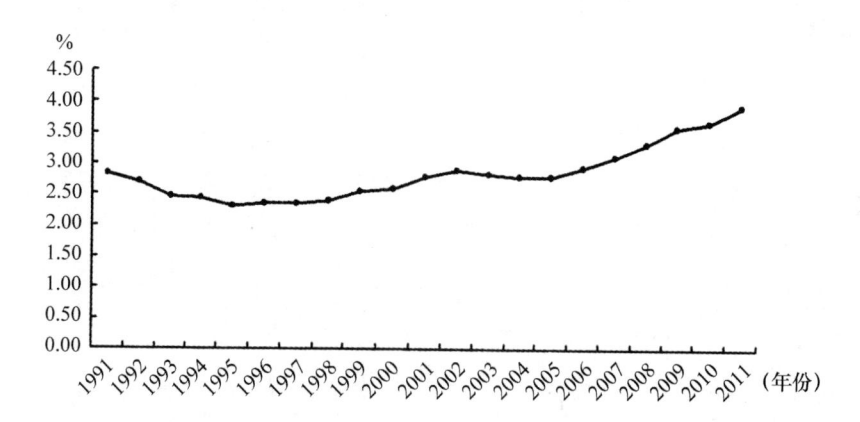

图 5.1　1991—2011 年国家财政性教育经费占 GDP 的比重趋势

注：资料来自李成宇、史桂芬、聂丽《中国式财政分权与公共教育支出》，《教育与经济》2014 年第 10 期。

在总量投入不足的情况下更需要优化教育投资结构。但长期以来农村教育投入的落后使得城乡教育水平差异极大。这导致在同等的外部条件下，来自农村的个体与来自城镇的个体基本能力的起点就是不平等的。因此，在农村基础教育水平总体偏低的情况下，亟须改变初

---

① 李成宇、史桂芬、聂丽：《中国式财政分权与公共教育支出》，《教育与经济》2014 年第 10 期。

等教育财政投入占 GDP 比例偏低的状况。特别是在农村以及贫困地区，农村义务教育经费不足，办学条件差，师资水平低等问题使农民子女不能享受公平的教育权，影响了农村人力资本的机会公平，严重阻碍了这些弱势群体通过接受教育实现向上流动的动机。

其次在就医机会方面，我国医疗卫生事业近年来取得较快发展，从医疗卫生机构发展情况看，医院、基层医疗卫生机构、专业公共卫生机构的数量、医务人员数量、医疗机构床位数都有着明显的增长，如表5.4所示。

表5.4　2004—2013我国医疗机构、医疗人员、医疗机构床位发展数据

年份	医院数	基层医疗卫生机构	专业公共卫生机构	卫生技术人员	乡村医生	医疗机构床位数（万张）
2004	18393	817018	10878	4485983	83075	326.84
2005	18703	849488	11177	4564050	916532	336.75
2006	19246	884818	11269	4728350	957459	351.18
2007	19852	878686	11528	4913186	931761	370.11
2008	19712	858015	11485	5174478	938313	403.87
2009	20291	882153	11665	5535124	1050991	441.66
2010	20918	901709	11835	5876158	1091863	478.68
2011	21979	918003	11926	6202858	1126443	515.99
2012	23170	912620	12083	6675549	1094419	572.48
2013	24709（城12987/乡11722）	915368（城127508/乡787860）	31155（城8259/乡22896）	72105788	1081063	618.19（城296.75/乡321.44）

注：资料来自国家卫生和计划生育委员会《中国卫生和计划生育统计年鉴（2014）》，中国协和医科大学出版社2014年版。

但城乡间卫生医疗资源分配不均衡的问题仍然较为突出。从政府预算医疗投入角度看，由于沿袭了重城市、轻农村的发展思路，政府的卫生经费中的医疗经费投入严重偏向城市。各地财政对农村机构一直是差额拨款，亏欠卫生事业费的情况较为严重，许多乡村一级的医

第五章 机会公平性考察：社会保障制度分层化的"固化—流动"机制

疗机构无法按时发放工资，房屋基本建设、设备更新换代、人才培养等经费非常有限，或者根本无从谈起。很多医疗机构都将政府投入的各种补助经费用来发放工资。最终造成了我国城乡医疗资源配置差距大的现状。从城乡间医务人员数量及技术水平看，无论是从数量上还是专业素质方面都存在着巨大的差异。[①] 从2013年全国卫生人员数量上看，虽然农村卫生人员数量529万人超过城市卫生人员数量448.8万人，但专业技术人员在农村仅占66.5%，城市专业技术人员占81.9%。同时，我国城市和农村人口每千人拥有的卫生技术人员、执业医师，以及注册护士皆相差悬殊。如表5.5所示。

表5.5　　　　　　　　　　每千人口卫生技术人员数

年份	卫生技术人员			执业医师			注册护士		
	合计	城市	农村	合计	城市	农村	合计	城市	农村
2004	3.53	4.99	2.24	1.57	2.18	1.04	1.03	1.63	0.50
2005	3.50	5.82	2.69	1.56	2.46	1.26	1.03	2.10	0.65
2006	3.60	6.09	2.70	1.60	2.56	1.26	1.09	2.22	0.66
2007	3.72	6.44	2.69	1.61	2.61	1.23	1.18	2.42	0.70
2008	3.90	6.68	2.80	1.66	2.68	1.26	1.27	2.54	0.76
2009	4.15	7.15	2.94	1.75	2.83	1.31	1.39	2.82	0.81
2010	4.39	7.62	3.04	1.80	2.97	1.32	1.53	3.09	0.89
2011	4.61	6.68	2.66	1.83	2.62	1.10	1.67	2.62	0.79
2012	4.94	8.54	3.41	1.94	3.19	1.40	1.85	3.65	1.09
2013	5.27	9.18	3.64	2.04	3.39	1.48	2.04	4.00	1.22

注：资料来自国家卫生和计划生育委员会《中国卫生和计划生育统计年鉴（2014）》，中国协和医科大学出版社2014年版。

另外，穷人比富人有着更高的健康保健需求。有研究显示，"增

---

① 尹文：《论我国社会保障医疗资源配置》，硕士学位论文，武汉科技大学，2008年。

加低收入者的转移支付,是改善国民健康最有效的手段。这是因为穷人最有可能将增加的收入用于提高健康水平。"① 这意味着,政府应该通过合适的政策引导社会保障资金用于健康投资,以利于促进经济增长和提高国民福利。

在就业机会方面,政府社会保障支出的需求与居民的就业水平呈相反方向变化。政府社会保障支出的需求越高,意味着公民的就业水平越低,政府为保障公民的基本生活就需要增加社会保障开支。可见,提高居民对经济发展的参与程度、增加他们的就业机会,对减轻政府的社会保障支出压力是有正向意义的。这不仅能有效地保障他们能够获取一定标准的收入,而且能够提高居民及家庭自我保障能力。就业机会公平性的体现是多维度的,它包括"在劳动者成为真正的劳动者之前促进其就业、保障其就业的权利;就业后劳动者成为失业者前先要抑制失业,尽最大可能保住其职位;在其失业后,促进就业,使其尽快再就业。"② 在促进就业阶段,就业机会的多少是与一国的经济发展程度高度相关的,经济增长率对扩大就业机会起着根本性的作用。对就业机会的贡献一方面需要大力发展中小企业,为中小企业的发展提供优惠政策,如税收优惠政策等,鼓励其大力发展;另一方面在传统就业岗位吸纳就业人员数量有限的情况下,结构性失业问题较为突出,需要大力发展第三产业和新兴产业。政府需要通过增加投入、降低利率、扶持新兴产业等方式来扩大就业。同时,政府应为失业者提供全面的公共服务就业体系,如通过就业服务机构开展职业介绍、就业咨询、职业技能培训、就业信息平台。进一步优化失业保险金的使用结构,增加用于职业技能培训方面的资金预算。

二 高层机会不平等:个体间能力建设失衡

差异的机会平等意味着最大限度地创造就业机会、努力消除民众

---

① 项益才:《社会保障的本质与功能新论——以人的生存与发展为视角》,《江西社会科学》2011 年第 10 期。
② 杨方方:《构建中国的就业保障体系》,《北京行政学院学报》2004 年第 2 期。

第五章　机会公平性考察：社会保障制度分层化的"固化—流动"机制

尤其是贫困人口和弱势群体的权利贫困和所面临的社会排斥。除此之外，差异的机会公平还要求重视培育和提升人力资本以帮助人们把握经济机会。但受制于传统型社会救助制度以及社会保险制度的约束，其在制度模式、制度主体、制度效果等方面对个人人力资本的提升及能力建设方面仍存在很大的局限性，这种局限性难以与"与时俱进"的个人发展观相适应。因此，在社会救助制度以及社会保险制度中均存在着忽视个人能力建设方面的问题。

社会救助是社会保障制度中最低层次的子系统，是以政府为主要责任主体的社会政策，其目标是保障被救助者的最低生活水平。在社会经济快速发展的今天，这一目标已不符合时代的要求。在社会福利视野下，必须对社会救助的目标进行必要的提升与定位，摒弃生存型救助。在救助的理念上不能仅将受助者看作是被动、消极、单向的救助接受者，而忽视其本身改变现状的内在主动性和积极性。事实上，我们应该重视弱者的能力建设，通过低层次的生存型救助向高层面的发展型救助目标转变，使单一维持基本生活的救助转变为多层级的发展型福利供给。在社会保险中，个体能力建设意味着应通过个人账户积累资产，来激励劳动力供给。在完全积累制下，社保缴费与未来的退休收益紧密挂钩，"机会的平等原则要求社会建立一种开放的社会体系，尤其应能够使社会下层的人们有机会跃迁到社会高层、精英阶层。那些对人们的自由全面发展十分有利好的机会应当在人与人之间平等地分享。"① 但当前，我国社会救助领域及社会保险领域仍缺乏对个体能力建设的理念以及具体的制度安排。

首先，从社会救助的方式来看，传统社会救助模式是一种事后补救方式。其救助的基本思路是通过再分配手段将社会资源用于化解人们的社会风险，使之维持基本生活，即在社会成员遭受贫困后，给予基本生活救助，但其本身不能防止问题的发生。发展型福利则强调事前预防，改变传统社会救助模式对福利主体的维持性救助。其基本思

---

① 贾中海、何春龙：《社会公平正义的三维视阈》，《北方论丛》2013年第2期。

路是致力于消除或减少那些会使人们陷入不幸或困境的因素，试图促使福利主体的自立自强，将社会福利的被动接受者变为经济与社会发展的主动参与者。两者在社会救助实施中存在的差异主要体现在，发展型的社会救助强调对弱者的能力提升、资产建设、资本积累等方面进行能力培育，以增强其自身克服困难的能力。

其次，从保障范围来看，传统社会救助模式的对象主要是处于最贫困的弱势群体，而发展型救助模式的对象也不再局限于现实中的"问题人群"，而是试图寻求一种促进全体社会成员能力发展的社会资源再分配机制。① 虽然传统社会救助模式保障弱势群体的做法有助于减轻政府的财政转移支付压力，但从长远来看，其他社会成员同样面临着陷入生活困境的可能性，从而使救助范围扩大。因此，从促进社会成员能力出发而进行的社会资源再分配要优于从维持社会成员基本生活出发而进行的社会资源再分配。

最后，从保障手段来看，社会救助主要以现金等物质性手段维持被救助者的基本生活，人们不可能通过社会救助达到"改善生活水平，提高生活质量"的目的。因此，救助水平低下、救助方式简单、救助效果欠佳的"生存型"社会救助弊端也在不断凸显。一方面，社会救助制度易带来"失业陷阱"；另一方面，社会救助制度缺乏就业导向性易带来"贫困陷阱"。所谓"失业陷阱"是指在社会保障税和个人所得税的共同作用下，某些低收入者事实上存在着一个很高的"失业时的实有收入"对"就业时的实有收入"的替代率。进而，贫困者出于理性选择会放弃工作，福利高水平的代价是形成了"失业陷阱"。所谓"贫困陷阱"是指，处于贫困状态的个人、家庭、群体、区域等主体或单元由于贫困而不断地再生产出贫困，长期处于贫困状态不能自拔。"生存型"的社会救助制度可能会形成一个长期低收入群体，并且他们的贫困状况可能会在代际间进行传递。因此，社会救

---

① 胡湛、彭希哲：《发展型福利模式下的中国养老制度安排》，《公共管理学报》2012年第7期。

第五章 机会公平性考察：社会保障制度分层化的"固化—流动"机制

助忽视个人能力建设的"生存型"社会救助不能从根本上解决贫困问题，更不能增强被救助者自身的能力。

第四节 实证分析：社会保障制度对我国社会阶层流动的影响

一 样本及数据说明

数据来自中国综合社会调查（CGSS）2013年数据。本书对我国社会阶层在过去十年间的变化及对未来十年的阶层变化预测采用两配对样本t检验。本次调研数据采用两配对样本t检验分析是由于数据符合两配对样本t检验的前提要求，一是两样本是配对的，一方面两样本的观察值数目相同，搜集的数据是同一批人对当前所处阶层状况、过去所处阶层状况以及未来预期阶层状况的判断；另一方面两样本观察值的顺序并没有随意更改；二是经过统计分析样本来自的两个总体服从正态分布。因此，两配对样本零假设H_0：当前阶层状况与过去阶层状况无显著性差异；当前阶层状况与未来阶层状况无显著性差异。采用t检验方法，计算t统计量：$t = \dfrac{D}{S/\sqrt{n}}$。公式中，$D$是样本均值与检验值的差。因为总体方差未知，用样本方差S代替总体方差。n为样本数。t统计量服从$n-1$个自由度的t分布，根据SPSS计算出的t值相伴概率值分析，如果相伴概率值小于或等于显著性水平α值0.05，则拒绝H_0，认为总体均值与检验值之间存在显著性差异；相反，如果相伴概率值大于用户显著性水平α，则不应拒绝H_0，可以认为总体均值与检验值之间不存在显著性差异。

二 社会保险对社会阶层流动影响的非参数卡方检验

首先，根据问卷信息将我国社会阶层当前状态分为下（1—3）、中（4—7）、上（8—10）三个阶层，并将该三个阶层当前阶层状态分别同过去十年的状况及未来十年阶层预测做比较，社会阶层时序变化的描述统计分析如表5.6所示。

表5.6　　　　　　我国社会阶层时序变化描述性统计分析

		均值	N	标准差	均值的标准误
过去10年底层群体阶层变化情况（Part 1）	过去阶层状态	1.00	5943	0.000	0.000
	当前阶层状态	1.51	5943	0.516	0.007
未来10年底层群体阶层变化预测（Part 2）	当前阶层状态	1.00	3359	0.000	0.000
	未来阶层状态	1.47	3359	0.546	0.009
过去10年中层群体阶层变化情况（Part 3）	过去阶层状态	2.00	5173	0.000	0.000
	当前阶层状态	1.95	5173	0.349	0.005
未来10年中层群体阶层变化预测（Part 4）	当前阶层状态	2.00	7532	0.000	0.000
	未来阶层状态	2.13	7532	0.404	0.005
过去10年上层群体阶层变化情况（Part 5）	过去阶层状态	3.00	267	0.000	0.000
	当前阶层状态	2.29	267	0.617	0.038
未来10年上层群体阶层变化预测（Part 6）	当前阶层状态	3.00	339	0.000	0.000
	未来阶层状态	2.91	339	0.320	0.017

上述结果表明，过去十年中，底层群体实现了向上流动；中层群体向下滑落；上层群体也有向下滑落趋势。对于未来十年阶层变化的预测，当前底层群体较为乐观，预期向上流动；中间阶层也预期向上流动；上层群体略为悲观，预期向下流动。笔者进一步通过两配对样本 t 检验分析阶层变化是否显著，结果如表5.7所示。

表5.7　　　　　　各社会阶层配对样本 t 检验

	成对差分					t	df	Sig.（双侧）
	均值	标准差	均值的标准误差	差分的95%置信区间				
				下限	上限			
Part 1	−0.511	0.516	0.007	−0.524	−0.497	76.248	5942	0.000
Part 2	−0.467	0.546	0.009	−0.486	−0.449	−49.636	3358	0.000

第五章　机会公平性考察：社会保障制度分层化的"固化—流动"机制

续表

	成对差分					t	df	Sig.（双侧）
	均值	标准差	均值的标准误差	差分的95%置信区间				
				下限	上限			
Part 3	0.049	0.349	0.005	0.040	0.059	10.204	5172	0.000
Part 4	−0.131	0.404	0.005	−0.140	−0.122	−28.147	7531	0.000
Part 5	0.708	0.617	0.038	0.634	0.782	18.751	266	0.000
Part 6	0.086	0.320	0.017	0.051	0.120	4.929	338	0.000

统计结果表明，当前我国上、中、下三个阶层的自评状况与过去十年及未来十年的阶层变化状况均存在显著性差异。其中，Part 1 表示过去十年底层群体向上流动的显著性最为显著，显著高于中间阶层及精英阶层；Part 2 表示当前底层群体未来向上流动预期最为强烈，显著高于中间阶层和精英阶层；Part 3 表示过去十年中间群体呈向下流动趋势；Part 4 表示当前中间阶层未来向上流动预期比较强烈，高于精英阶层；Part 5 表示过去十年上层群体流动呈向下流动趋势；Part 6 表示当前精英群体对未来阶层流动较为悲观，预期为向下流动。为进一步检验社会保障制度对社会阶层流动的影响，笔者用非参数卡方检验来进行交叉分析，结果如表5.8及表5.9所示。

表5.8　　　　　　社会阶层流动与参保情况的交叉分析

养老参保情况		流动情况				合计	
		不变频数	频率（%）	上升频数	频率（%）	频数	频率（%）
底层群体	参保	2346	68.49	1677	67.08	4023	67.89
	未参保	1079	31.51	823	32.92	1902	32.11
合计		3425	100	2500	100	5925	100
中层群体	参保	3376	66.29	41	63.07	3417	66.25
	未参保	1717	33.71	24	36.93	1741	33.75
合计		5093	100	65	100	5158	100

续表

医疗参保情况		流动情况				合计	
		不变频数	频率（%）	上升频数	频率（%）	频数	频率（%）
底层群体	参保	3046	88.93	2278	90.94	5324	89.78
	未参保	379	11.07	227	9.06	606	10.22
合计		3425	100	2505	100	5930	100
中层群体	参保	4558	89.44	57	86.36	4615	89.41
	未参保	538	10.56	9	13.64	547	10.59
合计		5096	100	66	100	5162	100

表5.9　　　　　　　社会阶层流动与参保情况的卡方检验

			渐进Sig.（双侧）	有效案例 N
底层群体流动情况	养老保险参保	Pearson 卡方	0.249	5925
	医疗保险参保	Pearson 卡方	0.012	5930
中间阶层流动情况	养老保险参保	Pearson 卡方	0.587	5158
	医疗保险参保	Pearson 卡方	0.419	5162

上述数据分析结果表明，当前底层群体流动情况只与医疗保险参与情况呈现显著影响，养老保险并未对底层群体流动起到显著性影响；中间阶层养老保险及医疗保险的参保情况均未对其阶层流动产生影响。该数据结果说明，当前社会保障制度对底层群体及中间阶层向上流动的促进作用并不显著。鉴于未来十年，底层群体和中间阶层对向上流动的强烈预期，需要社会保障制度进一步强调机会公平以促进社会各阶层的合理流动。

第五节　本章小结

社会机会公平正是在社会权利公平基础上提出了对个体发展性要求，保证公民社会机会公平即是实现社会保障制度第二功能的基本要

第五章 机会公平性考察：社会保障制度分层化的"固化—流动"机制

求。如果说社会权利公平是从底线意义上保护每个社会成员公平的享有社会保障的基本权利，使普惠型福利成为消除社会保障分层前提的话，那么社会机会公平则是在社会权利公平基础上为社会成员提供公平的发展机会，使差异型福利具备合理性。

机会公平在社会保障制度中的正当性基础来自以下几点。

其一，来自于个体差异引致的分配差异缺乏公平性。自然禀赋差异主要影响着人们的发展潜能以及对不同层次机会的把握能力。罗尔斯认为自然因素以及偶得因素带来的分配上的不平等是非正义的，除非通过正义的制度安排对此做出扭正，使具有较高自然禀赋的人们帮助社会中较贫困的人群，使任何人都不应当因天赋或社会背景的关系而得益或受损，否则，这种以自然因素和偶得因素所造成的分配差异是缺乏公平性基础的。因此，在一个追求公平的社会中，需要通过一定的制度安排为每个社会成员提供公正的机会平台，使他们能够摆脱自然和社会偶然因素的干扰，发挥自身潜能。

其二，来自于消极社会权利引发福利国家危机的历史审查。20世纪50年代盛起了强调以权利为核心的福利国家。然而，政府出于利他主义动机而执行的福利制度最终可能转化为个体出于利己动机进而产生福利依赖行为的诱因，进而演化出福利国家的重重危机。对消极社会权利观念的反思强调需要承担责任才能享有权利，权利与义务的极端不对等是致使福利危机爆发的根本原因。

其三，机会平等的积极福利观念兴起具有现实需要。20世纪90年代初，以吉登斯为代表的"第三条道路"理论倡导者们提出积极的福利观念，积极的福利观念并非简单缩减政府开支，恰恰相反，其采取的策略是通过扩大政府开支和实施更为积极的社会政策改革来刺激经济发展，进而在社会政策和经济政策间寻求平衡，以改善穷人和其他社会阶层的处境。积极的社会福利观念均强调培育人力资本及增强人的能动性的重要意义，改变以往对福利接受者被动的观念，树立其通过能力建设可以把握更多的机会方式，重拾起自力更生的理念，变消极的福利权利为积极的福利权利。

机会公平有助于弱者提高能力并从根本上摆脱弱势地位，从而在机会公平下改变社会保障制度分层的"固化"机制，形成各社会阶层间合理的"流动"机制。在社会保障领域中，底层机会意味着世界各国为本国居民所划定的一条基本生存线，如最低生活保障制度、保障性住房制度、医疗救助制度、义务教育等，底层机会是面向全体社会成员的共享机会；中层机会意味着社会保障的全覆盖、全保障，同等的教育、培训和就业机会；高层机会意味着社会保障促进个体成员的社会参与机会以及社会流动机会，中层机会及高层机会对于不同能力的对象而言意味着其把握及利用的程度不同，因此属于差别的机会。与资源配置偏向结构相似，越高层次的机会越稀缺，机会结构与社会保障分层结构也呈现出"耦合"的状态。

中层机会的重要性在于它能有助于提升底层群体的可行能力，这意味着通过社会保障的全覆盖、全保障，同等的教育、培训和就业机会，来培育底层群体的可行能力。由于社会保障制度具有全局性、稳定性和长期性的特点并强调"上游干预"，所以强调对教育、培训和就业机会的提供意义在于，通过社会保障制度安排实现对人力资本发展的投入，以此来提高保障对象的"可行能力"。其中，教育政策主要针对义务教育阶段，同时兼顾高中和大中专教育阶段，特别针对社会弱势成员，实现贫困家庭子女的受教育权和发展权；就业政策要求保障对象享有权利同时也要求承担责任，如要求有劳动能力的保障对象积极寻找工作，参加就业培训，为弱势群体提供平等的就业机会，减少社会排斥。通过关注人力资本投资的社会保障制度有助于减轻国家在社会保障方面的财政压力，防止保障对象对国家保障制度所形成的制度依赖、就业动机下降等负面影响，提高保障对象自身的"可行能力"。

高层机会的重要性在于它有助于促进社会各阶层间的合理社会流动。从防止社会阶层固化的角度看，制度设计不仅不能妨碍社会流动，而且还应不遗余力的促进并创造底层阶级向上流动的可能性。虽然在初次分配中，收入分配的差距将对不同社会阶层的成员产生分层

第五章 机会公平性考察：社会保障制度分层化的"固化—流动"机制

影响，但如果社会能够通过建立良好通畅的流动机制，使不同社会阶层间的成员可以通过人力资本投资实现合理的向上流动，那么社会保障不仅会使个人把握机会的能力提升，同时也会减少收入分配不平等的程度以及由此引发的社会冲突，从而使社会阶层结构得到优化。当社会成员社会流动性越强，说明资源获得的机会越均等，社会流动渠道越通畅。这也是上升型社会流动也被视作"社会安全阀"的重要原因。

中国城乡长期以来的二元社会结构使社会保障制度在保障模式、管理体制及保障水平等方面存在着巨大的差异。这种差异的长期存在以及扩大化发展趋势使得城乡间社会保障公共资源在分配中结构严重失衡，功能严重扭曲。城乡居民所能享受的公共服务的机会存在巨大差距，主要表现为：就业机会、教育机会、就医机会、住房保障机会等的共享存在巨大差距。此外，受制于传统型社会救助制度以及社会保险制度的约束，其在制度模式、制度主体、制度效果等方面对个人人力资本的提升及能力建设方面仍存在很大的局限性，这种局限性难以与"与时俱进"的个人发展观相适应。

第六章 规则公平性考察：社会保障制度分层化的操作机制

制度既是将理念现实化的途径，也是实现政治目的、经济目的、社会目的的策略手段。制度规则的优劣从宏观角度上决定着一国政治稳定的程度、经济效率的高低以及社会团结的水平；从微观角度上则决定着制度各项机制在运行中是否正确地、真实地反映了现实社会生活中的各种社会关系，是否能对社会中不同社会阶层成员的利益做出整体性协调。当前，我国社会保障制度的分层化成因除了权利公平和社会机会公平的缺失外，规则的公平性缺失进一步将社会保障制度的分层化现象操作化。具体而言，在评价制度规则的公平性时，可以从外在规则公平性分析和内在规则公平性分析两个维度展开。其中，外在规则公平性分析是就整个社会保障系统而言的，对于制度规则的公平性的评价从资格准入机制、资金筹集机制、投资运营机制、待遇给付机制、统筹管理机制五方面入手，全面的对当前外在规则如何使社会保障制度分层化现象操作化进行制度主义分析。笔者认为，资格准入机制是制度规则公平实现的前提；资金筹集机制是制度规则公平实现的核心；投资运营机制是制度规则公平的保证；待遇给付机制是制度规则公平的体现；统筹管理机制是制度规则公平的要求。所谓内在规则公平性分析是指社会保障制度模式必须与本土社会公平文化因素相结合，本土的社会公平文化必须根植于社会保障制度模式的建设之中，否则就会出现水土不服的公平价值评判。因此，本章将着力解决以下三个问题：（1）外在规则与内在规则的关系；（2）外在规则如何实现对社会保障制度分层化的操作机制；（3）内在规则如何实现对社会保障制度分层化的操作机制。

第一节　外在福利规则对社会保障制度分层化的操作化机制分析

一　资格准入机制分析

资格准入机制是制度规则公平实现的前提。当前我国社会保障制度资格准入机制公平性缺失主要体现在以下方面：一是社会保险资格准入条件主要以不同人群的身份特征为划分依据。毕天云从我国社会成员的职业身份角度，将我国现行社会保障体系分为机关事业单位职工社会保障制度、城镇企业职工社会保障制度、农村居民社会保障制度和城镇居民社会保障制度四个相对独立的子系统。[①] 也就是说，当前我国的社会保障制度在准入机制上就首先将不同的人群人为的按照不同的身份特征进行严重分割，社会成员也因此被纳入到不同类型的社会保障系统中，享受着待遇水平高低有别的福利保障。例如，在养老保险领域，依据人群特征分为机关事业单位养老保险、城镇企业职工养老保险、城乡居民养老保险；在医疗保险领域，依据人群特征分为城镇职工医疗保险、城镇居民医疗保险、新型农村合作医疗保险。不同类型的保险待遇支付差距较大。

二是社会救助领域中资格准入的对象"瞄准"机制存在偏差。所谓对象"瞄准"机制是指制度设计时所规定的受益对象是否与实际受益者保持一致，如果两者间出现不一致的状况就是"瞄准"机制偏差。当前，我国社会救助所采取"补差式救助"方式是先划定最低生活保障标准，再通过"家庭经济情况调查"筛选出符合条件的对象，这种筛选对象方式最大缺陷是过于主观的判断容易诱使"应保

[①]　毕天云：《城乡居民社会保障制度普遍整合的实现路径》，《学术探索》2014年第11期。

未保"的"弃真错误"和"保不应保"的"取伪错误"发生。① 这一方面是由于客观条件限制造成的,如在核批社会救助对象时,商业银行法等法律有限制条件,民政部门无法及时查询救助申请家庭财产等经济状况信息;另一方面是由于我国的低保制度与其他救助资格的确定存在捆绑关系,低保资格成为享受其他诸如教育救助、医疗救助、住房救助的前提,这就会诱发申请人的道德风险,使低保资格的享受成为一种含金量极高的"资源",在有限的"资源"争夺中往往是弱势群体的利益难以得到保障。加之低保审核审批程序不够严密、个别工作人员素质不高,造成一些地区出现社会救助对象认定不准确以及"关系保""人情保"等问题。② 因此,依靠"家庭经济情况调查"的选择性手段来判断救助对象资格准入会存在目标"瞄准"偏差。在中国社科院发布的《社会保障绿皮书》中,通过对安徽、福建、江西、河南和陕西5个省的住户抽样问卷调查调查显示,受访的696户低保户中,有436户是非贫困但享受了低保救助的家庭,占到60%以上,而有近80%的贫困户没有享受低保救助。

从上述数据表明,当前低保救助的错保率和漏保率较高,一方面"保不应保"体现在已经获得低保救助的非贫困群体中,大多数是收入水平略高于扶贫标准的非贫困群体;另一方面"应保未保"使大多数边缘贫困群体并未享受低保救助。资格准入中的对象"瞄准"偏差所导致的"保不应保"和"应保未保"问题的出现将进一步加剧社会保障资源在不同阶层间不平等分配的问题。

三是社会保障制度项目间资格准入动态衔接机制不顺畅。随着我国城镇化进程的不断推进,多样化的就业方式越来越难以同身份特征为准入依据的制度安排相融合。社会成员身份变动的加剧导致其在同一保障项目,不同保障制度间进行接续参保的难度加大,甚至可能会

---

① 志杰:《"瞄骗"与"纠偏"社会救助对象的确定——以最低生活保障制度为例》,《理论探索》2013年第2期。
② 民政部:《建立救助申请家庭经济状况核对机制》,《光明日报》2012年10月24日。

第六章 规则公平性考察：社会保障制度分层化的操作机制

发生在不同制度间转换过程中利益受损的情况发生。此类情况在养老保险、医疗保险的转移接续中表现得尤为明显。在养老保险领域中，以参加新农保的进城务工人员为例，在用人单位为其参保时就会出现困惑：到底应当为其参加城职保还是继续参加新农保呢？对于企业而言，让农民工参加城职保就意味着企业必须进行配套缴费，而如果参加新农保的话企业就可以免除责任，这对于以利益最大化为动机的企业来讲往往就会选择后者而减少企业对农民工应承担的责任。而对于参加城职保的返乡农民工而言，职保与新农保如何衔接也缺乏可操作性的规定。在医疗保险中也同样存在类似问题，比如原来是农村户籍的，若要参保工作地的城镇居民基本医疗保险，也要在一定的限定条件范围内执行，如一些地方规定了诸如居住年限、房产证明等条件。因此，资格准入机制的固化与社会成员职业身份灵活性之间的矛盾，使得制度在衔接中存在不顺畅的问题，并可能导致社会成员在自下而上的流动中存在制度性阻滞。

在社会救助领域，也同样存在着由于资格准入机制衔接机制不充分而出现救助夹心层现象。由于低保救助线的刚性约束机制使得一旦经过"家庭经济情况"调查超过救助线标准就必须强制取消救助资格，这就使得那些刚刚逃出"贫困陷阱"的救助对象必须依靠自己的力量独自在市场竞争中求得生存。事实上，在接受救助和依靠市场独立生活的中间地带存在着仍然需要关注的夹心层群体。例如，住房救助市场中廉租房的资格准入机制，失业保险向低保救助的资格准入机制均存在此类夹心层现象。夹心层现象的存在说明了资格准入条件在不同保障制度间的刚性约束作用，造成低水平救助有余、高水平保障不足的现象。也就是说，不同保障制度间的资格准入衔接机制不畅，加剧了救助对象有可能再次陷入贫困陷阱的可能，不能使救助对象彻底摆脱底层生活状态。除此之外，当前资格准入衔接机制不畅还表现为社会救助制度与养老保险制度的衔接、五保供养制度与新型农村社会养老保险制度等的衔接、职工养老保险与个体工商户和灵活就业人员相关制度的衔接、企业职工基本养老保险与城镇居民的衔接、农民工养老保险与新农保制度的衔接中。

二 资金筹集机制分析

筹资机制是制度规则公平的核心。资金筹集机制公平性分析具体可从两个方面展开：资源动员机制和资金来源归集机制。资源动员机制是指动员社会力量，按照固定的标准和方式，本着公平互助、责任共担原则，最大限度的筹集资金。具体体现在筹资对象、筹资来源、筹资基数、筹资比例四方面。资金来源归集机制是指将原本分散的社会力量运用多种方式加以融合，使其体现规模效益。可体现在筹资管理、筹资建账、资金管理、筹资分配四方面。为便于比较，笔者以城乡居民养老保险未合并时的制度安排、医疗保险及社会救助为例，将各制度内的筹资机制进行横向比较分析，如表6.1与表6.2所示。

表6.1　　　　　我国三大养老制度筹资机制横向比较

		职工养老	居民养老	新农保
资源动员机制	筹资对象	城镇正式就业	城镇非从业居民	农村居民
	筹资来源	政府、单位、个人	政府、个人	政府、集体、个人
	筹资基数	在职职工工资总额 个人工资总额	定额 十二个档次	定额 十二个档次
	筹资比例	参保单位缴费12% 个人缴费8%	政府基础养老金55 个人100—2000元/年	政府基础养老金55 个人100—2000元/年
资金来源归集	筹资管理	社会统筹+个人账户	个人账户	个人账户
	筹资建账	个人缴费全部进入个人账户 单位缴费划入社会统筹	个人缴费	个人缴费+集体补助
	资金管理	市级统筹 劳动保障部门	市级统筹 劳动保障部门	县级管理 劳动保障部门
	筹资分配	完全收入再分配	完全个人积累	完全个人积累

表 6.2　　　　　　　我国三大医保制度筹资机制横向比较

		职工医保	居民医保	新农合
资源动员机制	筹资对象	城镇正式就业	城镇非正式就业	农村户籍
	筹资来源	政府、单位、个人	政府、个人	政府、地方、个人
	筹资基数	在职职工工资总额 个人工资总额	定额 定额	定额 定额
	筹资比例	参保单位缴费6%—9% 个人缴费2%	政府380元 个人200元左右	政府380元 个人30—50元
资金来源归集	筹资管理	社会统筹+个人账户	社会统筹	社会统筹+家庭账户 社会统筹+门诊账户
	筹资建账	个人缴费全部进入个人账户 单位缴费30%进入个人账户后 剩余部分划入社会统筹	全部纳入社会统筹	个人缴费全部进入 家庭账户或门诊账户
	资金管理	市级统筹 劳动保障部门	市级统筹 劳动保障部门	市（镇）统筹 卫生部门
	筹资分配	部分收入再分配	完全收入再分配	部分收入再分配

从筹资来源上看，城职保体现了责任共担原则，城乡居民保障责任主体有限。我国社会保障制度社会化目标提出后，养老保险和医疗保险改革的重点均放在多方主体责任共担、多方筹集资金上。目前，除机关事业单位养老保险之外，其他养老及医疗保险均已实现三方或两方共担机制，这大大增强了社保制度的筹资能力。但相比之下，城乡居民保障筹资机制中两方筹资责任分担的关系显得既稳定又脆弱，稳定性是指完全需要双方共同来承担的全部筹资责任，但这种靠单一因素凝聚的稳定性容易因其中一方筹资力量削弱而变得脆弱。城职保的三方共同筹资保证了资金来源的稳定性和可靠性。

从筹资基数与比例上看，城职保缴费具有主动性增长的调节机制，而城乡居保缴费只是被动性调节。城职保以企业在职职工上年度工资总额作为参保单位缴费基数，以在职职工本人上年度工资总额作为个人缴费基数。城乡居民保障是以当地政府规定的具体数额作为缴费标准，没有缴费的具体参考基数。两种模式相比较不难发现，城职保的缴费能力是与经济增长、工资水平提高相挂钩的主动性增长机制。城乡居保只是在政府财政能力许可的条件下小幅的、任意的、被动的增长，甚至其增幅远低于经济增长速度及物价上涨水平。由于没有考虑农村经济增长、农民市民化以及农民养老、医疗需求的变化等因素，筹资基数的调整不是机制性的，从而不能预期未来。最重要的是，它导致了政府责任的边界日益模糊化，在福利刚性的推动下，政府的补贴只能增不能减，未来将对政府的财政能力带来挑战。[①]

从缴纳资金的负担分配比例来看，城职保中企业与职工基本按照7∶3的比例缴纳；城乡居民养老保险政府给予定额55元基础养老金，这种政府按人头定额补贴、个人定额缴费的筹资方式，与农民个体收入无关联，缺乏激励机制，不利于纵向公平。居民医保中政府与个人约按照3∶7的比例缴纳；新农合中政府与个人约按照8∶2的比例缴费（各地有所不同）。横向比较中容易发现，三项公立医保制度中居民医保个人所需承担责任最大，缴纳费用比例最高，参保者个人负担比例与另外两种医保制度相比过重。居民医保于2007年刚刚试点建立，制度发展时间不长，制度设计与另外两者相比存在不公平之处。尤其是仅以两方作为筹资主体，容易因为参保者缴费比例过高，导致不支持情绪蔓延，可能影响到制度的可持续发展。

从筹资管理与建账上看，城职保采取统账结合的方式，城乡居民养老保险采取个人账户方式，城乡居民医疗保险采取社会统筹的方式。统账结合的筹资管理模式中，社会统筹部分按照现收现付，以支定收原则运作。个人账户采取完全积累，以收定支原则运作。职工医保与新农合均采用统账结合的筹资管理方式。这种方式在制度建立初期很好地将参保者个人的投入成本与收益相挂钩，调动了参保人员的积极性。居民医保采用单一的社会统筹方式，即参保者不享受门诊医疗及购药费用的医疗保障，基金完全由社会全体居民参保者调剂使

[①] 刘小青：《新型农村合作医疗的社会保险性质探析》，《西部论坛》2014年第3期。

用，更好地体现了互助性原则。两种筹资管理模式各有利弊。笔者认为，统账结合模式是有其发展的特定原因的，当制度逐渐走向稳定时，更应该强调筹资模式的社会统筹功能。因此，总体上来看，当前社会保障制度的筹资机制在人群分立的情况下，更有利于优势群体而不利于弱势群体。

三 投资运营机制分析

投资运营机制是制度规则公平的保证。社会保障制度确立社会化方向改革目标后更需要加强投资运营的作用，以通过对社会保障资金的投资运营来达到各受益主体间在未来预期收益上的纵向平衡，并最终实现对公平目标的追求。从具体的社会保障制度设计来看，多层次的制度体系以及"统账结合"模式必然要求投资运营机制的发展和完善，以保证资金在长时间的积累中实现保值增值，防止资金受通货膨胀的侵蚀。尤其在养老保险、医疗保险等领域，多层次、多主体、"统账结合"的制度模式强调以制度效率形成对制度均等化目标的替代；以政府和市场机制的结合形成对政府主导的突破；以多层次的制度体系形成对单一制度结构的创新。然而，当前我国的投资运营机制尚不完善，非但没有使不同群体共享资本市场利益的增长，反而由于不同群体利用资本市场能力的差异成为进一步加剧福利分层的重要因素。对于投资运营机制所产生的福利分层分析可以从两个维度展开：一是"统账结合"制度模式中对"个人账户"的投资运营机制分析；二是补充保险制度的投资运营机制分析。

首先，"统账结合"模式特点要求除社会统筹部分资金采取现收现付制外，个人账户部分需要在兑付期前形成长时间的资金积累，为实现该部分资金的保值增值就需要对其进行投资运营。以养老保险为例，由于当前机关、事业单位的养老保险完全由财政拨款承担，所以没有个人账户投资运营的压力。城职保以及城乡居民养老保险基金均采取个人账户的形式，城职保的个人账户资金来源于个人以及企业缴费，城乡居民养老保险个人账户部分主要由个人缴费和地方财政补贴组成。由于个人账户资金从缴费到受益期的间隔时间较长，为防止通货膨胀风险，该部分资金的投资运营需求较大。同时，个人账户基金具有私有产权的性质，与个人账户所有权相关的权益都归属于参保人，"个人账户"的投资收益率越高，未来个人账户中的待遇支付按照个人账户中的全部余额除以139来确定月计发标准就越高。因此，"个人账户"投资运营的情况将直接影响到未来受益者的退休金水平。但从目前城职保和新农保对个人账户基金的投资运营的情况看，职工养老金进入资本市场的呼声越来越高，《基本养老保险基金投资管理办法》已对外印发并下放。2012年广东省先行先试，率先委托全国社保基金理事会运营1000亿元养老保险基金，并延长委托期至2017年；2015年，山东也委托其运营1000亿元养老金。据全国社保基金2014年度报告其受托管理的广东养老金1000亿元，累计投资收益173亿元，首个委托期满至2014年年末的投资收益达55.58亿元。从长远看，职工养老金会获得更多的投资收益用于回报缴费职工。

与之相对，城乡居民养老保险基金个人缴费从100—2000元共划分为12个档次：分别为每人每年100元、200元、300元、400元、500元、600元、700元、800元、900元、1000元、1500元、2000元，缴费年限十五年。按照目前政策规定，参保人实际上每个月所能领取到的养老金待遇为：（中央补贴+地方政府补贴+个人账户总额）/139。个人缴费档次越高，个人账户总额也就越高，两者成正比关系。但退休收益比与投资成本比并非一致。基本的情况是：在投资成本大幅上升的时候，参保人的退休收益却只是小幅上升。如果中央和地方政府未来对不同档次增加补贴的话，退休收益比会再上升。同时个人账户储存额参考中国人民银行公布的人民币一年期存款利率计息，银行利息过低，降低了个人账户积累额的实际投资回报率。

其次，从补充保障制度的发展来看，多层次的社会保障体系非但没有发展起来，反而发展不均衡现象突出。在20世纪90年代的养老保险制度改革中，虽然就已提出了建立多支柱型的养老保险制度模式，但直至目前为止，我国多层次的养老保险制度尚未建立起来，第一支柱的社会基本养老保险和第三支柱个人储蓄养老几乎承受着全部压力，国家和个人的负担过大，而其第二支柱则没有承担起相应责任。如此单一的养老保险结构使退休人员的退休收入主要来自基本养老保险制度，以至退休金替代率水平难以大幅提高。企业年金发展严重滞后的后果，一是不利于弥补不同企业性质间养老保险待遇差距较大的事实；二是企业年金在不同企业类型间非均衡发展有进一步拉大不同群体间收入差距的可能。郑秉文指出，中国企业年金建设的发展呈现混乱和"碎片化"状态，并其恐成为加剧社会分配不公的"富人俱乐部"，因为目前大中型国有垄断企业建立企业年金的单位数量要远超非国有中小型企业。[①] 同时，赵曼也指出国外的企业年金计划的保障范围主要指向跨国公司、大中型企业、高新技术产业，而小型工业企业、商业、服务业及低收入者大都未在保障之列。[②] 根据2014年第三季度全国企业年金基金业务数据显示，全国建立企业年金企业数量72171个，参加职工人数2210.46万人，累积基金7092.39亿元，本年度累计收益率6.01%。可以见得，企业年金的投资收益率要远超个人账户资金的投资收益率，如果企业年金的建立仅仅是大中型国有垄断企业的专利，那么企业年金未来的发展前途必定受限，难以发挥缓解福利差距应有的作用。

四 待遇给付机制分析

待遇给付机制是制度规则公平的体现。在待遇给付机制中的不公平主要表现在社会保障待遇和服务不具备累退性。所谓累退性，是指收入越高，缴费越高，获得的待遇比例越低。在有些国家中，养老金待遇获取资格、待遇水平的确定除依赖本国居住的年限，依赖受益人对养老金制度的缴费时间，个人只有在达到最低年限的缴费之后才有

[①] 郑秉文：《中国企业年金发展滞后的政策因素分析》，《中国人口科学》2010年第4期。

[②] 赵曼：《企业年金制度构建及其治理结构》，《理论月刊》2004年第8期。

资格取得养老金待遇外，有一些国家并无最低缴费年限的限制，缴费即可享受养老金待遇。有些国家女性对于儿童的照料时间也纳入缴费期限中体现制度的累退性。而我国社会保障制度整体上是累进的，只要待遇上的累进性超过了税收上的累退性，那么制度整体的待遇给付就是累进的。由于我国的社会保障待遇给付机制采取的是与缴费相关联的模式，但这种给付方式不利于贫困人口提高互济性。在养老保险待遇给付上，其收入再分配的调节力度不大。城镇职工的基础养老金参照上一年度职工平均工资计算，而城乡居民是按照固定的基础养老金+个人账户养老金，缺乏合理的待遇增长调节机制，使养老金的给付没有形成规范的待遇调整，不利于低收入群体的待遇享受。

在医疗保险制度方面一方面由于采取统账结合模式而导致社会共济功能弱化；另一方面由于医疗保险报销设定了起付线与封顶线，而且门诊多数为自费项目，不予报销，不利于中低收入群体减轻医疗负担。在社会救助方面，低保政策的待遇水平仅能够维持基本生活，对缓解城乡贫困发挥了一定的作用，但对缩小收入差距的作用并不明显。①

五 统筹管理机制分析

统筹管理机制是规则公平的内在要求。在由计划经济向市场经济转型的过程中，计划经济体制下"政出多门""多头管理"的社会保障管理体制已远远落后于市场经济体制对于其的要求。尤其在城乡间统筹协调发展的大背景下，对城乡社会保障统筹化发展的要求更成为弥合社会保障"碎片化"发展格局制度性裂痕的重要方式。而当前，社会保障统筹管理机制对福利分层问题的影响尤为重要的表现在以下几点。

首先，行政管理机制的分化成为人为地造成制度内群体间不公平

---

① 李实、杨穗：《中国城市低保政策对收入分配和贫困的影响作用》，《中国人口科学》2009年第5期。

的重要原因。当前我国社会保障管理呈现"由人力资源和社会保障部、民政部两家主管,其他部委多家协管的格局:社会保险由人社部管理,社会救济和社会福利,特别是最低生活保障由民政部管理;农村合作医疗由卫生部管理;住房公积金和保障性住房由住房和城乡建设部管理;企业年金由人社部、保监会、证监会、银监会按照各自的管辖范围共同管理"①。不仅部门之间的管辖范围存在职能交叉,同时由于城市和农村实行两套完全不同的社会保障模式,必然带来不同部门之间利益的分化。多头管理也造成了参保者即使是在同样的工作岗位,同样的工作年限,也可能仅仅因为参加社会保险部门的不同而得到不同的社会保障待遇。

其次,制度统筹管理层次低下,社会保障制度的管理成本增大,社保资金抵御风险的能力降低。目前的社会保险制度统筹层次普遍不高,社保资金一方面分散于市级甚至县级政府的社保管理部门手中;另一方面又被多部门封闭管理,造成了双重分割,使得有限的资金调剂能力低下、抵御风险的能力不足。加之当前社保资金监管制度的不完善,社保基金流失的风险加上统筹层次难以提高,无形中增加了社会保障管理成本,降低了社会保险大数法则的功效,更放大了以身份级别及单位性质为标准的社会群体间的不公平。同时,社会保障业务管理机构诸侯割据的状态已不能适应我国社会主义市场经济条件下劳动力在全国范围内的自由流动,这无疑成为影响社会保障城乡统筹发展的严重障碍。②

最后,信息共享平台难以搭建,不利于统一的劳动力市场建立。社会保障管理服务平台在不同部门之间、项目之间、制度之间未能有效整合,导致信息沟通不畅、资金使用不当、管理能力低下等问题。由于不同部门建设的社会保障平台各自为政,信息系统各成孤岛,户

---

① 叶响裙:《论我国社会保障管理体制的改革与完善》,《中国行政管理》2013年第8期。

② 王晓东、童星:《城乡统筹视域下社会保障管理体制改革的路径》,《社会保障研究(京)》2012年第2期。

籍、人员基本信息和业务流程重复采集、重复建设,有些互相联系的保障项目却难以提供一站式服务。信息的孤立导致重复参保人数增加,政府的财政无效补贴大概每年在 250 亿元以上。农民工重复参保、重复补贴、重复报销等问题相对突出。同时,随着我国城镇化进程加快,人员流动增加,就业方式转变,参保人员身份经常在城镇职工、城镇居民和农村居民中发生转换,但由于社会保障项目分属不同的部门管理,相互之间缺乏统筹协调,参保人员身份发生变化时,保障关系难以接续,在一定程度上造成参保者利益损失。

第二节 内在福利规则对社会保障制度分层化的操作化机制分析

制度经济学将制度划分为内在制度以及外在制度。内在制度被定义为:群体内随经验而演化的规则;外在制度则被定义为:外在地设计出来并靠政治行动由上面强加于的规则。[①] 一般来讲,内在规则可能始于一个受益于某些统一安排的小团体内部,一旦这一规则的益处变得明显起来,该规则就会被更多的人采用。只有当认可一项经验的人数超过一个临界点之后,该经验才会转变为一项内在制度。内在规则与外在规则的不同之处包括:(1)形成条件不同:内在制度是根据经验不断演化并控制着人的相互交往,其实施大都诉诸自愿协调;外在规则是由一个主体设计出来并强加于共同体的,需要强制实施;(2)违约成本不同:内在规则对个体的约束性没有外在规则强,违反内在规则的后果要由个体在具体环境决定接受或不接受违规行为的后果;违反外在制度则需要受到制度约定的惩罚,强制性秩序留给个人评估具体情况的余地要小得多;(3)传递方式不同:外在制度总是隐含着某种自上而下的等级制,而内在制度则是被横向地运用于平

[①] 柯武刚、史漫飞:《制度经济学——社会秩序与公共政策》,商务印书馆 2008 年版,第 119 页。

等的主体之间。与外在制度相比,内在制度对外在制度的实施效果起到补充和缓冲的作用,适当减少外在制度的运行成本以及外在制度运行中的不适性。由于内在制度变异的余地较大,而且附属于内在制度的惩罚在许多时候是可变的,这也增强了它们的演化能力。另外,内在制度还有一个连带优势,即它们能被灵活地用于变化的环境之中,因此,内在制度也被视为"文化黏合剂"的组成部分,它保持着群体的整合。

内在制度与外在制度在社会整合中的功能互补关系决定了在多元社会结构系统中,既需要依靠外在制度的运行来维持社会的秩序化发展,也需要内在制度的软性约束来减少社会摩擦和冲突。一般说来,社会异质性愈强,社会分化程度和结构愈复杂,整合功能的需求愈强;反之,社会同质性愈强,社会的分化程度和系统结构就会越简单,对整合功能的需求愈弱。当前社会作为一个复杂的社会系统,除了通过外在的制度规则对其运行进行约束外,同样少不了内在制度发挥作用,以减少外在制度规则运作中产生的摩擦力。正是由于内在福利规则具有民间性、非成文性和灵活性等特点,使它既是外在福利规则产生的重要来源,同时又扎根于普通民众,为老百姓所熟知,也为老百姓所认同,因此继承与创新内在福利规则是现代福利规则建设不可缺少的内容。

然而,随着社会现代性发展的不断深入,个体化的发展趋势逐渐的造成内在福利规则与外在福利规则之间的断裂。两者的断裂一方面使内在福利规则难以发挥其作为外在福利规则互补的制度功能;另一方面又会使自身的发展陷入困局,传统的福利文化逐渐丧失。因此,除了分析外在福利规则与社会保障分层问题的形成关系,同时还需要对内在福利规则与社会保障分层的形成关系进行分析。

一 共同体意识:内在福利规则发挥作用的基石

内在福利规则作用的发挥需要建立在共同体意识基础之上。因为共同体作为一种社会关系,对一定地域或职业范围内的社会成员形成了约束，而内在福利规则产生的环境必须要通过一种持续互动的社会关系使规则的益处在互动成员间显现。因此，共同体意识的存在是内在福利规则发挥作用的前提条件。韦伯认为："共同体化"应该称之为一种社会关系，如果而且只有当社会行为的调节建立在主观感觉到参加者们（情绪上或者传统上）的共同属性上。这种社会化行为的维系韦伯将其归结为两种合乎理性的情况：（1）价值合乎理性地以信仰自己负有责任为取向；（2）目的合乎理性地以期待合作者的正直诚实为取向。① 如果说外在制度规则的设计是依据工具理性而需要权利义务主体必须平等的进行合作的话，那么，内在制度则体现为一种价值理性，以期在制度外实现对自己的行为负责。可以说，共同体的形成更依赖于非制度化的情感联系，以情感联系为纽带实现同质个体间的整合。"共同体化可以建立在任何方式的情绪或感情的基础之上。"② 按照韦伯的定义，共同体化的表现形式是多样化的，包括常见的家庭形式、社区形式、行业协会等形式。无论是家庭、社区还是行业协会，共同体的存在都具有一个共性：即在市场经济中，精于算计的个人得失的"经济人"被不计较个人得失的"社会人"关系所替代，人与人之间是靠非制度化的情感联系为依据，并且这种情感联系在现实操作中可以转化为共同体范围内成员的获益，以此形成了内在规则的存在基础，进而实现任何一种超出现实目的的联合体行为的、旨在较长时间的、在同样的人员之间建立社会关系的、而不是从一开始就局限在实际的个别效益上的社会化。

与西方共同体带有的"连带"意义有所区别的是，东方的共同体意识可以用儒家文化来加以说明。尤其在社会福利领域，基于家庭的、社区的、行业的互助行为以及社会成员间广泛的慈善救助行为不仅有着悠久的存续历史而且被深深地打上了儒家文化烙印。无论是

---

① ［德］马克斯·韦伯：《经济与社会》，林荣远译，商务印书馆2006年版，第70页。

② 同上书，第71页。

第六章 规则公平性考察：社会保障制度分层化的操作机制

《礼记·李运》篇中的"大同社会"，还是《论语·里仁》中的"里仁"，抑或是《孟子·滕文公》中以井田制为基础的"村落共同体"都是典型的建立于儒家思想基础上的理想社会模式。而其共同点就在于，在这种社会模式中，"为了树立共同体的理想、实现共同体的善，需要成员间的纽带关系。如果成员选择独立的生活方式，追求各自的权利和利益，共同的善是难以实现的。反之，不合实际的社会参与、不充分的社会保护、不够强大的社会整合以及缺乏活力的赋权机制都会成为贫困的原因，也是造成社会排斥的因素。因此强调人际关系的东方思维模式可以用来开发预防西方社会排斥现象或者防止形成下层阶级的手段"①。可以说，民间这些非正式性的互助行为及慈善救助行为的产生无一例外的都遵循着建立于共同体基础上的内在福利规则，无论共同体的大小，共同体成员间均可实现社会风险中的互助互济，来防止下层阶级的形成以及社会成员的过度分化。

二 内在福利规则对社会保障制度分层化的作用分析

内在福利规则由于共同体范围大小的不同而有着不同的表现形态，"比如有些学者强调共同体的地域性、自然生成性等原初特征，将在特定物理空间形成共同风俗、信仰、习惯和社会记忆当成'共同体'的基础，如邻里、村庄、城市等。而另外一些学者则跨越地域限制，在现代化和公民社会的语境下，把现代社会任何基于共享的价值、道德、种族、身份、遭遇、兴趣等形成的相对聚合、持续关系的人群都视为共同体，如种族共同体、职业共同体、宗教共同体等"②。借鉴上述学者对共同体类型的划分，笔者将内在规则划分为强调血缘关系的家庭福利规则、强调地域关系的社区福利规则以及强调价值共识关系的慈善福利规则三种类型。这些内在福利规则的形成一方面皆

---

① [韩]朴炳铉：《社会福利与文化——用文化解析社会福利的发展》，高春兰、金炳彻译，商务印书馆2012年版，第224页。
② 高亚芹：《"共同体"概念的学术演进与社区共同体的重构》，《文化学刊》2013年第5期。

遵循着共同体意识；另一方面在不同的福利规则间又有其不同的发展形成轨迹、存续依据及对社会保障分层产生不同的缓冲作用。

(一) 家庭福利规则对社会保障分层化的缓冲作用

家庭是指以婚姻、血亲和供养关系为纽带而组成的特殊的社会生活组织形式。它作为"社会的细胞"，是人们最基本的生活单位。[①] 家庭是强调血缘、亲缘关系而形成的共同体形式之一，家庭福利规则的存在和延续深刻的与儒家"孝"文化传统和经济分配功能联系在一起。

首先，家庭福利规则对社会保障分层的缓冲作用离不开儒家"孝"文化基础。我国长久以来的儒家文化奠定了广泛存在的基于血缘基础上的孝道文化，并形成了以血缘集团为中心的家族主义，这使家庭所提供的内在福利规则具有福利的文化可能性。在儒家文化的长期熏染下，基于"孝道"的家庭主义福利文化使子女赡养父母成了思想上自觉、行为上认同的行为，并已逐渐内化为中国家庭化的非正式福利制度模式。另外，这种来源于思想上自觉、行为上认同的互助行为使家庭成员获得正向福利激励，家庭成员在遭遇社会风险时可以从正式制度规则难以获得支持的情况下获得家庭支持，来自家庭的支持大大减少了家庭成员受到伤害的程度。可见，传统"孝"文化的核心价值观在长期的文化传承中形了国人相对稳定的思维方式，并形成了与之相匹配的家庭保障方式。

虽然长期以来，我国城乡间长期存在二元社会结构，但农村和城市的家庭福利规则均发挥着不同程度的作用。在城镇，虽然国家的正式保障项目较为齐全，但完全依靠社会化方式仍然难以化解不同群体的个性化需求，尤其是多样化的服务类需求。除此之外，我们仍不能排除仍然有一部分特殊群体游离在正式制度安排之外。而当人们在遭遇失业、患病、老年照护等社会风险时，来自家庭的经济支持、情感慰藉支持仍然是首当其冲的，占据不可替代的核心地位。在农村，同样保持着一种以家庭主义为本位的保障方式。比如，养老保障中，

[①] 陆学艺：《当代中国社会结构》，社会科学文献出版社2012年版，第87页。

第六章 规则公平性考察：社会保障制度分层化的操作机制

80%的农业老年人的养老几乎全部依靠家庭保障，家庭养老仍是目前我国广大农村人口解决养老问题的一种主导保障模式。

其次，家庭福利规则对社会保障分层化的缓冲作用离不开其代际间的经济分配功能。在家庭中由父母双方共同或他们的一方在子女之间建立的关系，对于产生一种共同体行为所以有一般的意义，仅仅是因为它们成为一种特殊的经济团体的一般基础，尽管不是唯一的基础：家族共同体。① 家庭共同体的"纯粹的"特征在经济和人员方面意味着：在严格的个人孝敬关系的基础上，团结一致，牢不可破。对外休戚与共，对内在日常用品方面实行共产制度的使用和消费公有制。家族共产制度的原则，即"不结算"，个人各尽所能做贡献和按其所需得享受，这些特征直至今日还作为我们"家庭"的家族共同体最重要的特点继续存在着。家庭共同体能够为家庭成员，特别是社会弱势群体提供包括经济支持、精神慰藉支持、服务支持在内的多种支持形态。

其中，家庭共同体最重要的功能体现的是经济支持，即"经济共同体"，这是包罗着一种很有持续性和强度很大的共同体行为。正是由于"经济共同体"的功能存在决定了其利用内在福利规则为家庭成员提供福利的经济可能性，并在经济意义表现为为家庭成员面临的社会风险提供经济援助；其社会意义在于缓和了家庭风险上升为社会风险的可能性。在中国这样一个长期秉持"家国同构"观念的国度中，传统家庭是一个以家长为中心的多功能综合体，承担着教育子女、养老抚幼、寄托精神、组织生产、传承财产等多项功能。在这之中，家庭经济功能在养老抚幼方面提供的经济支持是中国传统家庭保障的一项重要职能。② 西方的中国专家也普遍认为"传统的中国家庭是一个合作社组织，其特点是统一预算、共享财产和汇聚个体成员收

---

① ［德］马克斯·韦伯：《经济与社会》，林荣远译，商务印书馆2006年版，第399—400页。
② 张军：《主导、冲突与融合：中国福利文化下社会保障制度的历史演进》，《经济问题探索》2012年第4期。

入的家庭经济。这种合作单位的特色是机动性和能够充分利用家庭资源以及外部机会的创业能力"①。

可以说，家庭福利规则中所基于的经济分享功能以及儒家"孝"文化功能对外在制度安排下所形成的福利分层问题可以起到一定程度的缓解作用。由于福利分层问题形成的根本原因是在于福利资源在不同社会阶层之间的不平等分配，使社会资源分配中的强者愈多、弱者愈少规则延续至社会福利领域。而家庭的经济分享功能是以孝文化为基础，尤其是在孝文化熏染下，家庭成员内部的财富再分配功能的实现并不依据"投入—产出""成本—收益"的市场化规则为衡量依据，而是建立在家族共同体上的"孝"文化熏陶之下，以一种无偿的方式进行着对长幼及弱势群体的抚恤。这与正式制度安排中的代际分担所依靠强制性转移支付手段不同，家庭福利规则下财富代际转移遵循自愿无偿原则。也就是说，家庭财富代际转移无须考虑缴费率与通货膨胀率、缴费率与消费率之间的关系等。家庭共同体所遵循的家庭福利规则可以大大的弱化市场化的分配格局，家庭结构内部的代际再分配成为社会弱者的庇护港湾。

（二）社区福利规则对社会保障分层化的缓冲作用

"社区"概念是由德国社会学家滕尼斯在1887年出版的《社区与社会》一书中较早提出的，它是指由同质人口组成的关系亲密、守望相助、疾病相抚、富有人情味的社会团体。因此，社区是强调地域关系的共同体形式。韦伯对此的理解是"任何由于空间的挨近和因此而赋予的久远或短暂的利害与共，尽管我们在多数情况下指的是居住相靠近的家族共同体的邻里。一般而言，邻里共同体还是建立在实际的、持续的居留地点相近这一简单的事实基础上。在早期农村地区自给经济内部，'村庄'是一群紧挨在一起居住的家族共同体，是典型的邻里团体，邻里关系也可以超越其他组织——比如政治组织——的固定界限，发挥其作用。……在邻里之间，这产生于全世界的根本不

---

① [美] 阎云翔：《中国社会的个体化》，上海译文出版社2012年版，第96页。

第六章 规则公平性考察：社会保障制度分层化的操作机制

带感情色彩的公众伦理古朴的基本原则：你帮我，我帮你"。社区的基本功能是"以人为本"、自我管理、自我教育、自我服务，社区福利规则的存在和延续取决于两方面因素：一是对家庭福利规则的进一步扩展的功能性需要；二是社区具有社会资源整合能力，迎合了市场经济多元主体转型的需要，承接了"单位制"福利供给的功能。同时，以上两方面因素使社区福利规则实现对福利分层的缓冲作用。

首先，社区福利规则是家庭福利规则的进一步延续，并在更大范围内实现功能性扩展。虽然家庭共同体可以在家庭范围内实现成员间的风险负担转移，但在一些特别的事务、紧迫的危急情况和危险时需要提供帮助的情况下，很重要的一部分是靠一种超出单个家庭的共同体行为，需要在更大的范围内实现一种出于自愿原则的风险分担机制：即"邻里"的帮助。"家庭将继续履行和发挥照顾和供养父母的功能，但是如果家庭要充分满足老人的福利需求，就必须扩大家庭范围之外的邻里和社区的社会支持网络。这个事业也应该是靠社会福利专门职业来实现。"[①] 可以说，在现代社会中仅仅靠家庭的力量已经不能为父母提供综合性的、专业化的照顾和供养。这是因为现代社会结构和市场经济的原因，虽然家庭财产的共享功能仍然存在着，但家庭的核心化和小型化发展趋势使得核心家庭靠自身的力量越来越难以承担家庭照护功能，同时家庭对照顾和扶养方面也不具有专门的知识和技能，对陷于困境的家庭来说，国家应该提供信息和支援服务。当然家庭提供的关心照顾与外部的公共福利体系提供的支援应该统一起来，因此将家庭的扶养功能和公共部门的志愿项目很好地结合起来就成为社区福利规则存在的重要原因之一。

其次，社区具有社会资源整合能力，并且承接了市场经济转型背景下"单位制"的福利供给功能。韦伯在谈及社会关系时曾提及对外"开放的"社会关系以及对外"封闭的"社会关系。他认为合乎

[①] [韩]朴炳铉：《社会福利与文化——用文化解析社会福利的发展》，高春兰、金炳彻译，商务印书馆2012年版，第231页。

理性的社会关系之所以存在主要取决于能否为参加者改善自身的处境:"一种社会关系可能为参加者开拓满足内在和外在利益的机会,不管是根据目的或者根据成果来衡量,也不管是通过团结一致的行为或者通过利益的平衡。如果参加者们从她们的传播中期望在规模上、方式上、保障方面或价值方面改善他们自己的机会,他们就对于对外的开放感兴趣;相反,如果他们期望从其垄断化中改善自己的机会,他们关心的则是对外的封闭。一种封闭的社会关系保障给参加者以垄断了的机会。"① 社区福利规则既是一种封闭性的社会关系,同时还是一种开放性的社会关系。封闭性体现在覆盖范围上,当社区共同体发生"封闭的"社会化时,它在规模上就能保持固定的界限,当一种邻里关系经过社会化成为"经济共同体"时,一般就会有固定的界限。其开放性体现在福利资源的多层次性,包括福利主体多元化、福利来源的多样化等特点。社区福利规则的"封闭性""开放性"双重社会关系特征都可以使社区内部成员成为多元化福利资源的享受者,进而提升福利满足感。

当前,社区福利规则发挥缓冲福利分层的作用正是由于其作为了家庭福利规则的功能性扩展及社会资源整合的共同作用。这是因为,家庭福利规则的功能性扩展决定了社区福利规则的基本属性定位于以福利性、公益性、互动性和地域性为特征。作为计划经济时期"单位制"福利供给功能的替代,社区福利从服务对象上看虽然是面向全体社区居民的福利服务,但其工作的重点仍以维护、确保社会弱势群体,如老年人、残疾人、下岗失业人员及其他特殊群体的最基本生活为出发点和归宿。从社区福利服务运作机制看,社区福利服务是在自办、自助、自管的共治理念下,通过非正式的自然关系网络和正式网络的结合,在国家和地方财政支持的情况下,依靠动员和组织各方面的人力、物力、财力,开展有利于群众的非营利性社区服务项目,为

---

① [德]马克斯·韦伯:《经济与社会》,林荣远译,商务印书馆2006年版,第73页。

居民谋利益、改善居民的生活条件、创造良好的社会环境。从社区福利的实施效果看，社区福利通过让不同阶层的居民拥有共同的利益基础，以此来搭建不同社会阶层沟通和交流的平台，这对于不同阶层的居民形成社区认同感、归属感，找到利益共同点等都起着促进作用。因此，社区福利规则在一定的社区范围内，对社会保障分层化问题起到了一定的缓冲作用。

（三）慈善福利规则对社会保障分层化的缓冲作用

慈善活动无论是在传统农业社会还是在现代的工业社会，均承担着非常重要的福利供给功能。一般来说，社会资源的分配一般依靠三种机制并分别遵循不同的原则：第一次分配以市场机制为基础，属于市场行为，以生产要素投入量为分配依据，实现效率优先的分配原则；第二次分配以政府调控为基础，属于政府行为，以弱者优先、调节贫富差距为分配依据，实现公平优先原则；第三次分配以社会成员自觉自愿的捐赠为基础，属于社会行为，遵循志愿原则兼顾了效率与公平的双重标准。如果说家庭福利规则的存在强调血亲关系、社区福利规则的存在强调地域关系，那么慈善福利规则的存在则更强调价值共识关系。也就是说，一国慈善事业发展的水平不仅取决于经济发展程度和公民收入的水平，更取决于公民慈善意识和慈善精神的素养。实践一再表明，个人财富的多少与慈善精神的有无之间并不成正比。[①]因此，在一个慈善价值取得共识的国家中，慈善事业的发展水平也就越高，慈善事业通过第三次资源分配的方式实现对社会保障分层的缓冲作用。

三 个体化：内在福利规则面临的挑战

综上所述，笔者认为内在福利规则是建立在共同体意识基础上的，在由血缘关系、地域关系及价值共识关系形成的共同体内部，可以通过家庭福利规则、社区福利规则以及慈善福利规则实现对社

---

① 毕天云：《论建设中国特色的福利文化》，《学习与实践》2009年第4期。

会保障分层的缓冲作用,尤其在外在制度规则进一步加剧社会分层已成为事实的情况下,进一步发挥内在福利规则的作用的确有助于减轻社会分化和矛盾。然而,当前内在福利规则在发展中也遇到一些挑战,建立在共同体意识基础上的内在福利规则与现代社会转型中个体化趋势相冲突,逐渐出现了共同体意识的解构,共同体意识的作用范围在减小甚至难以达成共识。如果一旦建立内在福利规则的共同体基础被动摇的话,那么建立于其上的内在福利规则及其功能也将遭遇重重挑战。

首先,家庭福利规则受到家庭结构核心化和小型化的挑战。家庭结构遭遇核心化挑战表现为从主干家庭向核心家庭变迁。其中,主干家庭指由至少两代夫妇或每一代都有一个健在的配偶及其未婚子女组成的家庭;核心家庭指由一对夫妇及其未婚子女组成的家庭。主干家庭向核心家庭的变迁一方面表现为父权文化的式微,横向的夫妻关系成为家庭领域的中心;另一方面则使长久以来"大家族"式的代际赡养关系弱化。这种变化的原因之一是源自于财产所有制形式变化引发的生产方式及生活方式的变化,使传统的家长权力失去了发挥作用的经济基础。"家庭成员与家长的关系弱化,而与社会的关系强化,这使得家庭结构的核心化成为主流"[①]。同时,成年父母与未成年子女之间的代际关系趋于平等,"反哺模式"弱化。原因之二是家庭外部社会结构的变化弱化了家庭作为生产单位的功能。例如农村的分家制度和城市的平均主义福利分配制度促进了家庭结构的核心化,城市居民的单位化使得原来由家庭单位完成的生产活动可以通过"单位制"社会化。从横向的亲属关系角度看,我国的市场化改革在使亲属关系纵向代际联系弱化的同时,也使横向同代关系朝着扁平化发展趋势变迁。国家通过行政途径和政治运动大大撼动了组织性的宗族行为及传统亲属制度意识形态的基础,商品生产和市场机制的引入为年轻

---

① 陆学艺:《当代中国社会结构》,社会科学文献出版社2012年版,第92页。

第六章　规则公平性考察：社会保障制度分层化的操作机制

人追寻个体利益提供了契机，并为横向的扁平亲属关系的发展提供空间。①

另外，家庭结构的小型化挑战主要来自于20世纪80年代的计划生育政策。该政策的实施直接导致家庭人口平均规模缩小，并引发老龄化危机。家庭结构的核心化和小型化发展趋势使得家庭赡养功能无论是在时间上还是精力上都变得力不从心。尤其在当前城乡社会化养老服务社会化程度并不高的前提下，家庭赡养功能的弱化势必给当前的社会结构转型带来严重问题。

其次，社区福利规则受到区隔化挑战。社区福利规则的实现需要建立在基于情感联系和共同合作的邻里关系基础之上。然而在现代城市中，社区打破了原有单位制下建立的业缘关系而回归单纯的居住功能。由于社区成员在身份、职业、年龄等方面的差异很大，价值取向和思想观念也很不一致，缺少对社区的认同感和归属感，进而形成了一种新的"条块分割"的区隔化情况。从某种程度上讲，现代城市建设使社区原有的亲密感和归属感逐渐被吞噬，原本用以维系现代社会中人与人之间的情感联系与团结的社区结构，在现代的城市社区中难以实现。

最后，慈善福利规则受到工具理性的挑战。这种工具理性一方面体现在人与人之间的互助式交往仅仅局限在小范围内。费孝通先生指出，在中国的传统文化里，人们奉行的是典型的由内及外的"差序格局"。在大多数情形下，中国人的仁爱与慈善通常限于家族内部或亲近之人，虽然也有帮助非亲非故者的诸多事例，但总是因循着由亲及疏、由近及远的潜规则，缺乏西方社会那种无论亲疏与远近均推崇爱人如己的平等、博爱理念；② 另一方面体现在工具理性越来越多地受到市场化及新自由主义观念的影响，使个人利益的追求成为现代人的普遍性法则。在市场经济条件下，社会结构由机械团结向有机团结转

---

① ［美］阎云翔：《中国社会的个体化》，上海译文出版社2012年版，第136页。
② 郑功成：《中国慈善事业的发展与需要努力的方向》，《学海》2007年第3期。

型，使人们的价值取向更加多元化，个人的利己主义被放大。同时，西方自由主义思想逐渐渗透至大众层面。西方新古典经济学中"理性人"假设的引入，使人们追求自身利益的合法化的同时在"祛魅"过程中实现对精于计算的效率主义追求。来自于这两方面的工具理性和慈善发展所需的价值理性相矛盾，以致阻滞了慈善福利规则的发展。

  在上述三个维度的分析中，无论是家庭结构的核心化、小型化还是社区区隔化抑或是慈善的工具理性化趋势，在一定程度上离不开现代性深入后个体化的发展趋势，而个体化趋势的发展恰恰是与共同体集体情感的社会关系相逆而存在的。阎云翔论述个体化形成所具备的三个条件：第一，流动与脱嵌。他认为流动性体现在，中国的社会结构在打破身体和社会的双重固化后，流动性不断增加。在集体经济时期，户籍制度将公民固定在出生地，通过农村的集体和城市的单位组织来满足个体在生活和工作中的基本需求。而在市场经济条件下"个体可以打破社会团体的约束，在新的社会背景下寻找自己的发展之路"，这主要归因于流动性劳动力市场的建立。脱嵌，是指通过农村集体和城镇单位的控制，实际上，国家将控制的触角深入到基层，是一个实至名归的强势国家。而个体在这个过程中却从家庭、宗族、亲属关系中脱嵌，并再嵌入至"集体——国家"框架下。这也是"个体第一次脱离了大家庭、亲属组织、地方社区等曾经囊括一切的社会范畴，作为新社会的一分子而被组织进新建立的农村公社或城市单位之中"。

  第二，个体身份和认同政治。在传统社会中，并不存在个体身份认同而是以集体认同的方式存在着。从"个体—集体—国家"关系来看，国家只承认集体中的个体存在，而不承认作为个体实体的个人。"在传统中国社会，个体深深嵌入在家庭网络和亲属关系中……解放以后，个体被国家从宗族和社区的权力中解放出来，然后又被重新嵌入社会主义大家庭的再分配系统中，由此每个人属于国家在政治上控制和经济上管理的组织——农村的集体或城市单位。……公共生活领域不存在自我身份，个体就永远不可能是公共话语中的一个独立单位"。而承认个体身份存在意味着"把个体从家庭、社区、工作单位、最终是国家的束缚中解放出来的重要进步"。

第三,新社会性与道德挑战。"新社会性"是指作为个体的个人之间的社会互动。随着社会和地理范围内的流动性不断增加,越来越多的个体发现自己在公共生活中与其他毫不相关甚至完全陌生的个体产生互动关系。个体身份和能力逐渐取代集体身份和能力成了人际互动中的主要形式,也就是说这种个体间的互动超越了以家庭、宗族、亲属和单位之间的集体互动。①

阎云翔对我国个体化趋势成熟条件的归纳是建立于改革开放四十年发展变化的观察中而得到的。脱嵌于家庭、社区、工作单位的个体化趋势实则是对于国家制度的更加依赖,即"制度化的个体化"。也就是说,在个体化过程中人们越来越依赖于正式制度规则建立起来的福利制度安排,并逐渐忽视对传统的集体化内在福利规则的重视,导致了内在福利规则的衰落。纵观中西方个体化发展的路径可以发现个体化本身是一个不可逆转的趋势,但这并不代表个体化所带来的一定是负面效应,如果想要发挥个体化的正面效应,那么个体间的互动则需要建立于社会共同体道德价值以及社会信任的认同基础上。而中国对个体化过分强调其功利主义与利己主义的含义使得个体单独进行社会交往时更强调通过交往为自身获利,并非建立于社会契约基础上,这使得个体化成为扩大个体为己逐利的合理性,使个体化变为一个负向意义浓重的词汇。因此,鉴于个体化趋势对共同体意识提出的挑战,需要对内在福利规则进行整合。

第三节 本章小结

我国社会保障制度的分层化成因除了权利公平和社会机会公平的

---

① [美]阎云翔:《中国社会的个体化》,上海译文出版社2012年版,第332—355页。

缺失外，规则的公平性缺失进一步将社会保障制度的分层化现象操作化。具体而言，在评价制度规则的公平性时，可以从外在规则公平性分析和内在规则公平性分析两个维度展开。其中，外在规则公平性的分析是就整个社会保障系统而言的，对于制度规则的公平性的评价从资格准入机制、资金筹集机制、投资运营机制、待遇给付机制、统筹管理机制五方面入手，全面的对当前外在规则如何使社会保障制度分层化现象操作化进行制度主义分析。

就外在福利规则对社会保障制度分层化所形成的操作化机制而言，资格准入机制是制度规则公平实现的前提。当前，我国社会保障制度资格准入机制公平性缺失主要体现在以下方面：一方面，社会保险资格准入条件主要以不同人群的身份特征为划分依据；另一方面，社会救助领域中资格准入的对象"瞄准"机制存在偏差；社会保障制度项目间资格准入动态衔接机制不顺畅。筹资机制是制度规则公平的核心。资金筹集机制公平性分析具体可从两个方面展开：资源动员机制和资金来源归集机制。资源动员机制是指动员社会力量，按照固定的标准和方式，本着公平互助、责任共担原则，最大限度的筹集资金。具体体现在筹资对象、筹资来源、筹资基数、筹资比例四方面。资金来源归集机制是指将原本分散的社会力量运用多种方式加以融合，使其体现规模效益。可体现在筹资管理、筹资建账、资金管理、筹资分配四方面。投资运营机制是制度规则公平的保证。多层次的制度体系以及"统账结合"模式必然要求投资运营机制的发展和完善，以保证资金在长时间的积累中实现保值增值，防止资金受通货膨胀的侵蚀。在待遇给付机制中的不公主要表现在社会保障待遇和服务不具备累退性。所谓累退性是指，收入越高，缴费越高，获得的待遇比例越低。统筹管理机制是规则公平的内在要求。当前，社会保障统筹管理机制对福利分层问题的影响尤为重要的表现在：一是行政管理机制的分化成为人为地造成制度内群体间不公平的重要原因；二是制度统筹管理层次低下，社会保障制度的管理成本增大，社保资金抵御风险的能力降低；三是信息共享平台难以搭建，不利于统一的劳动力市场

第六章 规则公平性考察：社会保障制度分层化的操作机制

建立。

就内在福利规则对社会保障制度分层化所形成的操作化机制而言，内在制度与外在制度在社会整合中的功能互补关系决定了在多元社会结构系统中，既需要依靠外在制度的运行来维持社会的秩序化发展，也需要内在制度的软性约束来减少社会摩擦和冲突。共同体意识是内在福利规则发挥作用的基石。其中，家庭福利规则对社会保障分层的缓冲作用离不开儒家"孝"文化基础；家庭福利规则对社会保障分层化的缓冲作用离不开其代际的经济分配功能。其次，社区福利规则是家庭福利规则的进一步延续，并在更大范围内实现功能性扩展；社区具有社会资源整合能力，并且承接了市场经济转型背景下"单位制"的福利供给功能。最后，慈善分配以社会成员自觉自愿的捐赠为基础，属于社会行为，遵循志愿原则兼顾了效率与公平的双重标准。慈善事业的发展水平也就越高，慈善事业通过第三次资源分配的方式实现对社会保障分层的缓冲作用。

但是，内在福利规则面临着个体化的挑战。首先，家庭福利规则受到家庭结构核心化和小型化的挑战。家庭结构遭遇核心化挑战表现为从主干家庭向核心家庭变迁。其次，社区福利规则受到区隔化挑战。社区福利规则的实现需要建立在基于情感联系和共同合作的邻里关系基础之上。然而在现代城市中，社区打破了原有单位制下建立的业缘关系而回归单纯的居住功能。最后，慈善福利规则受到工具理性的挑战。这种工具理性一方面体现在人与人之间的互助式交往仅仅局限在小范围内；另一方面体现在工具理性越来越多地受到市场化及新自由主义观念的影响，使个人利益的追求成为现代人的普遍性法则。

第七章　社会保障制度"去分层化"的路径选择

当前，我国社会保障制度在社会权利方面仍表现为身份权利，是依据城乡身份、职业身份、行政身份不同而产生保障待遇水平高低有别的社会保障结构。主要体现在老年保障、健康保障方面。在社会机会公平方面，尚没有形成对社会保障制度社会发展功能的认知，致使其在人力资本投资和个人发展方面投入较为薄弱，形成了底层弱势群体的固化现象。主要体现在生活保障、就业保障、教育保障和住房保障方面。具体到规则公平方面，社会保险制度中的资格准入机制、筹资机制、投资运营机制、待遇给付机制、统筹管理机制进一步分化了不同对象在享受社会保障时的差异。而传统的家庭保障、社区保障以及慈善保障受到个体化趋势的影响并没有发挥减轻社会保障分层化的作用。

因此，在社会保障"去分层化"的过程中，首先要明确"去分层化"目标；其次，"去分层化"不是否定责任主体多元化、筹资结构多方式、资源调动多渠道的多支柱、多元化社会保障制度模式；再次，"去分层化"是要求将社会公平作为其追求的制度目标，使所有社会阶层都能均等获得制度化社会风险化解机制的保障。因此，厘清"去分层化"的目标不仅要求我们将其与社会保障制度建设多层次、多支柱与多元化的社会保障制度模式相区分，同时我们还需要借鉴多支柱、多层次的制度理念以及制度模式安排。在此目标指导下，社会保障"去分层化"的具体原则需要以弱者关护原则、权利与义务相结合原则、公平与效率相结合原则作为制度建设基本原则，在"基础—补充"结构的社会保障制度架构内整合现有制度安排,将基础部分法制化以凸显公民社会权利公平,将补充部分资产化以凸显公民社会机会公平,从而达到整合"碎片化"制度框架的方式来实现社会保障"去分层化"的目的,实现社会各阶层均能公平地享受社会保障制度所带来的福利保障。

第一节 社会保障制度"去分层化"的目标设定及基本原则

一 目标设定

当前,我国社会保障分层化不公平的关键在于,它是当前不合理的社会分层特征在社会保障领域中的映射。社会保障制度成了社会分层的一个维度,进一步深化了各阶层间资源分配的差异。因此,在公民自我意识日益觉醒,对社会公平价值诉求越来越强烈的当下,我们必须对社会保障的分层化做出修正。在对社会保障"去分层化"的过程中,我们需要确立明确的目标,明确"去分层化"与多元化、多支柱、多层次的区别,不能够把社会保障分层化与多元化、多支柱、多层次的社会保障制度建设混为一谈。

我国最早提出多层次社会保障制度是始于20世纪90年代的养老保障领域改革,国务院在《关于企业职工养老保险制度改革的决定》首次提出"逐步建立基本养老保险与企业补充养老保险和职工个人储蓄性养老保险相结合的制度"。1995年国务院在《关于深化企业职工养老保险制度改革的通知》中明确指出:"国家在建立基本养老保险保障离退休人员基本生活的同时,鼓励建立企业补充养老保险和个人储蓄性养老保险,构建保障方式多层次的养老保险体系。"这也是第一次在国家正式的政策文件中提及建立多层次的养老保险体系。随后,《关于建立企业补充养老保险制度的意见》《关于建立统一的企业职工基本养老保险制度的决定》《企业年金试行办法》等法规条例相继颁布,标志着我国多层次养老保障体系初步确立。当前,我国多层次的养老保障体系包括三个层次：第一层次为统账结合的基本养老保险制度；第二层次为企业年金制度；第三层次为离退休人员个人养老储蓄。第一层次以保障社会成员的基本生活为目标；第二层次作为基本养老保险的补充，主要是保持退休职工一定水平的生活待遇；第三层次则是对有较高养老保障需求的社会成员采取鼓励性手段。中国所采取的多层次的养老保障体系制度运行主要为解决公平与效率间的旧有矛盾，但多层次养老保障体系主要面向企业职工并且发展程度是不平衡的，企业职工仍主要依靠第一层次进行养老保障。统账结合的基金筹集模式不仅仍未改变现收现付的本质，改革过程中转轨成本和隐形债务责任划分不清致使社会统筹部分资金挤占了个人账户资金。同时，多层次养老保障制度模式主要是针对企业职工展开，而其制度对象、制度结构并不利于未来养老保险"三轨"制整合。因此，正是由于多层次的养老保险体系在上述问题上的游离不清，导致目前多层次养老保障模式走向不明，制约了制度的进一步发展。

事实上，多数采用现收现付制的国家在人口老龄化危机的影响下，都在探索不同方式来化解养老金财务困难问题，试图找到一条可以自我支持、自我满足的途径。由于现收现付制与基金制度相比，更易受到劳动市场、经济、政治和人口压力，因此采用现收现付制与基金积累相结合的模式实际上是将风险分散化。现收现付制主要针对劳动力市场，以政府的收入再分配为主，体现公平；基金积累制主要针对资本市场，以非政府的市场运营为主，体现效率。在此思路指导下，世界银行在1994年提出了"三支柱"的养老金改革模式，并于2005年在"三支柱"模式基础上提出"五支柱"养老保障模式，见表7.1所示。

表7.1 世界银行多支柱养老保障模式比较

	养老金类型	筹资模式	保障目标	责任主体	资金来源
世界银行三支柱养老保障模式（1994年）	公共养老金	现收现付制	最低生活保障	国家	政府财政
	强制私人养老金	基金积累制	收入替代	企业	企业
	自愿私人养老金	基金积累制	收入替代	个人	个人

续表

	养老金类型	筹资模式	保障目标	责任主体	资金来源
世界银行五支柱养老保障模式（2005年）	非缴费型养老金	现收现付制	消除老年贫困	国家	政府财政
	公共养老金	现收现付制	最低生活保障	国家	政府财政
	强制私人养老金	基金积累制	收入替代	企业	企业
	自愿私人养老金	基金积累制	收入替代	个人	个人
	家庭成员支持	基金积累制	提高生活质量	家庭	家庭

多支柱模式首先在理念上是以公民资格作为进入养老保障体系的标准。在采用多支柱模式的国家中，如智利2008年的养老金改革方案中设立了三支柱，具体包括：零支柱养老金，即"团结养老金"；第一支柱养老金，要求自雇者必须按照全部应税收入参保缴费；第二支柱养老金，鼓励劳动者参加自愿缴费。特别需要提及的是零支柱养老金，它是通过财政资金，由智利政府向符合条件的老人发放救济性质的养老金。该制度包括两个部分：一部分是向未参保的低收入老年人提供非缴费型养老金，即基础型团结养老金；一部分是向参保者提供最低养老金待遇，即缴费型团结养老金。这种制度设计一方面体现出对国家对弱者的关照；另一方面也体现出权利与义务关系的一致性。另外，瑞典的社会保障体系也分为"三支柱"："第一支柱是以维持公民最低生活水平为依据的国家保障基金，即国家养老金；第二支柱是以职业养老维持日常生活标准的延续为基点的职业养老金；第三支柱是以个人收入作为补充的个人养老金，即收入养老金。"[①] 经过对比可以发现，我国多层次的养老保障体系不仅覆盖对象过于狭窄，而且保障对象仅针对企业职工而非依据公民资格，并没有体现出国家对弱者的倾斜与照护。

其次，多支柱模式合理界定国家、企业、个人之间的责任关系。

---

① 谢彦、陈舒超：《中国与瑞典多支柱社会养老保险制度的对比研究》，《辽宁行政学院学报》2012年第10期。

瑞典的"三支柱"养老金来源各不相同。第一支柱主要来自居民上缴给国家的义务保险费；第二支柱来自不同的部门和企业，缴费与收益间存在较大相关性；第三支柱是基于自愿原则产生的被保险人自愿储蓄。其中，第一、二支柱是以维持投保人日常生活标准为目的，第三支柱是对第一、二支柱补充。各支柱之间不仅责任主体清楚，而且功能目的亦十分清楚。政府除了承担基础的财政责任外，还承担管理责任、监督责任、调配责任等。多支柱模式较好的兼顾了政府、企业、个人三方的利益并构成三者相互作用、互为补充的有机整体。而在我国多层次的养老保障体系中，主要依靠第一层次保障，而且第一层次中又同时混杂着国家、企业和个人的共同责任，导致了第一层次的畸重发展，第二、三层次发展薄弱。与多支柱模式相比，必须对我国多层次的社会保障体系进行制度优化。

另外，多元化概念的提出一般指社会保障制度主体多元化。如家庭、政府、社会组织、社区、企业均可以成为社会保障的主体来源之一。在社会保障制度发展的历史进程中，不同的主体发挥着不同的作用。农业社会主要以家庭保障形式为主，农业社会的特点在于人们可以依靠体力资源和自然资源实现自给自足，由亲族构成的家庭保障方式是最主要化解风险的方式；工业社会中主要以政府承担保障责任为主，由于商品经济中涉及大范围的分工合作，风险的出现在一定程度上超越了家庭、亲族所能承受的能力范围，政府保障形式能够在更大范围内化解市场经济条件下所产生的多种风险；现代社会中，社会组织、社区承担保障责任源于现代服务经济的深刻发展。随着人们的需求越来越多样化，对于社交的需求和自我发展的需求不断提出新要求，在此背景下，第三部门的介入可以弥补由单一的政府部门作为保障主体会出现的服务僵化、服务效率不高等问题。因此，多元化主体参与社会保障制度建设更有利于多元主体在社会保障制度中发挥不同的功能优势，这不仅可以减轻政府的财政负担，而且还可以通过动员第三部门的力量来满足社会成员特殊的福利需求，形成对应单一主体劣势的弥补。

第七章 社会保障制度"去分层化"的路径选择

通过对养老保障制度发展中出现的多层次、多支柱、多元化的比较分析后,我们可以对"去分层化"有更深层次的理解:社会保障"去分层化"与多层次、多元化的社会保障制度建设并不矛盾。相反,在社会保障"去分层化"的过程中应借鉴和吸收多支柱、多元化社会保障制度建设中的理念优势以改变福利资源分配标准与社会分层标准重合的现状。因此,社会保障"去分层化"应该在理念上表现为尊重公民平等的社会权利并向弱者倾斜,越是弱势群体越应该得到政府的更多关护;在目的上表现为,将社会公平作为制度追求的最终目的,使所有社会阶层均可获得公平的福利对待以及发展机会;在制度架构上表现为,建立"基础—补充"型的社会保障制度体系。基础部分是对于民众基本层次的福利需要,如生存需要、健康需要方面必须以政府为责任主体采用均等的方式对待。补充部分是对于更高层次的发展需求,则允许通过多元化主体提供不同水平和不同内涵的保障。由此可见,社会保障"去分层化"的提出需要同时吸收多支柱与多元化中的理念,进一步促进制度公平的实现。

二 基本原则

(一)弱者关护原则

"弱者和强者的对抗是贯穿整个生存竞争的永恒主题。在自然界,竞争的结果是弱肉强食,然而与此不同,在人类的精神家园中,除竞争外还弥漫着浓重的'类'的情怀,对弱者的关怀和保护是人类特有的道德法则。"[①] 社会保障制度作为维持人类社会秩序运作的规则范畴,保护弱者的权利、维护社会的正义是贯彻其始终的价值追求。中国自古以来的儒家思想、道家思想就贯穿着对弱者的悲悯之情。在《礼记·礼运》篇中孔子描绘着这样一个"大同社

---

① 吴宇:《社会弱势群体保护的权利视角及其理论基础——以平等理论透视》,《法制与社会发展》2004年第3期。

会"蓝图:"讲信修睦。故人不独亲其亲,不独子其子,使老有所终,壮有所用,幼有所长,鳏寡孤独废疾者,皆有所养。男有分,女有归,——"在这样的"大同社会"中,老人、儿童、鳏、寡、孤、独、废、疾均属于弱势群体,孔子表达了对弱势群体应尽其所终、所长、所养的良好愿望,并在此基础上提出实现不独亲其亲,不独子其子是社会互助的最高境界。与此同时,《论语·里仁》篇里的"里仁"、《孟子·滕文公》中以井田制为基础的"村落共同体"都体现了以儒家思想为基础的理想社会互助模式。这种理想社会互助模式强调社会成员并非独立的个体,在强者和弱者之间需要国家对弱者的干预和保障,通过共同的理想、共同的善作为联系社会成员的纽带,最终实现社会的和谐。老子在其《道德经》中也阐述了其弱者关怀的思想。如老子认为"重积德则无不克",意味着注重德行的积累就没有什么办不到,以此来鼓励强者应多做有利于弱者的事情来为自己积德行。

除此之外,罗尔斯在其正义理论中也反映了对最少受惠者的偏爱。罗尔斯在原初状态下提出两个原则:第一个原则要求平等地分配基本的权利和义务;第二个原则认为社会和经济的不平等只有在其结果能给每一个人,尤其是那些最少受惠的社会成员带来补偿利益时,它们才是正义的。其中第二个原则也被称为差别原则,它意味着那些在任何一对比较中都属于状况较好的代表人从提供给他们的利益中获利,而那些状况较差的人则从这些不平等所带来的贡献中获利,我们要最大限度地增加那些最不利者的期望。"如果一种利益提高了最底层人们的期望,它也就提高了其间所有各层次人们的期望"。同时,弱者保护原则也是突破"形式正义"走向"实质正义"的途径。"形式正义"实际上是将每个个体都看作是没有强弱之分的自然人,应得的正当性仅仅是出于个人的自然天赋以及努力程度,并没有考虑抑强扶弱的制度安排。而事实上,"在特定的社会环境之中,最需要政府进行帮扶干预的主要是弱者,因为对于那些具有正常行动能力和发展资本的人群而言,他们足以凭借自身的力量,在社会竞争中求得与其他社会成员相当的社会地位与待遇。然而，对于那些处于劣势或不利地位的人们而言，仅仅依靠自身的力量完全不足以解除自身所面临的困厄"[1]。因此，通过国家介入来维护弱者的生存和发展去实现"实质正义"是十分必要的。

(二) 权利与义务相结合原则

在社会保障制度发展与改革的过程中，各国政府都十分重视"权利与义务相结合"的原则。既没有无权利的义务，也没有无义务的权利，这一标准在实践中被反复的证实着。社会保障中的权利意味着"主体依法拥有的为一定行为或不为一定行为，以及要求他人为一定行为或不为一定行为的资格；义务是指主体依法应为一定行为或不为一定行为的责任"[2]。在社会保障制度发展和演变的过程中，权利与义务之间的关系也发生着相应改变，如果不考虑权利与义务关系的均衡发展反而会制约社会保障制度的发展。西方福利国家的实践表明，快速发展的福利进程是公民权利扩张在现实中的反映，但仅重视公民权利而忽视公民责任会使福利国家的公民工作意愿下降、家庭观念削弱、出现福利依赖的负面后果。而随着20世纪80年代福利国家对公民权利与义务关系的反思后，各国都不约而同对公民权利和责任作了调整，家庭和个人的福利责任被重新提出，个体在面临社会风险时应该承担的义务重新被重视和强调。

(三) 公平与效率相结合原则

在公平与效率的价值追求中，不同的领域有着不同的侧重。在经济领域中有着对效率价值第一追求的诉求，而在社会保障领域中，其公平的价值追求是需要放置于首位的。社会保障的公平更强调在追求社会公平的目标中，通过确保机会公平、起点公平、过程公平来实现最终的结果公平。社会保障的效率更强调制度本身的经济效

---

[1] 胡玉鸿：《正确理解弱势权利保护中的社会公平原则》，《法学》2015年第1期。
[2] 成志刚：《权利与义务 公平与效率 政府与市场——社会保障领域中三对基本范畴及关系的思考》，《胜利油田党校学报》2003年第1期。

率以及制度运转效率,效率在一定程度上的实现是达到公平的前提,因此效率也就成了体现公平的一种方式。仅强调公平而没有效率的社会保障制度是"平均主义"的大锅饭,是穷人对富人、懒惰者对勤劳者的剥削;仅强调效率而忽视公平的社会保障制度则有违其社会公平目标的达成。因此,社会保障公平和效率的结合并不矛盾。如果社会保障自身有效率,那么它就会为社会经济效率的提高奠定基础,而如果其自身效率低下,不仅会妨碍自身功能的发挥,同时也会影响经济效率。

第二节 社会保障制度"去分层化"的制度整合路径

社会保障制度的"去分层化"需要制度体系的整合,强化基础统筹部分法制化以凸显公民社会权利公平,将补充部分资产化以凸显公民机会公平,从而达到整合"碎片化"制度框架的方式来实现社会保障"去分层化"的目的。具体而言,在制度体系的基础部分中,应从社会权利公平角度出发保障公民底线需求。在制度体系的补充部分中,应从机会公平角度出发,以发展型社会政策理念为依据,着重开发个人发展账户。总体来讲,主张"去分层化"的社会保障制度整合要求统一制度框架来实现制度公平以及社会公平的双重目标。

一 社会保障制度"去分层化"的整合思路

在现行社会保险、社会救助与社会福利建设基础上,可按照社会权利公平以及社会机会公平,进一步将三项制度结构划分为基础部分以及补充部分并对此进行制度整合。在"基础—补充"的双重结构下,"基础"部分是指以政府责任为主,是以确保基本生活水平为目标的保障;"补充"部分是指以资产建设为本,以人力资本投资和发展为目标的保障。① 基础部分强调以平等为原则,以政府作为主要的筹资主体,采用现收现付社会统筹的方式,强制性的运用国家社会资源再分配能力,为公民提供平等的基本生活保障,达致社会权利公平的目的;补充部分则强调以效率为原则,采用多元筹资主体,如政府、企业、个人、社会组织等,利用完全积累形成个人资产账户并运用市场机制投资运营,政府主要起监管作用,个人资产账户形成的资金具有多种用途,如养老、医疗、教育、购房、投资等。在个人缴费基础上,政府按个人资产账户用途配比不同的财政补贴资金,如表7.2所示。

表7.2　　　　　"基础—补充"社会保障制度构成要素

	制度主体	筹资方式	运作方式	功能	性质
基础部分	政府	现收现付社会统筹	国家再分配	生活维持	强制
补充部分	政府、企业、个人、社会组织	完全积累个人账户	市场机制政府监管	综合发展:养老、医疗、教育、购房、投资	强制+自愿

社会机会是否公平通常以保障对象能力提升的大小作为衡量标准,因此,补充部分的社会保障制度构建核心是提升个体能力并以实现社会机会公平为目标。机会公平强调在补充部分的社会保障体系中做好三个统一。

一是工具理性与价值理性统一,补充部分社会保障制度构建理念。价值理性和工具理性的概念由马克斯·韦伯(Max Weber)提出来。工具理性是主体对思维客体规律性的认知和驾驭,是构成人类文明的积淀和进一步发展的基础;价值理性强调价值观对个体行动的导向作用。工具理性与价值理性的关系是,工具理性是价值理性的现实

---

① 唐钧:《资产建设与社会保障》,《江苏社会科学》2005年第2期。

支撑,没有工具理性的存在,价值理性也难以实现。① 补充部分社会保障要求将工具理性与价值理性相统一,其工具理性体现在为实现社会福利的提升、更好的分配社会资源。其价值理性体现在除了与传统社会政策一样关注经济的增长外,补充部分应更加注重社会投资的溢出效应,如人力资本的增长、社会资本的增长。也就是说,在补充部分的社会保障体系中,它将符合工具理性的以经济发展带动社会福利提升理念与符合价值理性的社会发展促进人力资本发展理念相结合,认为"在发展过程中,社会和经济构成一个硬币的两面。没有经济发展,就谈不上社会发展;而如果缺乏整个人口的社会福利改善,经济发展也是没有意义的"②。

我国社会保障制度在计划经济时期和市场经济时期的价值理念属性带有达成一定社会目标的工具理性,具体表现为:强调集体主义至上而非强调个人自由、基于经济发展而非基于社会发展、追求社会稳定而非追求公民的平等权利。从社会保障制度发展历程看,西方福利国家的制度安排也经历了从工具理性向价值理性转变的过程。工具理性的制度安排下,统治者与被统治者之间是自上而下的施舍关系;价值理性的制度安排下,统治者与被统治者是上下对等的权利义务关系。因此从制度的长期发展看,追求工具理性只是实现社会保障目标的手段而并非制度发展的最终目的,过分强调社会保障制度的工具理性不仅会夸大其解决现实问题的能力,而且会使参与者的主体性丧失,仅沦为制度的被动承受者。尤其在当前社会不平等问题突出的情况下,要谨防把社会保障制度看作调节收入分配、缩小贫富差距的救命稻草。事实上,社会保障制度只有在化解个体的风险的基础上进一步实现个体的自由和发展,才能还原个体对抗市场经济风险、劳动力

---

① 刘科、李东晓:《价值理性与工具理性:从历史分离到现实整合》,《河南师范大学学报》2005 年第 11 期。

② Midgley, J., *Social Development: The Developmental Perspective in Social Welfare*, London: SAGE Publications, 1995.

商品化风险而产生的初衷。①

综上所述,改变长期以来对社会保障制度的工具性定位是十分迫切,社会保障制度并非仅仅是促进经济发展的工具。在发展型社会政策影响下,社会保障制度应该强化事前干预对社会成员的支持作用。社会保障制度不仅意味着在其陷入困境时为他们提供及时的帮助,更重要的是帮助受助对象形成抵御社会风险的能力,以增强其社会适应性,体现社会保障对工具理想和价值理性的追求。因此,在补充部分的社会保障制度中其保障理念所承载的核心价值理念应从反贫困、重效率的工具理性向保障积极人权、追求社会公平正义的价值理性回归,并将二者有机结合。

二是经济增长与社会发展统一,补充部分社会保障制度构建的社会目标。长久以来,社会发展的评价指标主要以经济指标作为衡量的标准,这使得传统型社会保障制度将经济政策和社会政策一分为二、割裂对待,忽视了两者间相互依存的关系。因此,社会政策也就成为经济政策的配套措施而存在。这种分而视之的策略所带来的负面后果是仅将社会政策看作是消费性投资,而忽视其对经济发展的正向作用。发展型福利理论则集中反映了经济政策和社会政策的整合状态,社会政策并不意味着只是经济投入,发展型社会保障更侧重通过投资人力资本,增进社会资本。例如,在低保救助制度中,传统的看法是将社会救济视为最后一道"安全网",但发展型社会救助则侧重帮助受助者提升能力,通过社会投资、就业促进、教育投入等手段增加受助者的人力资本。因此,补充部分的社会保障制度应秉持发展型社会政策的理念,坚持实现经济增长与社会发展的统一。

三是整体性对待与特殊性干预统一,补充部分社会保障制度的实施策略。传统的社会保障模式主张使用"事后补救"型的再分配方式来化解人们所遇社会风险,但其制度本身并不具备预防社会风险的功能。而补充部分的社会保障制度则侧重于"事前干预",其

---

① 付舒:《我国社会保障价值理念嬗变的学理分析》,《理论月刊》2014年第2期。

基本思路是"致力于消除或减少那些会使人陷入不幸或困境的因素，试图促使福利主体的自立自强，将社会福利的被动接受者变为经济与社会发展的主动参与者，而不是在风险成为事实后再向他们提供生活保障"①。实现"事前干预"既需要社会保障制度整体性提升人力资源能力，又需要对特殊群体进行差别化干预提升其获取机会的能力。

二 社会保险"去分层化"的制度整合路径

社会保险"去分层化"的制度整合路径强调城乡间制度整合以及各保险项目整合。城乡二元结构造成了城乡间不同社会保险项目间的差异。如城乡居民养老、医疗保险制度。在近期，社会保险需要改变当前"三轨"并行的制度安排，实现养老保险和医疗保险的"两轨"制，待时机成熟再进一步整合为国民基本社会保险制度。如图7.1、图7.2所示。

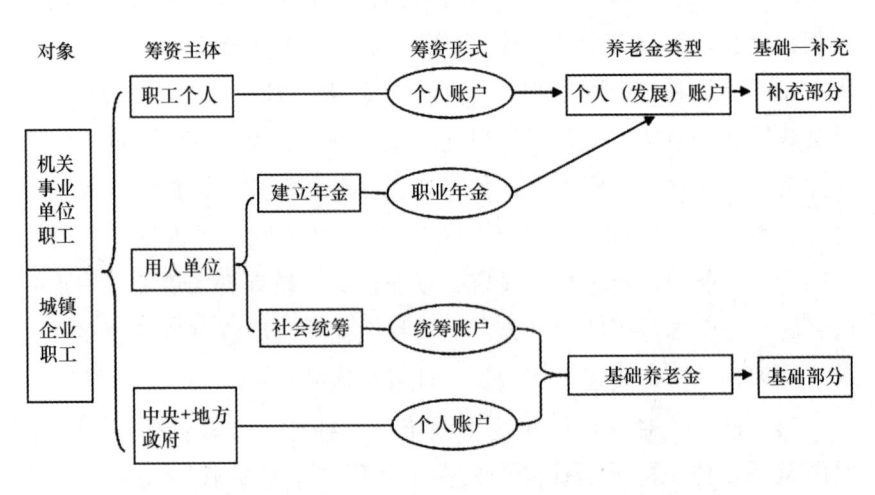

图7.1 城镇职工"基础补充"养老保险制度框架

---

① 张秀兰、徐月宾：《发展型社会政策及其对我们的启示》，中国劳动社会保障出版社2007年版，第56—86页。

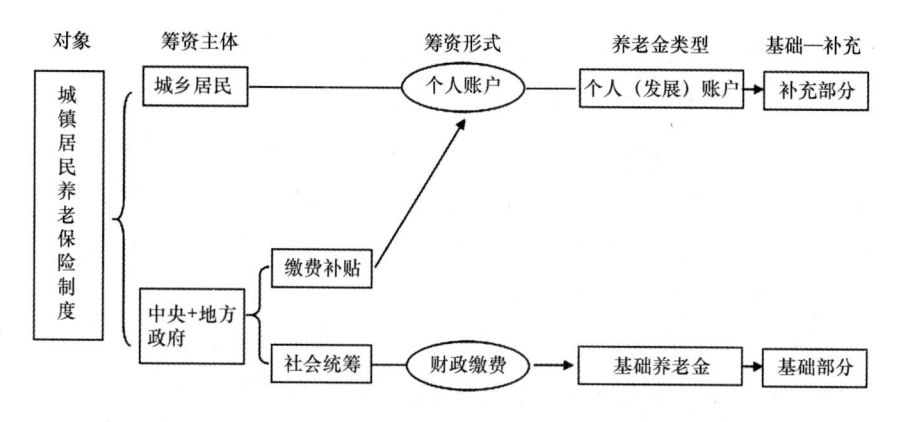

图 7.2 城镇居民"基础补充"养老保险制度框架

在"两轨"制的养老保障制度框架中，基础部分的筹资来源主要以政府或用人单位的部分缴费或政府（城乡居民）缴费为主，以社会统筹的方式在全国范围内进行再分配，体现现收现付的公平原则；补充部分主要以个人缴费和用人单位建立的年金制度或个人缴费和政府补贴为主，以完全积累的方式采用资产投资运营方式，盘活资金使用效率。待养老保障制度模式成熟之后，可纳入医疗、工伤、失业、生育、救助等多种需求。基础部分的保障更多强调政府的财政责任，建议针对弱势贫困老年人建立维系基本生存需要的零缴费养老保障，保障标准可以低保标准为参考。当前制度整合可从以下角度入手：

第一，参保对象整合。首先，要尽快实现养老保险及医疗保险制度的普遍覆盖。将农民工、失地农民、退养渔民等特殊群体尽快纳入到制度覆盖范围内。其次，近期参保对象整合任务是改变当前"三轨"并行的制度安排（2015年12月机关事业单位养老保险与城镇职工养老保险已开始并轨），实现养老保险和医疗保险的"两轨"制，待时机成熟再进一步整合为国民基本社会保障制度。所谓"三轨制"是指社会保险中的机关事业单位保险、城镇职工保险、城乡居民保险三种制度安排并行的状况；所谓"两轨"制的整合是指参保对象主要分为两个部分，一部分是将机关事业单位保险合并入城镇职工社会保障制度中，使其参加的对象包括机关事业单位人员、企业职工、个体工商户、灵活就业者，这是一种强制性保险，当前已进行了机关事业单位人员的养老保险改革并将其纳入到城镇职工养老保险体系中。另一部分是城乡居民社会保障制度，参加的对象包括农村居民和城镇非就业居民，该部分采用自愿参保方式，待时机成熟转为强制保险。再次，从长远来看，需要将"两轨"制进一步整合，形成结构统一的制度安排，将全部参保对象统一在一个制度框架内。

第二，筹资机制整合。根据上述对"三轨"制向"两轨"制转变的分析，我们可以勾勒出两者在筹资对象、筹资主体、筹资形式以及养老金类型上的差异（如图7.1、图7.2所示）。基础部分是政府对所有参保对象进行的财政补贴，是普遍共享、人人均等的社会保障权利的体现。对于机关事业单位和城镇职工而言，用人单位所缴纳的社会统筹资金进入到基础养老金，体现社会风险共担以及调节初次分配收入差距的原则；职业（企业）年金以及个人账户养老金体现权利与义务相对应，多缴多得的原则。

与城镇职工基本养老保险筹资框架相类似，城乡居民基本养老保险由政府和城乡居民个人缴费形成，其中政府财政缴费所形成的基础养老金可以为未来与城镇职工基本养老保险合并奠定基础，另一部分政府的缴费补贴与城乡居民的个人缴费共同形成个人（发展）账户，形成多缴多得的激励机制。对于基础部分的基础养老金应实现在全国范围内征收基金，各省市按照规定比例上缴社会统筹基金，中央根据预算，将规定数额的中央财政统筹到基金中，这两部分共同构成基础养老金。同时，需要进一步统一费基和费率，按照国家统一规定的缴费基数（不是数额相同，而是标准一致）和劳资双方的缴费比例征收社会统筹基金。

在医疗保险筹资机制的整合中，我们以东莞市社会基本医疗保险筹集机制改革为例（如表7.3所示）。任何筹资体系的建立都要适合当地经济发展与政府的筹资能力。东莞市无疑是我国经济发展速度较快，经济实力相对雄厚的城市之一，这为建立统一的医疗保障筹资模式提供了至关重要的物质保障。该筹资机制用统一的筹资基数、统一的筹资比例将全市每名公民都纳入到制度所覆盖的范围中，从筹资机制的基本框架来讲基本保证了参保人加入起点的公平。从东莞市社会基本医疗保险制度筹资机制改革实践来看，是具有开创性意义的。它将原本三项并立的医保制度用统一的制度整合起来，有力地解决了制度分立、社会资源运行低效、人员流动障碍等问题。同时，该制度将老年人作为医保筹资对象，拓宽了医保资金的来源，符合医保制度未来发展的趋势。虽然具体在筹资基数设定、筹资比例分担的确定仍值得商榷，但其制度设计的基本原则、框架、思路，对建立统一的社会基本医疗保障筹资体系具有启发性。

表7.3　　　　　"基础—补充"社会基本医疗保险筹集机制整合

		社会基本医疗		
资源动员机制	筹资对象	全市职工、按月领取养老金或失业金人员 本市灵活就业者及城乡居民		
	筹资来源	单位、个人、市（镇、街）财政补贴		
	筹资基数	上年度全市职工月平均工资		
	筹资比例	3% 由用人单位办理参保 以灵活就业身份参保 村（居）民委会参保	住院部分缴费率为2% 单位缴费2% 个人缴费2% 个人1% + 财政1%	门诊部分缴费率为1% 单位0.3% + 个人0.5% + 财政0.2% 个人0.8% + 财政0.2% 个人0.5% + 财政0.5%
资源归集机制	筹资管理	住院统筹 + 门诊统筹		
	资金管理	市级统筹		
	筹资分配	全部收入再分配		

资料源自付舒《社会基本医疗保障筹资机制探讨》，《郑州航空工业管理学院学报》2012年第2期。

第三，待遇给付整合。整合待遇给付结构对全体社会成员来说，其待遇给付结构包括第一层次为基础养老金；第二层次为个人（发展）账户养老金。对于第一层次的基础养老金应向全体参保人发放，以更好的调节收入差距，缩小养老金待遇差异。由于第一个层次的基础养老金采取全国统收统支的方式,建议计发办法依据各地经济发展水平差异化程度来确定,如经济欠发达地区物价水平低,人均消费支出低,老年人领取的退休养老金在全国范围内理应处于较低水平;经济发达地区,高物价、高消费地区则支付较高的养老金待遇水平,实现一种横向的相对公平。具体做法可以是,基础养老金实行全国统筹后,发放标准应以当地职工(居民)平均工资和个人指数化缴费工资为基数,在充分考虑养老金替代率水平的基础上,与物价指数和工资增长率挂钩,合理确定待遇增长机制,保障老年人正常退休生活。医疗保险待遇制度应秉持医疗卫生服务均等化的理念,在待遇支付上遵循统一流程、统一报销目录、统一大病保险补助,消除由于户籍因素和职业因素所造成的待遇差距。

第四,统筹层次整合。对于第一层次的基础养老金应尽快实现全国统筹。国家所承担的基础养老金费用是全民参与和分享经济社会发展成果的表现,该部分资金应该由中央及省级财政提供,保证人人均等享有。统筹层次越低意味着参加对象越少,政府面临的支付风险越大,需要通过扩大养老保险的覆盖面和增加参保人数的方式来减少养老保险制度风险。也就是说,要提高养老保险制度的统筹层次,将现行的省级统筹进一步提升为基础养老金部分进行全国统筹。同时,应明确中央政府和地方政府的各自责任,建立全国养老保障的垂直管理模式。"即由中央养老保险经办机构负责统筹管理养老保险的各项相关事宜,制定全国范围内养老保险基金的收支预算,并对全国社会保障机构进行统一管理,统一组织实施养老保险的相关活动。地方社会保障部门则要根据要求在其权限范围内具体实施养老保险制度,负责征缴养老保险费,并积极发展本地补充养老保险的事业。"[①] 医疗保险中,城镇职工医疗保险、城镇居民医疗保险、新农合的统筹层次应尽快过渡到地(市)统筹,以解决医疗

[①] 赵一丛:《城镇职工基本养老保险省级统筹与全国统筹给付水平差异分析》,硕士学位论文,辽宁大学,2012年。

保险待遇支付悬殊、参保人员异地就医与转移接续困难、医疗保险管理经办分散等一系列问题。

此外，我国社会保险中的个人账户制度，如养老保险个人账户、医疗保险个人账户仅停留在以"收入为本"的阶段，这种制度模式从长期来看只能维持保障对象较低的福利水平。而美国以资产为基础的制度包括住房所有税收优惠、投资税收优惠、401（K）计划、403（b）计划，新加坡的中央公积金制度以及中国香港的强基金制度等。虽然我国改革中设计的"统账结合"模式也加入了个人账户模式，并对原有模式社会化不足的问题进行完善，但是对人力资本发展的意义不大，更多体现的是提高制度运行效率的目的。因此，应从以下三方面进一步提升个人账户在促进社会机会公平方面的作用。

第一，明晰个人账户的定位并进一步扩大个人账户规模。当前我国养老保险所采取的"统账结合"制度模式中有28%的养老保险缴费，其中11%或8%划入个人账户，其余均为社会统筹的现收现付制。而在实际养老保险给付中，由于收不抵支，个人账户资金被严重侵蚀，大部分地区个人账户仅仅只是"名义账户"，采取空账运行的方式记录被保险人的退休时的收益。社会统筹规模过大，使个人账户不仅规模过小，而且难以起到资产积累、分享经济发展成果的作用。

建议将现有的第一层次"统账结合"的制度模式拆分成"统"和"账"两个部分，"统"是指在社会保障第一支柱中仅包含社会统筹的"基础养老金年"或称"国民年金"，"账"是指第二支柱由个人账户组成"账户养老金"，产权完全归个人所有。由于两者间存在此消彼长的关系，第一支柱水平应设定在接近于"低保线"某一点，并保证所有公民完全均等，为第二支柱水平的提高留有空间。对于第二支柱的个人账户资产可以采用中央集中投资的模式提高收益率。美国社保基金投资的名义收益率几乎都在6%—9%以上，我国社会保障基金理事会所投资的社保基金收益率也在7%左右，考虑到扣除通货膨胀等一些外在因素的影响，实际收益率应该可以达到4%左右。

第二，打破个人账户功能分割限制，形成综合性个人发展账户。

个人发展账户用于促进个人未来长远的发展，因此应不论福利政策的类别（养老、医疗、住房、教育、投资等），将资产存放于个人发展账户中，并通过中央集中投资或私部门投资的方式给予资产保值增值，政府按照一定比例配比补贴或采用延迟税收的方式，鼓励个人发展账户存储资金。这既节省了行政资源，不必专款专用一个人开设多个账户，同时也能将资金集中起来解决个体所面临的重大问题。例如新加坡中央公积金局将养老保险金、医疗保险金、住房公积金三个部分"统账"管理、"并轨"使用，不仅防止了个别账户资金沉淀面临保值的压力，同时也缓解了被保险人的即时之需，使资金利用更有效率。

第三，个人发展账户支取方式更为灵活，随需随取。个人发展账户中的资金并非要按月领取，可根据规定条件随需随取，这种方式能更好地满足个人的需要，使个人边际需求满足得到最大化。

三 社会救助"去分层化"的制度整合路径

进一步促进城乡一元的社会救助制度安排，提供基本的最低生活保障、医疗救助、住房救助等。从社会机会公平的角度出发，除了传统社会救助制度所强调的最低的基本生活保障外还应侧重补充部分构建。其实施策略应重点体现对个体能力的整体性投资。为达致该目标，可以通过建立社会救助中的个人发展账户制度来实现。个人发展账户制度不同于个人账户，个人账户制度强调以"收入为本"，个人发展账户制度强调以"资产为本"。而"收入"与"资本"的差别就在于是否具有增值性和储蓄性（如图7.3、图7.4所示）。"收入是资源的流动，它们是人们主要为短期消费而获取并使用的。资产是资源的贮存，它们是人们长期内积累与持有的"[①]。将此种理念对应在社会保险领域中，意味着需要进一步扩展个人账户的功能，打破不同项

---

① ［美］迈克尔·谢若登:《美国及世界各地的资产建设》,《山东大学学报》2005年第1期。

目的个人账户只能服务于特定服务需求的状况，使个人资产账户建设成为可以同时满足多种功能需求的个人产权性质账户。对应在社会救助领域中，则意味着需要改变为受助者"输血"缺乏"造血"功能的制度安排，不能仅考虑在没有任何收入和资产的情况下才能得到政府的救助，而应该考虑如何从"维持生计"到"可持续性生计"的转变从而彻底改变底层群体可能面临的固化问题。

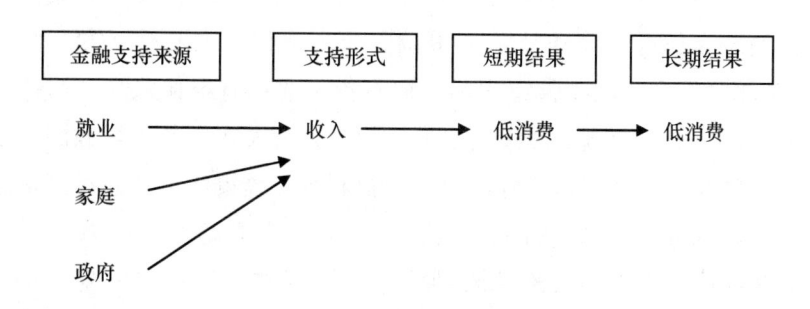

图7.3 "收入为本"的个人账户制度

资料来自［美］迈克尔·谢若登《资产与穷人——一项新的美国福利政策》，高鉴国译，商务印书馆2007年版。

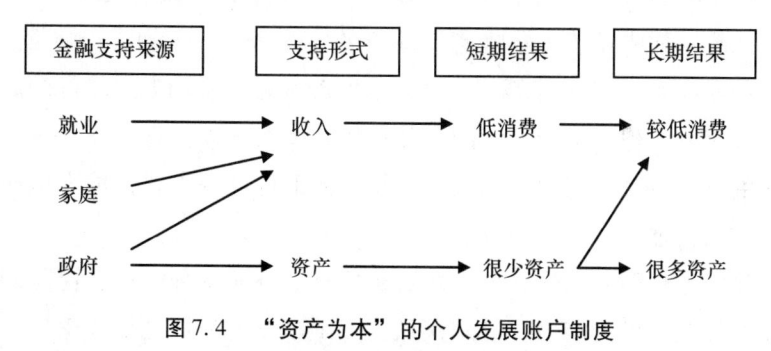

图7.4 "资产为本"的个人发展账户制度

资料来自［美］迈克尔·谢若登《资产与穷人——一项新的美国福利政策》，高鉴国译，商务印书馆2007年版。

通过上述"收入为本"的个人账户和"资产为本"的个人资产账户比较可知，以"资产为本"的个人资产账户无论是对非穷人还是穷人都制订了一个资产积累的制度，对更好的解决贫困问题或提升福利水平均有积极影响。国外以资产为主的制度建设起步较早且内容丰富，在发展型社会政策的指导下，社会救助制度的补充部分重构可以从以下方面入手。

由于"考虑到弱势群体成员实际上并不与其他群体成员处在同一条起跑线上，因而为他们提供了某些特殊的服务，以便帮助他们提高与其他群体成员进行同等竞争的能力"[①]。传统的社会救助方式没有办法使穷人获得机会和补贴来累积资产，这其中主要有三方面的原因："第一，穷人很少拥有房屋、拥有投资或拥有退休账户，而这些都是大部分资产为基础政策的目标。第二，穷人在资产积累方面几乎没有税收激励或者其他激励。第三，福利转支政策所包含的资产审查或资产限制抑制了福利穷人、或许还有工作穷人的储蓄行为"[②]。因此，传统的社会救助很难使救助对象彻底脱贫。迈克尔·谢若登在《资产与穷人》一书中写道："如果家庭想要长久地改善其生活条件，就必须就教育、住房、房产等方面进行投资和积累。"对于穷人设立个人发展账户需要政府给予匹配资金。比如，在美国的一些发展计划中，如果将积累资金用于个人发展或子女上学，则政府给予1∶1的资金匹配；如果用于做小生意，政府的匹配是1∶3；如果用于购房，政府的匹配是1∶7，等等。这种政府匹配补贴资金的方式较好的激励了人们努力工作，努力存钱的工作动机，改变了以家庭经济情况调查为主的社会救助方式单纯以收入为衡量救助标准的方式，极大地激发了个体的自强、自立的精神。

除了为救助对象建立个人发展账户外，补充部分的社会保障制度要求增加受助者的能力。舒尔茨认为贫困国家的经济之所以落后，其根本原因不在于物质资本短缺，而在于人力资本的匮乏和自身对人力

---

① Blakemore, K., *Social Policy: an Introduction*, Open University Press, 2003, pp. 27 – 28.

② [美] 迈克尔·谢若登：《美国及世界各地的资产建设》，《山东大学学报》2005年第1期。

资本的过分轻视。具体到每个贫困者,他们因缺少人力资本而成为劳动力市场的弃儿。从传统的侧重失业人员的经济保障向促进就业方向转变,形成积极的就业政策就是其中较为重要的一条途径。所谓积极的就业政策,主要包含三方面的含义:"一是就业政策要以解决就业问题为基本目标;二是促进就业不仅仅是开发就业岗位,更重要的是开发人力资源,注重劳动者素质的提高;三是要把现行的被动适应经济发展的就业格局转变为促进就业与经济发展的良性互动格局,积极推进城乡统筹就业。"① 值得一提的是,对失业人员进行职业培训是促进就业的最有效途径。社会成员就业能力的提升,具体可以通过开放的教育体系和职业训练计划,以及终身学习的机会来实现。例如,北欧的"生产主义"表示福利国家必须保证所有人具有要去工作的必要资源和动机。

四 社会福利"去分层化"的制度整合路径

当前我国社会福利制度仍然采用狭义的社会福利,是一项专门针对老年人、妇女儿童、残疾人的一项制度安排。但从国际发展趋势来看,西方国家采用"大福利"概念,是一项针对全体国民旨在提高国民生活质量的制度安排。因此,未来我国社会福利制度的发展除了针对特殊群体外,也应包含全体社会公民基础层次的广义福利需求的保障,以及满足特定人群特殊福利需求的补充保障。基础层次的福利主要以满足社会成员生活性需要为主,包括普遍的住房福利、健康福利、安全保障、福利设施建设、福利服务供给等。补充层次的福利主要针对社会特殊弱势群体倾斜,包括职业福利、教育福利等。推进基本公共服务的城乡一体化,通过优化制度结构与福利资源配置来缩小城乡之间、地区之间、群体之间的不平等,均衡城乡福利制度发展的进程。

---

① 韦留柱、崔真真:《发展型社会保障制度:构建我国社会保障制度的目标选择》,《特区经济》2011 年第 8 期。

五 社会保障制度"去分层化"的配套措施

（一）相关法律制度配套

郑功成认为，劳动者与公民的社会保障权益要想得到维护，就必须上升到法律规范的层面，只有法定的权益才能得到法律的保障。[①]社会保障法的实质是确权与赋权，即确认劳动者和公民可以享受哪些社会保障权利。当前，为促进社会权利公平发展，就必须以法律为依托，积极推进社会保障立法进程，将《社会保险法》《社会救助法》以及《社会福利法》整合为一套综合性社会法。

1. 社会保险法：公民社会保障权利公平的核心

2011年7月1日《中华人民共和国社会保险法》正式实施生效，这不仅终结了长期以来我国社会保障领域中只有制度、规章、政策而无法律条文的历史，也改变了社保土政策各地频现、地区部门分割的碎片化状态。可以说，《社会保险法》在全面总结中国近三十年的社会保险制度发展和改革的实际经验基础上，进一步明确了社会保险未来发展的基本原则，为更好地维护公民参加社会保险、保障公民享受社会保险的合法权益提供了法律支持。然而，《社会保险法》的颁布与实施虽然明确了劳动者与公民的社会保险权，但是《社会保险法》在实施的过程中尚未彻底践行公平的公民社会权利并带来社会保障分层化问题，笔者认为需要从以下方面入手加强社会保险的法制建设。

第一，明确《社会保险法》中保障公民社会保险权利的立法宗旨。总的来看，"在《社会保险法》中，没有从公民个人权利角度来构建整个制度"[②]。从社会保险的覆盖范围看，虽然已从城镇扩大到农村，从国有企业扩大到各类用人单位，从职工扩大到灵活就业人员

[①] 郑功成：《〈社会保险法〉：我国社会保障法制建设的里程碑》，《中国劳动》2011年第1期。

[②] 杨思斌、吕茵：《〈社会保险法（草案）〉存在问题研究》，《中国劳动关系学院学报》2009年第8期。

第七章 社会保障制度"去分层化"的路径选择

以及城乡居民,但机关事业单位、城镇职工、城乡居民社会保险分立的状况并没有改变。"三足鼎立"的养老保险与医疗保险制度格局造成的管理方式不一、信息系统不一等问题不仅给社会保险关系的转移接续和经办服务带来了诸多障碍,而且也是造成城乡居民享受社会保险权益不公的重要因素之一。另外,虽然《社会保险法》中对灵活就业者、农民工、失地农民参加社会保险有了明确的法律依据,但从实际参与率看,仍然难以与城镇职工享受平等的社会保险权利。从待遇给付机制来看,不同群体享受权益存在差别对待。《社会保险法》中明确规定了企业退休人员的基本养老金待遇确定和正常调整机制,但对于城乡居民基本养老金在年满60周岁的居民每人每月55元在何种情况下可以进行待遇调整并没有明确的制度性安排。而公务员和参照公务员法管理的工作人员养老保险则由国务院规定,排除在本法约束之外。这种"另起炉灶"的做法严重损害了社会保险制度的公平性原则,应尽快通过制度整合将特殊人群纳入到制度覆盖范围之内,并受《社会保险法》约束。

第二,明确《社会保险法》中社会保险的责任分担机制。社会保险法以调整劳资利益关系为基础,同时涉及政府、劳动者、用人单位三方利益关系的协调。然而在具体的法律文本中,政府责任的规定仍不够充分。在《社会保险法》中虽然提出了国家财政方面的兜底责任,但国家在社会保险财政补贴中所应承担的具体比例没有明确给出,这在实践中极不利于自雇人员、灵活就业人员参与社会保险的公平性。同时,中央政府与地方政府对各类保险基金补贴的具体补贴金额也是语焉不详。所以,有必要通过完善法律进一步明确社会保险中的国家责任、地方政府责任、用人单位责任、劳动者责任等,由国务院有关部门尽快制定出台具体实施细则和相关配套措施。

第三,以配套条例实施增强《社会保险法》的可操作性。在当前的《社会保险法》中规定了诸多授权性条款,诸多情况明确授权国务院或相关部门制定行政法规或部门规章,而如何协调《社会保险法》与国务院行政法规在现实操作中难以确定。有相关学者建议,

"尽快出台国务院的相关行政法规或部门规章，统一认识、消除分歧，参照《劳动合同法实施条例》的做法，尽快出台《社会保险法实施条例》"①。比如详细规定养老保险转移接续标准，包括缴费主体、缴费标准、缴费年限以及政府补贴等问题。将纲领性的法律条文转化为可操作性强的规定，有助于《社会保险法》的顺利实施并确保不同主体的合法社会权利。

2. 社会救助法：公民社会保障权利公平的基础

社会救助法以实现被救助主体的人格尊严、安全及生存等权利为基点。② 社会救助的目标是保障那些无法自食其力的、生活在贫困线下的弱势群体的最低生活需求，切实保障困难群体的生存权。有学者建议在社会救助立法中，应注意以下关系的协调："社会救助应彰显国家责任，保障社会救助机制的合理运行；在救助对象上注重农民（村），推进社会救助的城乡一体化；在救助方式上倡导造血，促进社会救助公平与效率的统一；在救助内容上突出常规措施，实现社会救助的规范化、普适化；在救助功能上推崇社会救助底线，保障被救助主体的基本人权；在救助价值目标上强调程序正义，确保社会救助的公平、公正。"③ 笔者认为，在《社会救助暂行办法》中需要从以下方面进一步厘清。

第一，《社会救助法》中必须明确定位社会救助的理念。社会救助制度在长期实施中没有上升到法律层面的规制，实际上就是没有从法律上明确定位接受社会救助到底是公民理应享有的权利还是国家给予的恩赐。著名思想家潘恩指出，社会救济"不是施舍而是权利，不是慷慨而是正义"。在社会救助的长期实践中，消极的社会救助理念逐渐被积极的社会救助理念取代，"积极社会救助理念强调社会救助

---

① 王素芬：《理想与现实的调和：对我国〈社会保险法〉的反思与重塑》，《河北法学》2011年第10期。
② 蒋悟真、尹迪：《社会救助法与社会保险法的衔接与调试》，《法学》2014年第4期。
③ 蒋悟真：《我国社会救助立法理念及其维度》，《法学家》2013年第12期。

是实现和维护公民权利的基本手段,不是政府或者社会对贫困人口的一种施舍"①。这一方面体现出国家在社会救助中的主体责任,同时也强调了积极社会救助理念下应充分支持和发挥救助对象的个人潜力,并且在享受接受救助权利的同时要承担相应的义务。如在《社会救助法》中需要通过医疗救助、教育救助、住房救助等专项救助使救助对象获得自我发展的基本条件,符合条件的个体应积极接受专项救助。同时,对于公民已经能够维持最低生活标准时,应建立合理的流动退出机制,社会救助机构应停止社会救助。

第二,《社会救助法》中必须进一步规范监督管理机制。社会救助中存在的"人情保""关系保"等现象严重影响了社会救助的公平性。这表明,当前我国社会救助对象的确立存在较大的目标瞄准偏差。由于低保制度以家庭经济状况调查为基础,而我国家庭收入的计算范围、计算口径、家庭人口数等法律规范还不严谨,在城乡居民收入隐蔽性更强、来源更多样化的情况下,制度本身无法有效地甄别符合接受救助标准的对象。为减少此种情况的发生,必须要在《社会救助法》中进一步规范家庭收入调查制度,加强对隐性收入的核实和动态追踪管理。另外,必须通过明确监督机关、监督措施、监督方式、审计监督、社会监督等多种方式加强社会救助监督管理法律强制性。此外,对于社会救助工作中,救助机关及工作人员、申请人和救助对象等瞒报、谎报信息的,应对其依法追究法律责任。

第三,《社会救助法》应合理确定其与社会保险间的衔接机制。社会救助、社会保险和社会福利作为社会保障体系的主体内容其在功能设置方面不仅应该避免功能的交叉重复与真空现象的出现,同时还需要进一步完善社会救助制度与社会保险制度之间的衔接,防止社会救助对象再次陷入生存危机成为制度夹心层。如应在《社会救助法》中规定通过财政补贴帮助特困人员缴费加入城乡居民基本养老保险制度;医疗救助方面可采取应急救助基金先行垫付原则以及代位追偿机

---

① 丁建定:《中国社会保障制度体系完善研究》,人民出版社2013年版,第368页。

制构建,帮助救助对象解决在突发事件中由于救助费用不足而带来的问题。

3. 社会福利法:公民社会保障权利公平的空白

广义的社会福利主要是指社会为保障全体社会成员在享受基本生存权利的基础上,由国家及各种社会团体提供各种公共福利设施、社会性津贴、社会服务和保护性的福利措施;狭义的社会福利是指国家和社会专为困难群体、弱势群体所提供的物质帮助和服务,妇女儿童福利、老人福利以及残疾人福利等。在具体的实践中,我国的社会福利制度主要是指国家和社会为困难群体、弱势群体所提供的物质帮助和服务而做出的制度安排,也就是狭义的社会福利。目前我国社会福利的法制建设仍停留在空白阶段,从长远来看,社会福利法制建设中应着重从以下方面入手。

第一,整合分散的专项社会福利法律、法规,建立适度普惠型的《社会福利法》。由于我国社会福利的内容主要是针对弱势群体,如妇女儿童、老人、残疾人等,因此在具体的法律实践中针对不同人群的社会福利主要依靠部门规章和红头文件,如《中华人民共和国老年人权益保障法》《中华人民共和国妇女权益保障法》《中华人民共和国残疾人保障法》《中华人民共和国未成年人保护法》等。由于我国缺乏一部专门的社会福利立法,规章在实践中缺乏刚性约束力致使很难将针对不同人群的社会福利法规整合在一部综合性的法律框架下去统筹安排老年人福利、残疾人福利、妇女福利、儿童福利等。这种情况不仅妨碍社会福利工作的顺利开展,甚至造成了有些法规与其他政策混杂在一起,如妇女福利等与劳动保护相关联。因此,建议颁布专门的《社会福利法》,为完善社会保障法制体系,建成普惠型社会福利制度提供法律依据。

第二,通过社会福利法制建设,进一步提升特殊群体的社会福利水平。通过建立综合性《社会福利法》,并在其下设立单项法,如残疾人社会福利法、老年人社会福利法、儿童社会福利法、妇女社会福利法、其他社会福利法等,通过建立特殊人群福利津贴制度,发展特殊人群的福利服务,消除城乡间、不同所有制间、大中城市与小城市之间社会成员享受福利待遇的差别,实现社会福利制度的协调发展。在此基础上,在城乡公共服务均等化的背景下,全面推进公共教育福利、公共卫生福利、公共设施福利和社区福利在内的国民福利制度。

(二) 内在制度整合配套

第一,家庭保障功能整合。无论是在农业社会还是在工业社会,个体在遭遇风险时首先会选择依靠家庭(以及家族)获得帮助,家庭被认为是人生最值得信赖的保障。[①] 与西方福利国家不同,东亚地区的家庭福利供给普遍在社会保障中扮演着重要的角色。这种家庭福利供给一方面强调亲属关系,认为家人有提供福利和照顾家人的义务,尤其在照顾儿童和赡养老人方面发挥着重要作用;另一方面其家庭保障方式和内容较为灵活,所提供保障并非仅局限于收入保障,还体现在服务保障和精神慰藉方面。但是随着社会的发展以及家庭结构小型化、核心化的发展趋势,家庭保障功能在现代社会中不断的弱化。美国著名社会学家科尔曼(James S. Coleman)认为,工业革命前的"原始性社会组织"(即大家庭、家族或社区)能为自然人提供一种基于人际间的亲缘关系和信任关系基础之上的社会资本,这种社会资本具有社会保障和社会支持的功能;而在现代社会中,随着"原始性社会组织"的逐渐衰落,旧有的社会资本不断受到侵蚀,老年人的生活保障也面临危险。

因此,如何对"原始性社会资本"的功能进一步整合并使其在现代社会中发挥作用可借鉴他国经验从以下方面入手:一是通过住房政策鼓励与老人共同居住。如新加坡政府对与老人同住的组屋申请者提供价格优惠,并且在住房设计上专门设计一些可供几代人共同需要的住房户型。韩国父母与子女各有住房,过去没在一起生活,若重新合在一起生活者,可免除一方住房出租或出售的所得税;二是通过津贴、税收政策鼓励与老人共同居住。为鼓励儿女与老人同住,新加坡

[①] 郑功成:《东亚地区社会保障论》,人民出版社2014年版,第7页。

政府推出一系列津贴计划，为需要赡养老人的低收入家庭提供养老、医疗方面的津贴。韩国对赡养60岁以上老人的亲属给予每年48万韩元的所得税免除优惠。三是鼓励家庭内部转移支付。如新加坡在"敬老保健金计划"中，鼓励家庭成员为没有能力缴费的老人填充户头资金，以便让老人可以享受政府对应的补助资金。同时，政府会从税收上对填补老人公积金的家人给予扣除税额的优惠。四是做好家庭保障与社会保险的衔接。在韩国，《失业保险法》第22条规定，本人或配偶的直系亲属因疾病或负伤而不能就业时，可延长失业金额领取时间，赡养65岁以上的父母时，也视作难就业状态，可延长失业金领取时间。① 上述国家的做法中，政府起着引导和推动家庭保障功能发挥的作用。在深受儒家文化影响的国家中，家庭的保障观念是极易被人们所接受的，具有较强的文化根基。因此，最大限度发掘家庭的价值和潜能，使家庭在一定范围内化解社会风险是家庭保障功能整合的目标。

第二，社区保障功能整合。社区保障是指"由社区承担或实施的社会保障工作，是我国社会保障体系的重要组成部分。它以国家的社会保障制度为基础，以社区作为社会保障制度的基本落脚点，以社区居民作为社会保障的对象，以保障居民的基本生活权利和需求为根本任务"②。随着我国社会结构的不断调整和转型，在由"单位保障"向"社区保障"转型的过程中，单位保障功能的弱化在一定程度上需要通过社会化的机制来承担一部分制度外的保障功能。社区作为地域性共同体，其保障的对象是具有地缘关系的全体社区居民，利用和调动社区资源来为社区居民提供基本的安全保护。因此，社区保障因具有天然的地缘优势而成为家庭保障和社会保障的必要补充形式，需要通过构建统一的社区保障体系来尽量减少不同社区间保障能力的

---

① ［韩］朴炳铉、高春兰：《儒家文化与东亚社会福利模式》，《长白学刊》2007年第2期。

② 徐永祥：《社区发展论》，华东理工大学出版社2000年版，第208—209页。

差距。

有鉴于此，笔者建议将社区保障体系内容整合为社区保险、社区照顾、社区救济，并在不同内容下开展不同的项目安排。社区保险主要包括：社区失业保障和社区医疗保障。社区失业保障主要通过社区来开发和开展社区服务岗位为再就业人员提供工作岗位，同时提供就业指导、开展职业技能培训班、搭建就业信息平台，为就业困难群体提供就业保障；社区医疗保障主要作为医疗保障体制改革的配套措施，平衡医疗资源分配不均、缓解医疗费用过快增长的问题。一方面社区医疗可以弥补公共卫生保健体系的不足，为社区居民建立普遍的医疗信息库；另一方面可以为扩大医保覆盖面，方便困难群体就医，尤其对发展社区医养结合模式提供服务支持。

社区照顾的内容主要包括：针对老年人、残疾人、优抚军人和青少年等社区弱势群体，提供诸如居家服务、家庭照料、心理咨询、医疗康复、精神抚慰等服务，以此来改善弱势群体生活困难和精神孤独等现实问题。同时，通过建立和发展有需要人群的非正式社会网络，例如家庭互助网络、社区照顾网络，提升居民参与社区服务的意识。在针对老年人的社区养老照顾，可以采用两种方式：一是社区居家养老保障，对于那些生活能够自理的老年人可以选择在家养老为主，社区工作人员为老人提供日常照料服务；二是社区机构养老，针对那些生活自理比较困难的老年人，由社区养老机构提供专业的医生和护工为老年人提供专业的照顾服务。社区救助的内容包括：社区负责办理居民对社会救助金的申请、审核、待遇发放。除此之外，还可以提供社会救助服务组织实体，对贫困人员进行动态监测，实行救助对象的资格审查和监督。同时，社区救助还应该强调对弱势群体精神文化的关爱，通过提供法律援助等多样化方式，避免弱势群体受到社会排斥。

第三，慈善功能整合。慈善是基于有爱、良善的观念，自愿、无偿的提供救助服务的行为。慈善因具有行为的无偿性、对象的弱势性、内容的多样性特点使其在促进和维护分配公平、增进社会福利方面具有重要的作用，并成为社会保障制度的重要补充。慈善功能的整合包括慈善观念整合与慈善行为整合两个方面。慈善观念整合主要体现在如何实现慈善文化的社会认同。慈善事业的发展必须建立在一定的慈善文化认同基础上，它由捐助者向受助者提供无偿的救助，因此慈善事业的发展需要社会成员培育慈爱之心，使人人富有同情心，在人与人之间形成互帮互助的社会主义道德风尚。而个人慈善观念的培育和整合主要就是要改变人们对慈善事业冷漠的状态，通过加强慈善宣传、兴办慈善活动、表彰慈善事迹等方式，加深慈善文化的民众基础。

慈善行为的整合主要包括慈善主体整合和慈善运作方式整合两个方面。慈善主体强调多元的社会性特征，不仅包括政客、明星、商人等富裕阶层，更应该动员各行各业的普通民众及企业组织[①]，他们才是发展慈善事业的主要力量。慈善运作方式整合是指，无论是个人的慈善行为还是组织的慈善行为均应该采取社会化的运作方式。对于个人的慈善行为来说，捐赠或是志愿性的公益服务应完全取决于个人意志。对于组织的慈善行为来说，意味着慈善组织应在人事任免、组织建设、资金运营、资源使用等方面具有独立的决策权。在保持自治性的前提下，慈善组织应当积极寻求与政府保障部门的合作，在双方优势互补的情况下为满足民众的更多福利需求。因此，必须改变我国慈善组织审批程序与政府机关部门挂靠的依附，减少政府及其主管部门的干预。政府与慈善组织的关系是引导与监督管理关系，政府应进一步通过监督管理提高慈善组织的公信力，引导和培育民间慈善组织的自愿性、独立性和自发性，为社会保障制度的发展起到更好的补充作用。

第三节　本章小结

社会保障"去分层化"应借鉴和吸收多支柱、多元化社会保障制度建设中的理念优势以改变福利资源分配的标准与社会分层的标准重

[①] 徐云峰、郭大林、谢妮霞：《论慈善对我国社会保障制度的弥合》，《北华大学学报》2011年第1期。

合的现状，理念上表现为尊重公民平等的社会权利并向弱者倾斜，越是弱势群体越应该得到政府的更多关护；在目的上表现为，将社会公平作为制度追求的最终目的，使所有社会阶层均可获得公平的福利对待以及发展机会；在原则上表现为弱者关护原则，权利与义务相结合原则，公平与效率相结合原则；在制度架构上表现为，建立"基础—补充"型的社会保障制度体系。基础部分是对于民众基本层次的福利需要，如生存需要、健康需要，必须以政府为责任主体采用均等的方式对待。补充部分是对于更高层次的发展需求，则允许通过多元化主体提供不同水平和不同内涵的保障。

社会保障"去分层化"的制度整合路径可在制度体系的基础部分中，从社会权利公平角度出发保障公民底线需求。在制度体系的补充部分中，应从机会公平角度出发，以发展型社会政策理念为依据，着重开发个人发展账户。总体来讲，主张"去分层化"的社会保障制度整合要求统一制度框架来实现制度公平以及社会公平的双重目标。基础部分强调以平等为原则，以政府作为主要的筹资主体，采用现收现付社会统筹的方式，强制性的运用国家社会资源再分配能力，为公民提供平等的基本生活保障，达致社会权利公平的目的；补充部分则强调以效率为原则，采用多元筹资主体，如政府、企业、个人、社会组织等，利用完全积累形成个人资产账户并运用市场机制投资运营，政府主要起监管作用，个人资产账户形成的资金具有多种用途，如养老、医疗、教育、购房、投资等。在个人缴费基础上，政府按个人资产账户用途配比不同的财政补贴资金。

具体而言，社会保险"去分层化"的制度整合路径强调城乡间制度整合以及各保险项目整合。城乡二元结构造成了城乡间不同社会保险项目间的差异。如城乡居民养老、医疗保险制度。在近期社会保险需要改变当前"三轨"并行的制度安排，实现养老保险和医疗保险的"两轨"制，待时机成熟再进一步整合为国民基本社会保险制度。重点从参保对象、筹资机制、待遇给付、统筹层次方面进行整合。

社会救助"去分层化"应进一步促进城乡一元的社会救助制度安

排，提供基本的最低生活保障、医疗救助、住房救助等。从社会机会公平的角度出发，除了传统社会救助制度所强调的最低基本生活保障外还应侧重补充部分构建。其实施策略应重点体现对个体能力的整体性投资。为达致该目标，可以通过建立社会救助中的个人发展账户制度来实现。个人发展账户制度不同于个人账户，个人账户制度强调以"收入为本"，个人发展账户制度强调以"资产为本"。

社会福利"去分层化"是指我国社会福利制度的发展除了针对特殊群体外，也应包含全体社会公民基础层次的广义福利需求的保障，以及满足特定人群特殊福利需求的补充保障。基础层次的福利主要以满足社会成员生活性需要为主，包括普遍的住房福利、健康福利、安全保障、福利设施建设、福利服务供给等。补充层次的福利主要针对社会特殊弱势群体的倾斜，包括职业福利、教育福利等。推进基本公共服务的城乡一体化，通过优化制度结构与福利资源配置来缩小城乡之间、地区之间、群体之间的不平等，均衡城乡福利制度发展的进程。应进行相关法律制度配套，并实现家庭保障功能、社区保障功能、慈善功能的有效整合。

参考文献

1. 著作

程立显：《伦理学与社会公正》，北京大学出版社 2002 年版。

丁建定：《中国社会保障制度体系完善研究》，人民出版社 2013 年版。

顾俊礼：《福利国家论析——以欧洲为背景的比较研究》，经济管理出版社 2002 年版。

郭忠华、刘训练：《公民身份与社会阶级》，江苏人民出版社 2007 年版。

韩克庆：《经济全球化、社会分层和社会保障》，中国劳动社会保障出版社 2005 年版。

柯武刚、史漫飞：《制度经济学——社会秩序与公共政策》，商务印书馆 2008 年版。

李培林、李强、孙立平：《中国社会分层》，社会科学文献出版社 2004 年版。

李友梅：《从弥散到秩序——"制度与生活"视野下的中国社会变迁》，中国大百科全书出版社 2011 年版。

李珍：《社会保障理论》，中国劳动社会保障出版社 2013 年版。

陆学艺：《当代中国社会结构》，社会科学文献出版社 2012 年版。

穆怀中：《财富与社会保障收入再分配》，中国劳动社会保障出版社 2003 年版。

彭华民：《东亚福利：福利责任与福利提供》，中国社会科学出版社 2014 年版。

彭华民等：《西方社会福利理论前沿——论国家、社会、体制与政策》，中国社会出版社 2000 年版。

钱宁：《社会正义、公民权利和集体主义——论社会福利的政治与道德基础》，社会科学文献出版社 2007 年版。

孙光德、董克用：《社会保障概论》，中国人民大学出版社 2012 年版。

孙立平：《断裂——20 世纪 90 年代以来的中国社会》，社会科学文献出版社 2003 年版。

王海明：《平等新论》，中国社会科学出版社 1998 年版。

王家福、刘海年主编：《中国人权百科全书》，中国大百科全书出版社 1998 年版。

吴忠民：《社会公正论》，山东人民出版社 2012 年版。

徐永祥：《社区发展论》，华东理工大学出版社 2000 年版。

袁培智、袁辉：《老子新译》，宗教文化出版社 2003 年版。

张秀兰、徐月宾：《发展型社会政策及其对我们的启示》，中国劳动社会保障出版社 2007 年版。

张怡恬、郑功成：《社会养老保险制度效率论》，北京大学出版社 2012 年版。

赵苑达：《西方主要公平与正义理论研究》，经济管理出版社 2010 年版。

郑秉文：《个人账户资产对社会保障可持续性的作用》，社会科学文献出版社 2005 年版。

郑功成：《东亚地区社会保障论》，人民出版社 2014 年版。

郑功成：《论中国特色的社会保障道路》，武汉大学出版社 1997 年版。

郑功成：《中国社会保障 30 年》，人民出版社 2008 年版。

郑功成：《中国社会保障制度变迁与评估》，中国人民大学出版社

2002年版。

郑曦原等：《通向未来之路：与吉登斯对话》，四川人民出版社2002年版。

周建国：《紧缩圈论：一项中国人际关系的结构与功能分析》，上海三联书店2005年版。

周沛：《社会福利体系研究》，中国劳动社会保障出版社2007年版。

［丹麦］埃斯平·安德森：《福利资本主义的三个世界》，苗正民、滕玉英译，商务印书馆2010年版。

［德］弗兰茨—克萨韦尔·考夫曼：《社会福利国家面临的挑战》，王学东译，商务印书馆2004年版。

［德］马克思：《资本论》（第一卷），人民出版社1975年版。

［德］马克斯·韦伯：《经济与社会》，林荣远译，商务印书馆2006年版。

［德］乌尔里希·贝克：《风险社会》，何博闻译，译林出版社2004年版。

［法］埃米尔·涂尔干：《社会分工论》，渠东译，生活·读书·新知三联书店2000年版。

［法］埃米尔·涂尔干：《社会学方法的准则》，狄玉明译，商务印书馆1995年版。

［法］卢梭：《社会契约论》，何兆武译，商务印书馆1981年版。

［韩］朴炳铉：《社会福利与文化——用文化解析社会福利的发展》，高春兰、金炳彻译，商务印书馆2012年版。

［加］威尔·金里卡：《当代政治哲学》，刘莘译，上海三联书店2004年版。

［美］阿瑟·奥肯：《平等与效率——重大的抉择》，王奔洲等译，华夏出版社1987年版。

［美］罗纳德·德沃金：《认真对待权利》，信春鹰译，上海三联书店2008年版。

［美］罗纳德·德沃金：《至上的美德——平等的理论与实践》，冯克

利译，江苏人民出版社 2003 年版。

[美] 迈克尔·谢若登：《资产与穷人——一项新的美国福利政策》，高鉴国译，商务印书馆 2007 年版。

[美] 詹姆斯·S. 科尔曼：《社会理论的基础》，邓方译，社会科学文献出版社 1999 年版。

[美] 罗伯特·诺奇克：《无政府、国家和乌托邦》，姚大志译，中国社会科学出版社 2008 年版。

[美] 西奥多·W. 舒尔茨：《论人力资本投资》，吴珠华等译，北京经济学院出版社 1990 年版。

[美] 亚伯拉罕·马斯洛：《动机与人格》，许金声译，中国人民大学出版社 2007 年版。

[美] 阎云翔：《中国社会的个体化》，上海译文出版社 2012 年版。

[美] 约翰·罗尔斯：《正义论》，何怀宏译，中国社会科学出版社 2009 年版。

[美] 约翰·罗尔斯：《作为公平的正义》，姚大志译，上海三联书店 2002 年版。

[印] 阿马蒂亚·森：《贫困与饥荒》，王宇、王文玉译，商务印书馆 2001 年版。

[印] 阿马蒂亚·森：《以自由看待发展》，任赜等译，中国人民大学出版社 2002 年版。

[印] 阿马蒂亚·森：《印度：经济发展与社会机会》，黄飞君译，社会科学文献出版社 2006 年版。

[英] 安东尼·吉登斯：《超越左与右：激进政治的未来》，李惠斌、杨雪冬译，社会科学文献出版社 2009 年版。

[英] 安东尼·吉登斯：《失控的世界》，周红云译，江西人民出版社 2001 年版。

[英] 布莱恩·特纳：《公民身份与社会理论》，郭忠华、蒋红军译，吉林出版集团有限公司 2007 年版。

[英] 戴维·米勒：《社会正义原则》，应奇译，江苏人民出版社 2001

年版。

［英］蒂特马斯：《社会政策十讲》，江少康译，吉林出版集团有限责任公司2011年版。

［英］卡尔·波兰尼：《大转型：我们时代的政治与经济起源》，冯钢等译，浙江人民出版社2007年版。

［英］T. H. 马歇尔：《公民身份与社会阶级》，郭忠华、刘训练译，江苏人民出版社2008年版。

Amartya Sen and Dreze, *Hunger and Public Action*, *The Amartya Sen & Jean Dreze Omnibus*, New Delhi: Oxford University Press, 1999.

Dwyer P., *Welfare Rights and Responsibilities*: *Contesting Social Citizenship*, Bristol: The Policy Press.

Hill, M., *Local authority social services*: *An introduction*, Oxford: Blackwell Publishers.

Robert Pinker, T. H. Marshall, *Modern Thinkers on Welfare*, New York: Prentice Hall, 1995.

Walker, R. with Howard, M., *The Making of a Welfare Class?*: *Benefit receipt in Britain*, Bristol: The Policy press.

2. 论文集、会议录

［英］麦基：《思想家》，周穗明、翁寒松译，生活·读书·新知三联书店1987年版。

3. 学位论文

楼苏萍：《改革开放以来中国社会政策的发展及其逻辑》，博士学位论文，浙江大学，2009年。

尹文：《论我国社会保障医疗资源配置》，硕士学位论文，武汉科技大学，2008年。

4. 期刊文献

安华:《社会分层与养老保险制度整合研究》,《保险研究》2012 年第 3 期。

毕天云:《城乡居民社会保障制度普遍整合的实现路径》,《学术探索》2014 年第 11 期。

毕天云:《论建设中国特色的福利文化》,《学习与实践》2009 年第 4 期。

蔡昉:《重新思考中国基本养老保障制度改革——兼论国际经验的相关性》,《经济学动态》2008 年第 7 期。

陈鹏:《公民权社会学的先声——读 T. H. 马歇尔〈公民权与社会阶级〉》,《社会学研究》2008 年第 4 期。

陈永梅:《中国农民的权利贫困分析》,《湖北经济学院学报》2005 年第 3 期。

陈志:《改革开放以来中国基本养老保险问题研究——基于"非商品化"视角的实证考察》,《中南财经政法大学研究生学报》2013 年第 1 期。

陈宗章:《城市社区"共同体意识"的现代性结构及其重建》,《理论导刊》2010 年第 3 期。

仇雨临、黄国武:《从三个公平的视角认识医疗保险城乡统筹》,《中国卫生政策研究》2013 年第 2 期。

邓大松、胡宏伟:《流动、剥夺、排斥与融合:社会融合与保障权获得》,《中国人口科学》2007 年第 6 期。

丁建定:《中国社会保障制度整合与体系完善纵论》,《学习与实践》2012 年第 8 期。

关信平:《当前我国社会保障制度公平性分析》,《苏州大学学报》2013 年第 3 期。

呙玉红、申曙光、彭浩然:《城镇职工基本养老保险制度的公平性研究》,《学术研究》2010 年第 10 期。

郭殿生:《公平、效率与社会保障》,《福建论坛》2006 年第 10 期。

郭继强:《"内卷化"概念新理解》,《社会学研究》2007 年第 3 期。

郭林、丁建定:《试论完善中国社会保障制度体系的基本原则——以"四维体系"为视角》,《华中师范大学学报》(人文社会科学版) 2013 年第 1 期。

郭林、杨斌、丁建定:《政府职能与社会保障制度体系发展目标嬗变研究》,《浙江社会科学》2013 年第 9 期。

果佳、唐任伍:《均等化、逆向分配与"福利地区"社会保障的省际差异》,《改革》2013 年第 1 期。

郝铁川:《权利实现的差序格局》,《中国社会科学》2002 年第 5 期。

何金颖:《社会保障中的政府责任——兼评中国的政府责任问题》,《南都学坛》2003 年第 6 期。

侯钧生、韩克庆:《西方社会分层研究中的两种理论范式》,《江海学刊》2005 年第 4 期。

胡玉鸿:《正确理解弱势权利保护中的社会公平原则》,《法学》2015 年第 1 期。

胡湛、彭希哲:《发展型福利模式下的中国养老制度安排》,《公共管理学报》2012 年第 7 期。

纪楠楠:《失地农民社会保障问题研究》,《特区经济》2014 年第 1 期。

贾中海、何春龙:《社会公平正义的三维视阈》,《北方论丛》2013 年第 2 期。

姜玉欣:《和谐社会构建中的良性社会流动机制培育》,《山东省青年干部管理学院学报》2007 年第 2 期。

蒋悟真:《我国社会救助立法理念及其维度》,《法学家》2013 年第 12 期。

蒋悟真、尹迪:《社会救助法与社会保险法的衔接与调试》,《法学》2014 年第 4 期。

金雁：《农村社会保障体系建设中的政府责任探讨——以城乡统筹社会保障建设为视角》，《中共南京市委党校学报》2010年第2期。

景天魁：《底线公平概念和指标体系——关于社会保障基础理论的探讨》，《哈尔滨工业大学学报》（社会科学版）2013年第1期。

赖志杰：《"瞄骗"与"纠偏"社会救助对象的确定——以最低生活保障制度为例》，《理论探索》2013年第2期。

李宝梁：《社会分层研究中的基本理论范式与最新进展评述》，《贵州师范大学学报》（社会科学版）2007年第4期。

李成宇、史桂芬、聂丽：《中国式财政分权与公共教育支出》，《教育与经济》2014年第10期。

李芬：《我国当代养老保险制度与收入分层》，《湖北社会科学》2010年第1期。

李磊：《基于社会权利视角的西方福利国家之辨析》，《当代世界与社会主义》2013年第6期。

李玲、李迎生：《公平视野下的中国社会保障制度60年》，《黄河科技大学学报》2009年第11期。

李路路：《当代中国社会分层的制度化结构》，《教学与研究》1996年第3期。

李强：《政治分层与经济分层》，《社会学研究》1997年第4期。

李实、杨穗：《中国城市低保政策对收入分配和贫困的影响作用》，《中国人口科学》2009年第5期。

林克雷、陈建利：《当代中国分层研究中的制度主义范式》，《社会科学研究》2005年第1期。

林闽钢：《我国社会服务管理体制和机制研究》，《华中师范大学学报》（人文社会科学版）2013年第5期。

刘科、李东晓：《价值理性与工具理性：从历史分离到现实整合》，《河南师范大学学报》2005年第11期。

刘美玲：《关于德沃金平等思想的解读》，《山西大学学报》（哲学社会科学版）2007年第5期。

刘小青：《新型农村合作医疗的社会保险性质探析》，《西部论坛》2014年第3期。

刘祖云：《社会转型与社会分层——20世纪末中国社会的阶层分化》，《华中师范大学学报》1999年第7期。

刘祖云、戴洁：《再论社会分层的功能》，《学术论坛》2003年第2期。

刘祖云、戴洁：《再论社会分层的依据》，《中南民族大学学报》2006年第6期。

龙玉其：《社会保障在收入再分配中的作用》，《前沿》2013年第11期。

鲁全、武文莉：《公平、平等与共享：城乡统筹社会保障制度建设的基本理念》，《长白学刊》2008年第4期。

罗纳—塔斯：《昔日风云人物还是今日弄潮儿吗》，《国外社会学》1996年第6期。

赖志杰：《"瞄骗"与"纠偏"社会救助对象的确定——以最低生活保障制度为例》，《理论探索》2013年第2期。

迈克尔·谢若登：《美国及世界各地的资产建设》，《山东大学学报》2005年第1期。

苗艳梅、杨斌、丁建定：《中国社会保障发展水平指标体系与实证分析》，《社会保障研究》2013年第3期。

倪明胜：《社会服务概念辨识与路径优化》，《江西社会科学》2012年第2期。

彭浩然、申曙光：《改革前后我国养老保险制度的收入再分配效应比较研究》，《统计研究》2007年第2期。

钱宁：《从人道主义到公民权利——现代社会福利政治道德观念的历史演变》，《社会学研究》2004年第1期。

秦守勤：《权利贫困视野下的失地农民问题研究》，《求实》2010年第8期。

宋娟：《社会分层视角下社会保障质量提升研究》，《社会保障研究》

2012 年第 6 版。

孙博：《2000 年以后福利国家养老金体系发展趋势考察——基于"去商品化"的分析框架》，《经济社会体制比较》2012 年第 2 期。

唐钧：《资产建设与社会保障》，《江苏社会科学》2005 年第 2 期。

汪华、汪润泉：《社会分层、制度分割与社会不平等》，《学术界》2015 年第 1 期。

王春光：《建构一个新的城乡一体化分析框架：机会平等视角》，《北京工业大学学报》2014 年第 6 期。

王素芬：《理想与现实的调和：对我国〈社会保险法〉的反思与重塑》，《河北法学》2011 年第 10 期。

王小章：《公民权利、市场的两重性与社会保障》，《学术论坛》2007 年第 7 期。

王小章：《国家、市民社会与公民权利——兼评我国近年来的市民社会话语》，《浙江大学学报》2003 年第 9 期。

王晓东、童星：《城乡统筹视域下社会保障管理体制改革的路径》，《社会保障研究（京）》2012 年第 2 期。

王星：《阶级化与商品化：劳工抗争政治的两种模型》，《中国工人》2012 年第 2 期。

王雄、郭忠华：《公民身份视野下中国底层阶级的形成》，《浙江学刊》2013 年第 3 期。

王延中等：《中国农村社会保障的现状与未来发展》，《社会保障研究》2009 年第 1 期。

韦红、邢来顺：《浅论近代德国社会保险立法》，《中南民族学院学报》（哲学社会科学版）1995 年第 1 期。

吴宇：《社会弱势群体保护的权利视角及其理论基础——以平等理论透视》，《法制与社会发展》2004 年第 3 期。

肖金萍：《公平视域下农村社会养老保险制度构想》，《社会科学战线》2010 年第 8 期。

熊跃根：《全球化背景下福利国家危机与变革的再思考》，《学海》

2010 年第 4 期。

徐倩、李放:《我国财政社会保障支出的差异与结构（1998—2009年)》,《改革》2012 年第 2 期。

徐云峰、郭大林、谢妮霞:《论慈善对我国社会保障制度的弥合》,《北华大学学报》2011 年第 1 期。

阎云翔:《差序格局与中国文化等级观》,《社会学研究》2006 年第 4 期。

杨翠迎:《中国社会保障制度的城乡差异及统筹改革思路》,《浙江大学学报》2004 年第 5 期。

杨思斌:《我国社会保障制度的公平原则及其实现途径》,《当代世界与社会主义》2007 年第 5 期。

杨思斌、吕茵:《〈社会保险法（草案）〉存在问题研究》,《中国劳动关系学院学报》2009 年第 8 期。

杨伟民:《当前中国的社会保险在社会分层中的作用》,《社会学研究》2005 年第 5 期。

杨艳东:《我国劳动者的福利差距与社会保障制度的公平性——基于就业所有制性质的视角》,《学术界》2013 年第 3 期。

杨祖功、曾宪树:《论西欧的"福利国家危机"》,《世界经济》1985 年第 4 期。

姚荣:《包容性发展:思想渊源、现实意涵及其实践策略》,《理论导刊》2013 年第 4 期。

叶响裙:《论我国社会保障管理体制的改革与完善》,《中国行政管理》2013 年第 8 期。

岳经纶:《社会政策学视野下的中国社会保障制——从社会身份本位到人类需求本位》,《公共行政评论》2008 年第 4 期。

曾敏:《我国城市贫困群体的权利现状分析》,《特区经济》2009 年第 1 期。

翟绍果、黄国武:《农民工社会保障权利贫困及其治理》,《四川师范大学学报》2012 年第 6 期。

战建华：《福利国家改革与公民社会权利重构》，《湖北社会科学》2010年第6期。

张登国：《和谐社会阶层结构形成的机制》，《长白学刊》2006年第2期。

张军：《主导冲突与融合：中国福利文化下社会保障制度的历史演进》，《经济问题探索》2012年第4期。

张文等：《我国社会保障水平的城乡差异分析》，《求实》2013年第5期。

赵福昌：《我国社会保障制度及运行中的不公平问题分析》，《财经问题研究》2005年第6期。

赵曼：《企业年金制度构建及其治理结构》，《理论月刊》2004年第8期。

郑秉文：《"福利模式"比较研究与福利改革实证分析——政治经济学的角度》，《学术界》2005年第3期。

郑秉文：《中国企业年金发展滞后的政策因素分析》，《中国人口科学》2010年第4期。

郑功成：《〈社会保险法〉：我国社会保障法制建设的里程碑》，《中国劳动》2011年第1期。

郑功成：《中国慈善事业的发展与需要努力的方向》，《学海》2007第3期。

郑功成：《中国社会保障演进的历史逻辑》，《中国人民大学学报》2014年第1期。

郑功成：《中国社会保障制度变革挑战》，《决策观察》2014年第1期。

郑玉敏：《德沃金的社会弱势群体保护理论研究》，《辽宁大学学报》（哲学社会科学版）2008年第6期。

周建国：《金字塔还是橄榄球？——中国社会阶层结构变化趋势探析》，《学习与探索》2008年第9期。

周蕾：《社会保障制度非商品化的国际比较与战略取向》，《改革》

2012年第7期。

［韩］朴炳铉、高春兰：《儒家文化与东亚社会福利模式》，《长白学刊》2007年第2期。

［美］洪朝辉：《论中国城市社会权利的贫困》，《江苏社会科学》2003年第2期。

Daniel T. Lichter and Rukamalie Jayakody, "Welfare Reform: How Do We Measure Success?", *First published online as a Review in Advance*, August 2002.

Isabela Mares and Matthew E. Carnes, "Social Policy in Developing Countries", *First published online as a Review in Advance*, June 2009.

Jerry A. Hausman, Whitney K. Newey, "Nonparametric Welfare Analysis", *First published online as a Review in Advance*, September 2016.

Joel F. Handler, "Welfare, Workfare, and Citizenship in the Developed World", *First published online as a Review in Advance*, July 16, 2009.

John H. Litchfield, "Opportunities and Progress", *First published online as a Review in Advance*, February 2014.

Liliana De Lima and Tania Pastrana, "Opportunities for Palliative Care in Public Health", *First published online as a Review in Advance*, January 21, 2016.

Raj Chetty, "Sufficient Statistics for Welfare Analysis: A Bridge Between Structural and Reduced-Form Methods", *First published online as a Review in Advance*, June 11, 2009.

Richard Breen and Jan O. Jonsson, "Inequality of Opportunity in Comparative Perspective: Recent Research on Educational Attainment and Social Mobility", *First published online as a Review in Advance*, March 30, 2005.

Robert S. Erikson, "Income Inequality and Policy Responsiveness", *First published online as a Review in Advance*, March 23, 2015.

Victor Nee, "A Theory of Market Transition: From Redistribution to Market", *American Sociological Review*, Vol. 54, 1989.

5. 报纸中析出文献

民政部:《建立救助申请家庭经济状况核对机制》,《光明日报》2012年10月24日第3版。

晓菲:《社科院发布2014年〈社会保障绿皮书〉》,《光明日报》2014年7月13日第7版。

朱四倍:《医治福利特权需制度化通道》,《宁波日报》2011年4月4日第4版。

后　　记

在书稿即将付梓之际，感恩为这篇著作出版提供热心帮助的人。这篇著作是我在吉林大学哲学与社会学院撰写的博士论文基础上修改完成的。回首完成论文时的那段时光，选题时的困惑、结构编排的苦恼、学术创新的艰难、语言文字的打磨，无一不锤炼着我的心智。但当每攻克一个难题、每闪现一个新想法、每打磨出一段成熟文字，我从心底一次次品尝到做学术研究的甘甜。就是在这样复杂的心绪下，经过三百多个日日夜夜的煎熬，我完成了我学术生涯中第一个较为成型的、能够表达自己学术观点的论文。如今回忆起那段往事，我仍深感即使完成的过程再辛苦，但为学术研究所付出的一切都是值得的。

我要特别感谢我的导师宋宝安教授。宋宝安教授的出现改变了我的人生轨迹，让我的人生有了更多选择的机会。对于高考失败的我来说，一所普通高校毕业的本科生也许意味着未来生活将中规中矩。所以大学四年的学习中，我始终坚持不懈，怀揣着考研的梦想，努力学习专业知识，终于在毕业那年如愿考入吉林大学社会保障专业攻读硕士学位，并有幸成为宋老师的一名硕士研究生，从此成为宋氏师门中的一员。宋老师在我的学业、工作和生活中充当着亦师亦友的角色。学业上，宋老师言传身教，在培养学术意识、教授研究方法上都不遗余力；在工作中，宋老师教会我如何站稳三尺讲台，如何为人处事；在生活里，宋老师和师母亦如父亲母亲，帮助我解决生活中遇到的各种困难，学生衷心感谢老师的付出！真心为遇上这样的老师和师母感到确幸！

我还要感谢吉林大学珠海学院公共管理系的领导马敬仁教授、周首南教授、姜键教授，以及各位伴我成长的公共管理系的教师们。我自2010年来到吉林大学公共管理系任教，时任系主任的马敬仁教授对我十分关怀，在课程安排上，通过教学相长的方式让我打牢基础课程的根基，补齐学业上的短板。特别是在我攻读博士学位期间，给我创造便利条件，让我在可以保证基本生活条件的情况下完成学业。感谢周首南教授，感谢他为我创造许多参与社会实践和开展学术交流的机会。感谢姜键教授，虽然与姜教授共事不久，但姜教授为人真诚、做事踏实认真、对工作永远充满热情，这是作为一个年轻学者永远需要去学习的宝贵品质。感谢公共管理系的各位同事们，初入社会的时光有你们的陪伴是一种幸运。也要感谢我的学生们，你们对知识的渴求是我不断学习进步、不断提升自我的不竭动力。

我还要由衷地感谢广州市社会科学院社会学与社会政策研究所的黄玉所长以及我亲爱的同事们。自我来到广州市社会科学院从事博士后研究工作，面对着从教师工作到决策咨询工作的转型，黄玉所长工作上悉心教导，对我上交的每一份文字材料从文章立意、选题构架、遣词用语、研究方法上均给予细致指导，帮助我尽快融入不同的工作环境，适应不同的工作要求。知识女性特有的判断力和决断力在她身上闪烁着光芒，她对工作高标准、严要求的精神，时刻鞭策着我对于每一项工作必须拿出百分百的认真态度来高质量完成。也感谢各位社会所的同事们：陈杰副所长、朱泯静、范璐璐、简荣、王首燕、杨小琳、陈彩明。对于孤身一人来到广州的我来说，你们工作上的支持和生活上的关照让我在这个偌大的城市中显得不孤单，感谢你们为我的生活增添色彩！

最后，我要深情的感谢我的家人。感谢我的父母对我学业的无条件支持，无论生活中有多大压力，你们都处处以我为先。感谢我的爱人对我工作和学业上的无条件支持，他既是我的生活伴侣，也是我的精神伴侣。他既能承担生活中的琐碎，更能在思想上给我启发和引导。感谢我的女儿，我的博士论文大部分是在我怀胎十月期间所做，虽然这期间需要忍受身体的不适,但是你的存在给我更多动力,因为我要努力成为你的榜样。最要感谢的是我的公婆,为我照顾好女儿,辛勤操持家务,让我没有后顾之忧,可以全身心地投入到学术研究工作中。

《淮南子·修务训》语:"不自强而成功者,天下未之有也。"未来学术路漫漫,我要做好自强不息、砥砺前行的准备。当然,前行的路上并不孤单,因为有老师、亲人和友人的陪伴。我会以此为起点,为实现自己的学术理想不懈奋斗!

付 舒

2018 年 11 月 5 日 于珠海